三國志人物
大
超視覺化呈現！
渡辺精一／監修

視覺超享受！

三國志人物大事典

目錄

三國志與三國演義……8
如何閱讀本書……10

1章 曹操登場

漫畫 英雄出少年……12
一九〇年勢力版圖……22
魏 曹操……24
蜀 劉備……28
蜀 關羽……32
蜀 張飛……36
群雄 張角……40
戰役檔案1 黃巾之亂……42
三國新聞 東漢是什麼樣的王朝時代？……44
東漢 何進……46
東漢 獻帝……47
群雄 董卓……48
群雄 呂布……52
吳 孫堅……56
戰役檔案2 董卓討伐戰……58
演義 貂蟬……60
東漢 王允……62
群雄 公孫瓚……64
群雄 袁紹……66
戰役檔案3 襄陽之戰……70
戰役檔案4 界橋之戰……72

群雄 袁術 …… 74
戰役檔案5 匡亭之戰 …… 76
群雄 陶謙 …… 78
[redacted] 麋竺 …… 79
[redacted] 荀彧 …… 80
[redacted] 程昱 …… 82
戰役檔案6 濮陽之戰 …… 84
[redacted] 荀攸 …… 86
[redacted] 張繡 …… 88
[redacted] 賈詡 …… 90
[redacted] 典韋 …… 92
戰役檔案[redacted] 宛城之戰 …… 94
[redacted] 郭嘉 …… 96
群雄 陳宮 …… 97
[redacted] 夏侯惇 …… 98

戰役檔案8 下邳之戰 …… 100
戰役檔案9 易京之戰 …… 102
三國趣味專欄 三國成語典故① …… 104

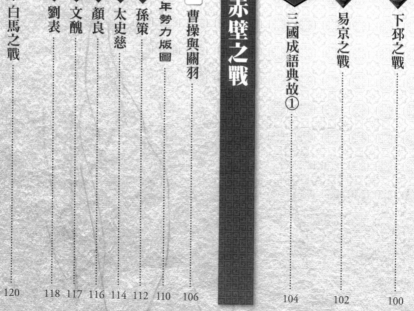

2章 赤壁之戰

漫畫 曹操與關羽 …… 106
二〇〇年勢力版圖 …… 110
吳 孫策 …… 112
吳 太史慈 …… 114
群雄 顏良 …… 116
群雄 文醜 …… 117
群雄 劉表 …… 118
戰役檔案10 白馬之戰 …… 120

戰役檔案 11 官渡之戰……122

三國新聞 曹操為何能登上北方的霸者？……126

三國那些事兒 曹操的巨大要塞「鄴」!!……128

三國那些事兒 三國時代的城池!!……130

漫畫 決戰赤壁……132

蜀 徐庶……144

蜀 諸葛亮……146

蜀 趙雲……150

戰役檔案 12 長坂坡之戰……154

三國新聞 為何劉備陣營能夠人才濟濟!?……156

吳 孫權……158

吳 周瑜……162

吳 魯肅……164

吳 諸葛瑾……166

吳 黃蓋……168

吳 張昭……169

戰役檔案 13 赤壁之戰……170

三國那些事兒 三國時代的軍船！……174

三國趣味專欄 三國成語典故②……176

3章 三國鼎立

漫畫 英雄的命運輓歌……178

二一九年勢力版圖……190

蜀 馬超……192

魏 許褚……196

戰役檔案 14 潼關之戰……198

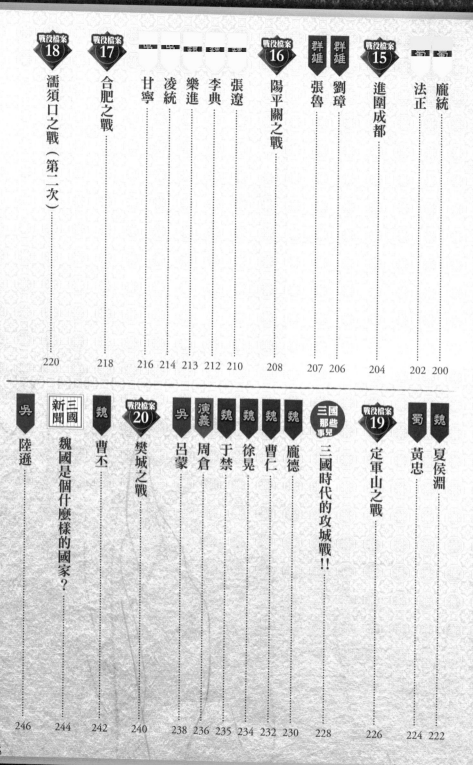

[redacted] 龐統……200
[redacted] 法正……202
戰役檔案15 進圍成都……204
群雄 劉璋……206
群雄 張魯……207
戰役檔案16 陽平關之戰……208
[redacted] 張遼……210
[redacted] 李典……212
[redacted] 樂進……213
[redacted] 凌統……214
[redacted] 甘寧……216
戰役檔案17 合肥之戰……218
戰役檔案18 濡須口之戰（第二次）……220
魏 夏侯淵……222
蜀 黃忠……224
戰役檔案19 定軍山之戰……226
三國那些事兒 三國時代的攻城戰!!……228
魏 龐德……230
魏 曹仁……232
魏 徐晃……234
魏 于禁……235
演義 周倉……236
吳 呂蒙……238
戰役檔案20 樊城之戰……240
魏 曹丕……242
三國新聞 魏國是個什麼樣的國家？……244
吳 陸遜……246

蜀 馬良……248
戰役檔案21 夷陵之戰……250
吳 徐盛……252
吳 朱然……253
戰役檔案22 濡須口之戰（第三次）……254
三國趣味專欄 三國時代的醫學……256

4章 五丈原之戰

漫畫 諸葛亮北伐……258
二二五年勢力版圖……264
群雄 孟獲……266
蜀 馬謖……268
魏 張郃……270
魏 曹真……272
蜀 姜維……274
戰役檔案23 街亭之戰（第一次北伐）……276
魏 曹叡……278
魏 曹休……279
戰役檔案24 石亭之戰……280
戰役檔案25 陳倉之戰（第二次北伐）……282
三國那些事兒 吳的國都「建業」臨水而建？……284
魏 司馬懿……286
戰役檔案26 祁山攻略戰（第四次北伐）……290
戰役檔案27 合肥新城之戰……292
蜀 魏延……294

蜀 馬岱 296
蜀 蔣琬 297
戰役檔案28 五丈原之戰（第五次北伐） 298
三國那些事兒 木牛流馬的真面目！ 300
三國新聞 諸葛亮究竟是什麼樣的人物？ 302
三國趣味專欄 三國的詩詞與文學 304

5章 三國終結

漫畫 蜀吳滅亡 306
二三五年勢力版圖 310
蜀 劉禪 312
蜀 諸葛瞻 314
魏 鄧艾 316
蜀 夏侯霸 318
蜀 費禕 318
魏 鍾會 319
戰役檔案29 魏滅蜀之戰 320
魏 司馬昭 322
晉 司馬炎 324
晉 羊祜 326
晉 杜預 328
吳 陸抗 330
吳 孫晧 331
戰役檔案30 晉滅吳之戰 332
三國那些事兒 魏國曾與邪馬台國結盟!? 334
三國歷史地圖 336
三國歷史年表 338
索引 342

三國志與三國演義

記載歷史的正史與歷史小說的演義

《三國志》（正史）

起源	3世紀末
作者	陳壽（233～297年）
類型	紀傳體史書
篇幅	全書65卷（魏書30卷、吳書20卷、蜀書15卷）

特色

◉視晉朝前身的魏國及其歷史為正統，對於魏國的記載較多。

◉陳壽出身蜀國，因此可從書中看出他對蜀國的認同。

《三國演義》

起源	14世紀後半
作者	羅貫中（生歿年不詳）
類型	白話文歷史小說
篇幅	120章回

特色

◉視蜀國（劉備）為正統王朝，魏國（曹操）則是惡人代表。

◉以《三國志》改編而成，劇情緊湊動人，但當中也有杜撰情節。

西元三世紀前半，中國正處於魏、蜀、吳三國鼎立的時代。由西晉的史官陳壽所撰寫的《三國志》，正是記載三國歷史的官方史料。《三國志》主要是以本紀（歷代帝王傳記）與列傳（大臣傳記）所構成的紀傳體，全書可分為魏書、吳書、蜀書，全部共六十五卷。由於魏國皇帝讓出帝位，晉才得以取代曹魏建立政權，因此《三國志》是站在「魏國才是正統王朝」的角度編寫著成。不過，出身蜀國的陳壽卻對已滅亡的蜀漢歷史念念不忘，因此正史中詳細記載蜀國宰相諸葛亮（⬇146頁）的言行舉止。

三國時代的歷史在後來廣為流傳，當時間進入十四世紀後半葉的明朝時，羅貫中便參考《三國志》，以白話文（當時人口說的淺白用詞）創作歷史小說《三國演義》。《演義》的最大特徵，在於將蜀國及劉備（⬇28頁）視為正統，曹操（⬇24頁）則是惡人。劉備迎戰曹操，伸張正義，這樣的故事內容普遍贏得老百姓的好評，因此在民間持續傳承下去。

這本《三國志人物大事典》即是根據正史資料，解說其中的人物與戰役，同時也節選《三國演義》中的經典橋段。

桃園三結義碑

雖然據傳是桃園三結義（➡34頁）的地點，但正史中並未記載桃園三結義相關事蹟。

東漢十三州

薊
幽州 人口204萬
冀州 人口593萬
信都
臨淄
青州 人口370萬
并州 人口70萬
涼州 人口40萬
司隸 人口310萬
長安
洛陽
兗州 人口405萬
下邳
許都
豫州 人口617萬
徐州 人口279萬
黃海
成都
益州 人口724萬
建業
江陵
長江
東海
揚州 人口433萬
荊州 人口626萬
交州 人口111萬
番禺

※資料引自《後漢書》所記載東漢時代（153年）的人口統計

州郡縣行政劃分 中央派任地方官治理

漢朝時，將全國區分為十三個「州」。建議讀者記住所有的州名與相對位置，閱讀三國相關作品時會更有趣。

每個州之下會再分成八個左右的「郡」，每個郡又會細分成約十個「縣」。州、郡、縣分別配置州牧、郡太守、縣令等地方首長，都是由皇帝任命。

另外，根據地理環境也會賦予地區泛稱，例如黃河以北的地方普遍稱為「河北」，黃河以南則稱為「河南」；長江以北為「江北」，長江以南為「江南」，長江下游流域則是「江東」。不過這些泛稱並沒有嚴謹的界線劃分。三國時代的政治、經濟及文化重心位於河北、河南一帶，而當時占據此區域的人便是曹操。

如何閱讀本書

肖像

後人所描繪的肖像畫，或是後世憑弔紀念的雕像等。

隸屬

人物主要所屬的國家。即使是政權成立之前，同樣是以魏、吳、蜀代稱勢力陣營。不屬於任何主要陣營的武將則歸類「群雄」。

蜀
諸葛亮
三國著名軍師・傳授劉備「三分天下之計」

個人檔案

彙整該名人物的基本情報。「字」是本名之外所取的名字，「籍貫」則是從東漢時代的地圖中標示出該人物的出生地點。

人物插畫

以插畫重現人物，不過容貌和服裝都是想像繪成。

能力

針對重要人物，以三個等級來顯示能力參數。

智	決策謀略
運	運氣
心	戰勝逆境的精神、善辨知人的能力
人	為人信賴的能力
武	於戰場上獲勝的能力

發現!

現今仍存於世的銅像或史跡。

影像資料

與人物相關的照片、畫作等資料。

真的？假的？!

雖然不確定是百分之百的史實，但絕對會讓人嚇一跳的人物軼事。

原來如此小物語

深入了解人物個性與想法的小故事。

演義名橋段

只出現在歷史小說《三國演義》中的知名橋段。

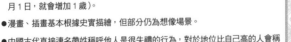

- 本書記載的人物年齡皆為虛歲（出生時即視為「1歲」，之後每年只要過了1月1日，就會增加1歲）。
- 漫畫、插畫基本根據史實描繪，但部分仍為想像場景。
- 中國古代直接連名帶姓稱呼他人是很失禮的行為，對於地位比自己高的人會稱呼字或是官位頭銜。但為了讓讀者更方便閱讀，書中漫畫大多會直呼姓名。
- 部分人物的生歿年、事件的時間與地點等亦有其他說法，本書僅舉一例。

1章 曹操登場

東漢末年
豫州汝南郡
許先生，
有位訪客想見您。
嗯…
汝南名士
許劭
會是誰呢？
您就是
大名鼎鼎的
許先生嗎？
什麼時候進來的！
聽聞先生
非常善於
看人，
只要是先生認定的
優秀之人，
都會功成名就…
敢問閣下是…？

曹操，
字孟德。
先生看得出
我會成為怎樣的人嗎？
曹操…你就是洛陽的北部尉*吧？
還殺了侍奉皇帝的宦官親信…
那是因為此人違法在先，
違法亂紀者本來就應該被處決。

*北門的警備隊長

…原來如此，
你在和平之世，可能成為有能的臣子…
但若遇亂世，或許能成英雄。
不過，卻不是一般的英雄，
而是會為了目的，不擇手段的——
「奸雄」！
…奸雄

奸雄嗎！
真有趣！
數年後，
不滿東漢惡政的民眾群起反抗，史稱——
黃巾之亂
曹將軍！在此命你火速出兵，擊破黃巾賊！
知道了

*哈哈哈哈…

終於啊，亂世到來了。
公元一八四年討伐黃巾賊的戰役，使曹操登上歷史舞台。
同一時間幽州涿郡
大哥，我肚子好餓啊～
不行了！不如我們襲擊民家偷東西吧？
說什麼傻話！你敢偷東西，就跟你斷絕關係！
ガサッ
幹嘛這樣～

*沙沙

感覺他身上有食物！
等等
這位先生，我倆因某些原因，逃到此處來，
若您身上有食物，能否分點給我們呢？
低語
不如殺了他，奪取食物吧。
小聲
閉嘴！
拿去
唰

哇～
真是太好了，不知要如何感謝您呢？
區區小事，何足掛齒。
當今世道混亂，
燒殺掠奪，早已見怪不怪。
對有力之人而言，那樣是最簡單的。
嗯？
不過，
您們雖然有力，卻沒有對我動手。
其實，我是打算搶你的，不過大哥說…
益德！
呵呵
即便如此，你也對你大哥相當忠誠，
我聽到兩位的對話，才決定把食物拿出來。

在這樣的時代，
能遇到兩位
真是太好了，
還請一路小心。
請稍等！
在下關羽，
字雲長！
我一直在尋找
您這樣的人！
若您願意，
請允許我
跟隨您！
咦——
大哥！

請讓在下追隨在側……
公子。
在下張飛，字益德！
若大哥要追隨您，那我也要！
跪
益德！
其實……我正打算參加義勇軍，與黃巾賊對抗，若你倆願意一同奮戰，我會更有信心。

沒問題！
為了公子，我們願意搏命奮戰！
謝謝。
聽聞二位大名，你們應該不是親兄弟吧？
哈哈
是沒錯，不過我與大哥情同兄弟！
失禮了，
在下劉備，
字玄德
請讓我從今日起，也成為二位的兄弟！
這段命運中的相遇，註定將推動時代的進展。

一九〇年勢力版圖

戰役檔案 9
➡P102
易京之戰
公孫度
涿
幽州
易京
公孫瓚 (➡P64)
冀州
韓馥
袁紹 (➡P66)
橋
青州
孔融
戰役檔案 4
➡P72
界橋之戰
濮陽
劉岱
兗州
匡亭
郯縣
徐州
下邳
黃海
黃琬
州
陶謙
(➡P78)
戰役檔案 8
➡P100
下邳之戰
長江
戰役檔案 5
➡P76
匡亭之戰
戰役檔案 6
➡P84
濮陽之戰
揚州
東海

※勢力範圍皆為推定。

戰役檔案 1
➡P42
黃巾之亂
戰役檔案 2
➡P58
討伐董卓之戰
黃河
并州
丁原
涼州
宋建
韓遂
(➡P193)
董卓
(➡P48)
司隸
長安
洛陽
陽人
戰役檔案 7
➡P94
宛城之戰
張魯
(➡P207)
宛縣
襄陽
益州
劉焉
袁術
(➡P74)
劉表
(➡P118)
戰役檔案 3
➡P70
襄陽之戰
荊州
孫堅
(➡P56)

魏
曹操
打造魏國根基的「亂世奸雄」

舉兵討伐董卓 勇敢面對無勝算之戰

曹操為東漢官員之子。從小就很優秀的曹操，人物品評家許劭曾給了他「治世之能臣，亂世之奸雄（和平之世雖是優秀的臣子，但若遇亂世，則會成為奸謀詭計的英雄）」的評語。

曹操於二十歲左右出仕，隨即出人頭地；三十歲正逢黃巾之亂（➡42頁）爆發，奉命率兵討伐黃巾賊。這段期間，東漢政權急速衰退，各地諸侯坐擁兵力，群雄四起逐鹿中原。占據首都洛陽的董卓（➡48頁）雖然曾尋求曹操的協助，但曹操認為董卓是個危險人物，決意離開洛陽返鄉。

直到三十五歲之際，曹操為了打倒殘暴的董卓，決定集結兵力。這時群雄們雖然組成了以袁紹（➡66頁）為中心的反董卓聯合軍，但各方在作戰上一點也不積極。對此相當憤怒的曹操雖然獨自與董卓軍對戰，卻仍以戰敗收場。

曹操
曹洪

影像資料　**曹洪救曹操**

曹操敗給董卓後負傷撤退，在親族曹洪的解救下，才順利逃脫追兵。

曹操

肖像

字

孟德

籍貫

青州
司隸
兗州
豫州
沛國
徐州

生日

155年（日期不詳）

歿日

220年3月15日

享年

66歲（病逝）

能力

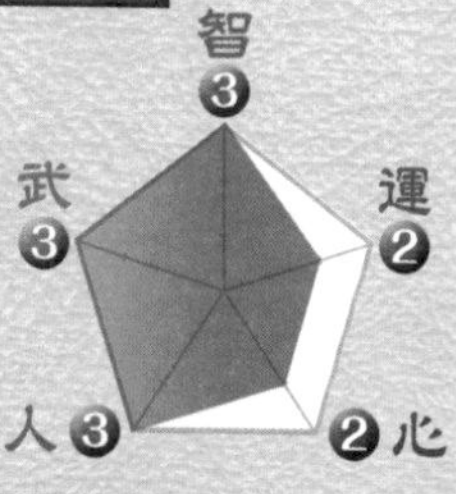
智 3
運 2
心 2
人 3
武 3

身分

東漢丞相、魏王

原來如此小物語

曹操自年少時期就是個武藝高手？

據說曹操從小武藝精湛，每逢出兵討伐時，能憑藉一己之力斬殺數十個叛亂士兵。

此外，據說曹操曾經潛入朝中官員家裡，遭人發覺差點被捕獲之際，他起身揮舞手戟，阻擋他人靠近，最後越牆成功逃脫。

獻帝
曹操
影像資料

曹操迎獻帝（模型重現）

曹操將逃至洛陽的漢獻帝迎到根據地許都。

統一霸業僅一步之遙 卻敗於赤壁之戰

因討伐董卓一舉成名的曹操，在三十八歲時成為兗州州牧（首長），與兵臨兗州的青州黃巾賊餘黨相戰後獲勝。曹操更從中挑選優秀士兵，組成精銳部隊「青州兵」，大大強化軍事實力。隔年，由於父親曹嵩在徐州被殺，曹操為了報殺父之仇進攻徐州，對老百姓大開殺戒。就在曹操出兵之際，曹操的臣下卻開城奉迎呂布（➡52頁）擔任兗州州牧。曹操花了大約兩年的時間與呂布對戰，終於奪回兗州，並讓劉備投誠。

四十二歲時，曹操為了保護人在洛陽的漢獻帝（➡47頁），於是將獻帝迎至自己的根據地許都，獻帝因此任命曹操為東漢最高司令官。曹操掌握軍政大權，便以東漢朝廷為後盾，開始擴張勢力。

曹操在四十六歲時，擊敗了反叛自己的劉備（➡28頁），並擒獲關羽（➡32頁）。同時在官渡之戰（➡122頁）中擊敗了最強的對手袁紹，拿下中原北方的版圖。

曹操被獻帝任命為丞相（朝廷最高職務）後，隨即率領大軍南下進攻荊州，正當即將統一中原之際，劉備卻

原來如此小物語

曹操擒獲關羽 可是卻想收編旗下？

曹操打倒反叛自己的劉備，並擒獲關羽。為了將關羽留在身邊，曹操可是全心全意款待關羽，但是關羽卻打算立功報恩後離開曹營。曹操深受關羽的忠心所感動，於是放棄派兵追捕關羽。

曹操贈關羽的宅邸遺址「春秋樓」

展現真正的勇氣!!

為了打倒董卓，眾人組成反董卓聯合軍。
董卓
曹操
但是聯合軍畏懼董卓，遲遲不敢出兵。
我不想當第一個……
我不想打輸啊……
明明為了正義而戰，大家是在猶豫什麼！
憑我一人之力也要討伐董卓！
曹操迎戰董卓大軍，卻以大敗收場。
下次一定要贏！
曹操英勇之名由此響徹天下。

發現!

曹操像

曹操在62歲時受封為魏王，最終卻未能登上皇帝寶座（安徽省）。

順利脫逃。曹操接著嘗試攻克位處江東（長江下游流域）的孫權（⬇158頁）勢力，卻在赤壁遭遇火攻（⬇170頁），以戰敗收場。這也讓曹操距離統一中原的夢想愈來愈遙遠。即便如此，曹操還是繼續與劉備及孫權抗戰，穩坐北方霸者地位。

曹操雖然已是東漢實際掌權者，並且在六十二歲那年獲封魏王頭銜，在東漢領地上建立魏國，然而卻始終未曾登上皇帝寶座。曹操死後，其子曹丕（⬇242頁）因獻帝讓位而登基，正式建立曹魏政權。

真的？假的?!

斷髮逃死罪？

據說曹操頒布一道踩踏麥田者須處死的法令，但自己的坐騎卻不慎踩踏麥田。這時曹操強辯：「如果自己死了，士兵們會很無措。」於是拔劍割斷自己的頭髮，讓此事不了了之。

蜀
劉備
深得部屬信賴的蜀國開國皇帝

深受徐州牧陶謙賞識 獲得最初的根據地

劉備雖為西漢皇帝子嗣的後裔，卻出生貧苦家庭。自幼便相當重視夥伴的他，深受眾人敬仰。不僅有商人認可劉備的才幹，自願提供龐大資金之外，劉備也以一己魅力集結各方有志之士。

當劉備二十四歲這年遭逢黃巾之亂（⬇42頁）時，與關羽（⬇32頁）、張飛（⬇36頁）組成義勇軍討伐黃巾賊，憑藉戰功被封為安喜縣縣尉（相當於警察局長）。某日，朝廷官員巡視安喜當地，劉備求見卻遭拒。氣憤不已的劉備便抽打該名官員，最後棄官而去。

劉備在公孫瓚（⬇64頁）的引薦之下，擔任平原令、平原相。就在徐州州牧（首長）陶謙（⬇78頁）被曹操圍城時，劉備率軍前往救援，因此得到陶謙的賞識。陶謙甚至留下遺言，囑託部屬「迎劉備入主徐州」，劉備就這樣成為了徐州州牧。

發現!

劉備像

劉備身高約173公分，據說手臂長及膝蓋。

原來如此小物語

不使曹操起疑 假裝自己怕打雷？

劉備追隨曹操的時期，有次受邀用餐，曹操對劉備說：「唯獨你我是當今英雄。」劉備原以為一直被曹操當成假想敵，就在受到認可的瞬間心頭一震，筷子從手中掉落。此時剛好落雷打下，劉備就推託自己害怕雷聲。

劉備

肖像

字

玄德

籍貫

涿郡
幽州
冀州
并州
青州
司隸
兗州

生日

161年（日期不詳）

歿日

223年6月10日

享年

63歲（病逝）

能力

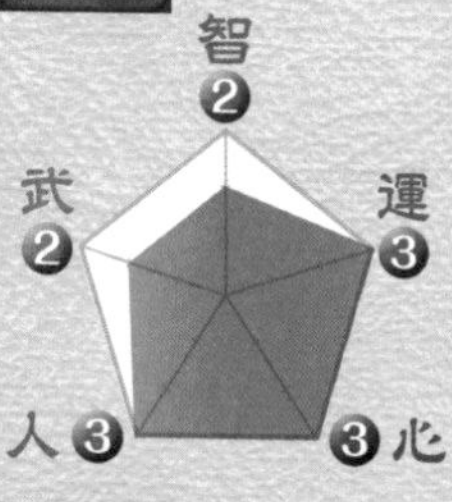
智 2
運 3
心 3
人 3
武 2

身分

蜀國開國皇帝

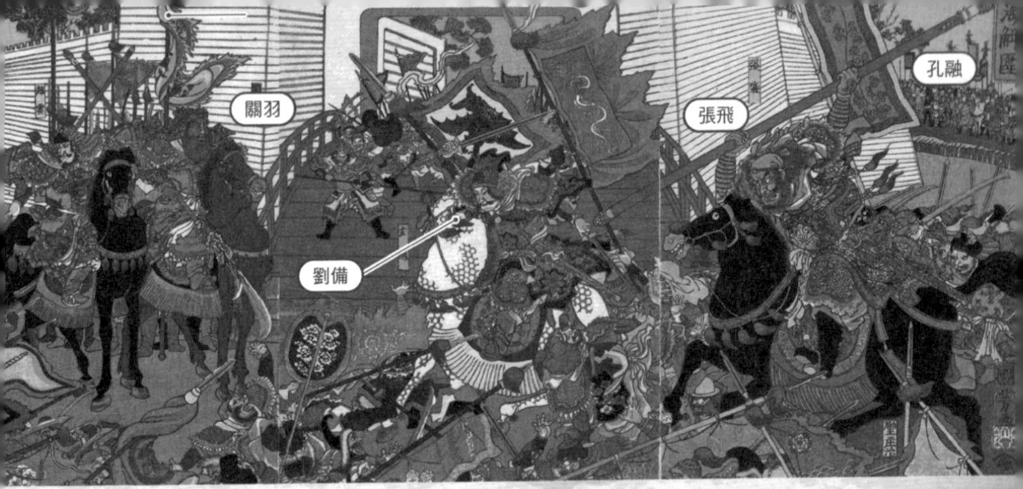
關羽
張飛
孔融
劉備

影像資料 **劉備軍援救孔融** 公元191年，北海國相孔融遭黃巾賊餘黨襲擊時，時任平原國相的劉備前往救援，成功救出孔融。

即位建立蜀國 兵敗東吳抑鬱而終

接下徐州的劉備收容了敗給曹操的呂布（↓52頁），卻遭呂布背叛，失去徐州。劉備因此協助曹操生擒呂布，曹操最後則將呂布處死。

劉備就這樣加入曹操陣營，並且受到重用，但就在曹操下令出兵時，劉備殺死徐州刺史（首長）後獨立。得知消息的曹操震怒，決意出兵討伐劉備，這時劉備投靠袁紹（↓66頁）旗下。然而袁紹隨後也敗給曹操，於是劉備轉而投靠荊州的劉表（↓118頁）。劉備在劉表身邊期間，三度親自造訪諸葛亮，終於成功說服諸葛亮（↓146頁）擔任軍師。劉備接受了由諸葛亮所提出的「三分天下之計」，以與曹操、孫權分治天下為目標，展開今後的行動。

劉備在四十八歲時與孫權結盟，在赤壁之戰（↓170頁）擊破曹操，拿

劉備
諸葛亮
影像資料

三顧茅廬（模型重現）

劉備三度造訪諸葛亮，終於成功說服他出任軍師。

真的？假的？！ 愛馬的盧救了劉備一命？

劉備投靠劉表期間，劉表的臣下打算暗殺劉備。察覺危險的劉備趕緊騎著愛馬的盧逃跑，但途中卻遭河川所阻。劉備不斷鼓舞的盧，據說的盧一躍而起，越過3丈（約7公尺）高度，成功渡過河川。

的盧跳躍河川

仁義的真相是獨自落跑？

劉備占據荊州時，曹操帶領大軍攻來。
實在沒有勝算，主公快逃吧！
知道了。
劉備一行人向南移動，數十萬老百姓也跟了上來。
曹操太可怕了！
我們要追隨劉備大人！
這樣下去曹操會追上來的！
我不能對追隨我的人見死不救啊！
只好丟下這些老百姓了！
最後，被曹操軍追趕上來的劉備只好拋下妻兒，帶著數十騎兵逃逸。
各位，請原諒我！
曹操真的太可怕了！

發現！ **惠陵**

劉備於63歲逝世時下葬的陵墓（四川省）。

下荊州；接著更進攻益州，同樣取得勝利，最後在與曹操競逐漢中（益州北部）的爭奪戰中獲勝，於五十九歲自封漢中王。兩年後，劉備登基自立為皇帝，成功建立蜀國。

隔年，重要將領關羽被孫權陣營用計處死。劉備為了報仇堅決出兵討伐吳國，最終卻遭遇大敗，最後逃到白帝城。經此一役後劉備病重不支，臨終前把諸葛亮叫來，囑託他：「我兒劉禪如果沒有才能，就由你繼任皇帝吧。」語畢便溘然長逝。

原來如此小物語

臨終前告誡子嗣「絕對不能學我」？

劉備臨死前曾對諸葛亮說：「如果我的兒子劉禪沒有才能，就由你繼任皇帝吧。」接著告誡兒子：「你們別學我這種沒有德性的人，更要把諸葛亮當成父親一樣侍奉」。

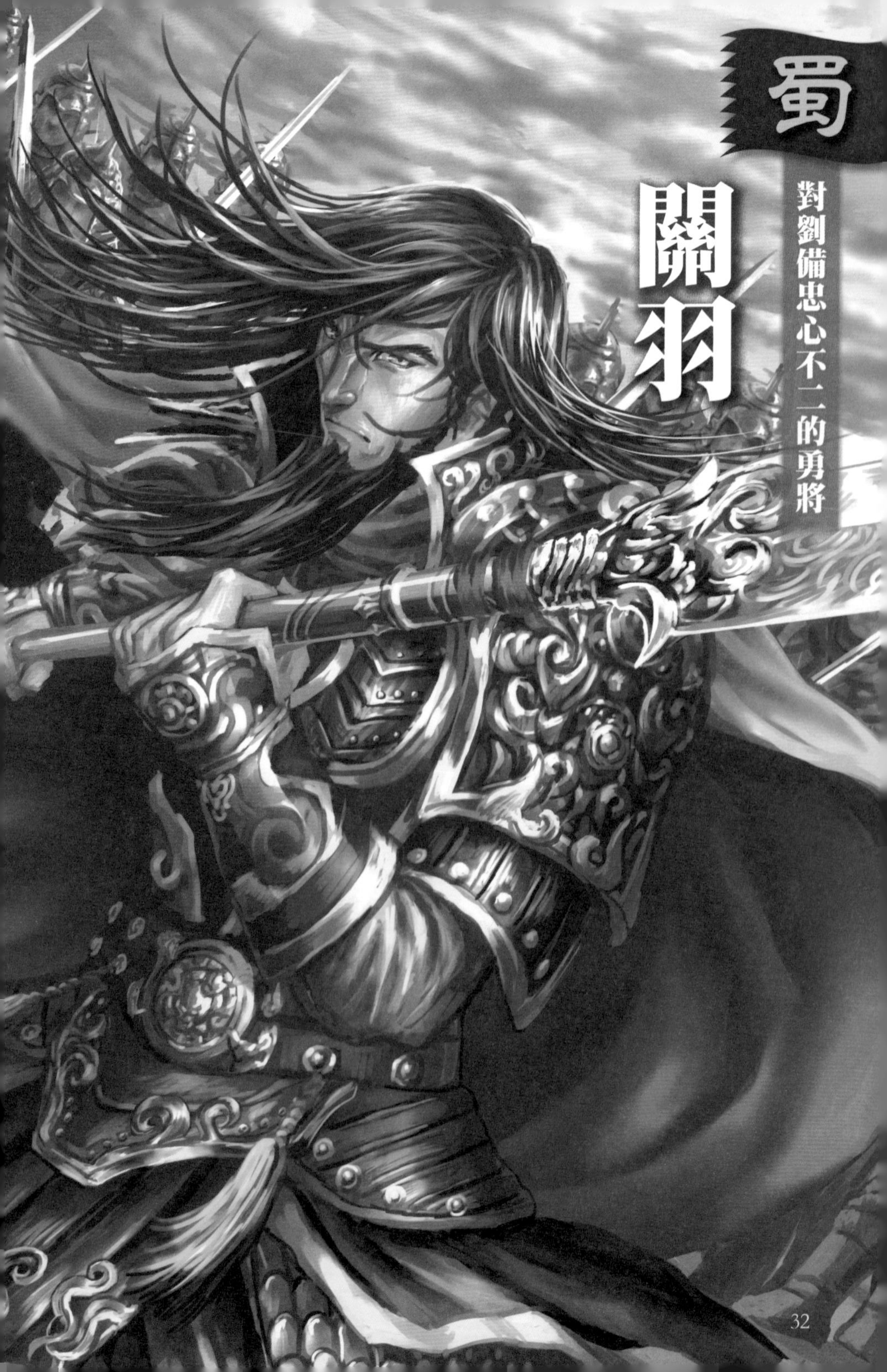

蜀
關羽
對劉備忠心不二的勇將

為報曹操知遇之恩 斬殺敵將解圍

關羽自年輕時便與張飛（↓36頁）一同追隨劉備，三人間有著比親兄弟還要緊密的信賴關係。

公元一九八年，劉備敗給呂布（↓52頁），雖然變成曹操的部下，但之後選擇叛離曹操，自立門戶。對此感到震怒的曹操出兵攻打劉備，儘管劉備順利逃出，留下的關羽卻因此被擒獲。不過曹操相當賞識英勇的關羽，不僅任命他為將軍，更奉上豪華宅邸及贈禮。曹操甚至派遣部下張遼（↓210頁）試探關羽的真心，但是關羽卻回答：「我非常感謝曹操大人，但我與主公曾立誓要同年同月同日死，不能違背此誓言。」據說曹操聽了之後，對於關羽的一片忠心相當感動。另一方面，關羽為了報答曹操不殺之情，在白馬之戰（↓120頁）斬殺了敵將顏良，將曹操贈予的厚禮全數歸還後，再次回到劉備身邊。

發現！

關羽像

關羽喜愛讀書，據說背下整本《左傳》。

演義名橋段 過五關、斬六將！

關羽離開曹操後，卻因為沒有通行許可而被關口阻擋。關羽於是殺了鎮守關口的武將，突圍而出。關羽突破五個關口，斬殺六名武將後，曹操下令「讓關羽通行」，關羽才能順利回到劉備身邊。

關羽過五關

關羽

肖像

字

雲長

籍貫

冀州
河東郡
井州
司隸
兗州

生日

不詳

歿日

219年（日期不詳）

享年

不詳（處死）

能力

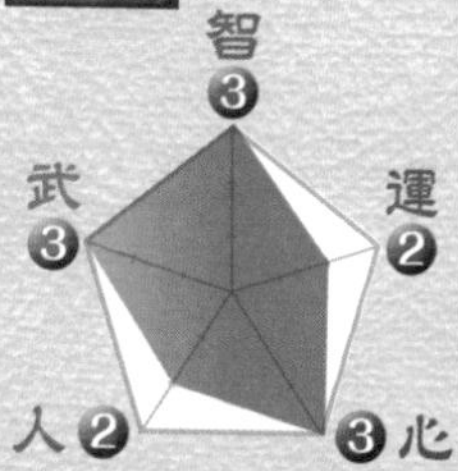
智 3
運 2
心 3
人 2
武 3

身分

蜀國武將

劉備
關羽
張飛
影像資料

桃園三結義　《三國演義》的著名橋段。劉備、關羽、張飛三人立誓「不求同年同月生，只願同年同月同日死」，結拜為兄弟。雖然這是杜撰的內容，但關羽的確忠心守護劉備直到生命盡頭。

曹操與孫權密謀 大意被擒而慘遭處死

劉備逃離曹操後，前去投靠位處荊州的劉表（➡118頁），關羽也伴隨在側。赤壁之戰（➡170頁）結束後，劉備拿下荊州，接著更進攻益州，於是任命關羽鎮守荊州。公元二一五年，劉備與孫權（➡158頁）因荊州所屬權一事產生爭執，在與孫權的部下魯肅（➡164頁）會談後，劉備與孫權兩人決定分割統治荊州。關羽雖然把荊州治理得有聲有色，但是在某一天，孫權提出請求，希望關羽能將女兒許配給自己的兒子，卻遭關羽拒絕。據說孫權感到憤怒不已，於是下定決心要從關羽手中奪取荊州。

公元二一八年，關羽進攻曹操統轄的樊城。不僅擊破曹操的援軍，更是差一步就能拿下樊城。但是此時曹操卻暗中與孫權聯手，密謀雙方一同夾擊關羽。接受曹操提案的孫權，於是拉攏了鎮守關羽本營江陵的麋芳。孫權的部下呂蒙（➡238頁）更裝病從前線退陣，趁關羽一個不留神，即刻進攻荊州，占領江陵。

當時正出征樊城的關羽，因為敗給曹操的援軍決定折返回城時，卻聽聞

演義名橋段　溫酒斬華雄

關羽加入討伐董卓（➡48頁）的聯合軍時，同盟武將接二連三地被敵將華雄擊潰。當時還默默無聞的關羽便報上姓名出陣，並在短短的數回合內斬殺華雄。據說他回營時，出陣前獲贈的熱酒都還沒變冷呢。

真的好強!!

白馬之戰中，關羽加入了曹操軍隊。
袁紹軍隊的大將呢？
就是在那裡的顏良，是名英勇的武將。
啊…
我去去就回。
關
關羽策馬朝顏良而去…
嗚啊！
一擊擊垮身處大軍中的顏良。
快逃啊！
敵軍目送關羽從容離去，沒人敢再出前挑戰。

關林

發現! **關林廟**

孫權處刑關羽後，將首級送至曹操手上。據說曹操便是將關羽的首級厚葬於此處。（河南省）

江陵被呂蒙占領的消息。關羽趕緊逃往益州，卻仍然遭呂蒙軍隊俘虜處刑（⬇240頁）。關羽的首級最終送到曹操的營中，而曹操選擇將其厚葬。個性英勇、忠心不二的關羽，也因為生平事蹟被後世尊奉為武神，各地更興建許多供奉關羽的關帝廟。

真的？假的？!

刮骨療傷 還能有說有笑地出席宴會？

關羽的左臂在某場戰役中被毒箭射中，大夫診斷必須刮骨療毒。但當時營中正舉辦宴會，於是關羽便讓大夫當場動手術，據說關羽還能夠一邊喝酒，似乎一點也不覺得疼痛。

蜀

張飛

一夫當關、萬夫莫敵的猛將

與下屬不合而生間隙 反遭呂布襲取下邳

張飛自年輕時便與關羽一道追隨劉備，並且將年紀比自己大幾歲的關羽視為兄長般敬重。黃巾之亂（➡42頁）時，張飛與劉備等人組成義勇軍，討伐黃巾賊，之後更和關羽一同以性命守衛劉備。

公元一九四年，劉備從陶謙（➡78頁）手中繼承徐州，擔任州牧（首長）一職。兩年後，袁術（➡74頁）進攻徐州，於是劉備安排張飛留守下邳，自己率兵迎戰袁術軍隊，但張飛卻與當時防守下邳的武將曹豹關係交惡。與此同時，呂布（➡52頁）就在袁術的慫恿之下，趁劉備離城之際進攻下邳。這時曹豹背叛張飛，迎接呂布入城。呂布不僅從張飛手中奪取下邳，更俘虜了劉備的妻兒。《三國演義》中雖然描寫這一連串事件是由曹操的軍師荀彧（➡80頁）一手策畫，然而歷史上卻並非如此。

發現！ 張飛像

張飛佇立於練兵之地。（湖北省）

真的？假的?! 《演義》中的張飛是個粗暴之人？

黃巾之亂後，劉備被任命為安喜縣縣尉（相當於警察局長），因不滿巡守的官員，於是對他施予鞭刑。但是在《三國演義》裡，鞭打官員的人卻變成張飛，反而是劉備還經常勸阻張飛的粗暴行徑，鞏固其溫和形象。

張飛

肖像

字

益德

籍貫

涿郡
幽州
冀州
并州
青州
司隸
兗州

生日

不詳

歿日

221年（日期不詳）

享年

不詳（遭殺害）

能力

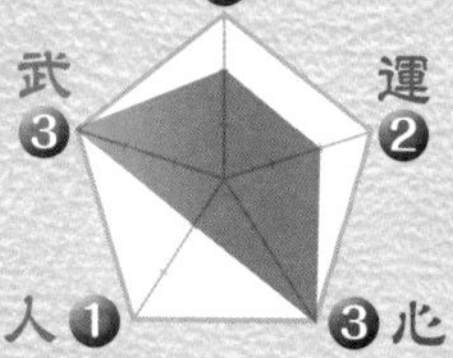
智 2
運 2
心 3
人 1
武 3

身分

蜀國武將

通俗
三國志英雄之壹人
朝櫻樓國芳画

「通俗三国志英雄之壱人」（東京都立中央圖書館特別文庫室藏）

孤身迎戰敵方大軍 只為讓主公劉備順利脫逃

劉備協助曹操擊敗呂布後，便投靠曹操，張飛則被任命為中郎將（位階僅次於將軍）。之後劉備背叛曹操，轉身投靠冀州袁紹（➡66頁）與荊州劉表（➡118頁）時，張飛也追隨在側。

公元二〇八年，劉表病逝，曹操率領大軍進攻荊州。劉備一行人雖然意欲逃至江南（長江以南流域），半途卻在長坂一地遭曹軍追擊。劉備只留了二十騎兵讓張飛殿後，接著拋下妻兒疾行逃跑。另一方面，張飛破壞橋梁，打算以河川阻擋敵軍進擊。接著長矛一橫，怒目相瞪，高聲大喊：「我就是張益德，你們可以過來決一死戰！」由於張飛實在太過可怕，曹軍追兵無人敢接近，最終劉備得以平安逃過死劫。

當劉備開始進攻劉璋（➡206頁）的勢力範圍益州時，張飛也與諸葛亮（➡146頁）一同前往益州支援。不僅擊潰劉璋軍隊的嚴顏，更征戰各地獲得戰績，為劉備平定益州盡了許多心力。之後張飛也在與曹操多場的戰役中大放異彩，因此當劉備登基皇帝時，張飛也被任命為將軍。

影像資料　長坂橋的張飛

《演義》中張飛單槍匹馬挺身矗立在長板橋，大喊：「誰要過來決一死戰！」逼退曹軍並破壞橋梁。

原來如此小物語

嚴顏堅毅不屈之姿反而打動張飛？

據說劉備攻打益州的劉璋時，張飛率兵擊潰敵軍並生擒嚴顏。但是嚴顏不肯投降，甚至說：「立刻砍了我的頭吧！」張飛深受嚴顏堅毅不屈的精神感召，不僅親手將嚴顏鬆綁，更加以禮遇。嚴顏也因此選擇投降，加入劉備陣營。

長坂橋大喝退敵！
長坂坡之戰時，劉備遭曹軍追趕。
抱歉了，張飛。
大哥，交給我吧！
為了讓劉備順利脫逃，張飛破壞橋梁，阻斷曹軍去路。
這時曹軍不斷逼近。
我就是張益德！
你們可以過來決一死戰！
張飛實在太過可怕，結果曹軍追兵無人敢接近。

發現！

張飛廟 供奉張飛的廟宇，建於張飛的出生地。（河北省）

驍勇善戰的張飛與關羽，皆被形容是「一夫當關，萬夫莫敵」的猛將。雖然張飛對地位崇高之人無比尊敬，卻相當鄙視身分卑賤之人，對士兵部屬更會動輒予以懲罰。也因為這個原因，張飛在出征夷陵之戰（⬇250頁）前，便遭到心生怨恨的部屬所謀害。

原來如此小物語

張飛給人的外型印象全都是《演義》塑造出來的？

在《三國演義》中，張飛身高約184公尺，不僅外貌有著如豹的頭，圓圓的眼珠，還長有老虎般的鬍鬚，發出的聲音就像雷鳴。但其實正史中卻沒有任何關於張飛外表的描述，因此一般認為張飛流傳的形象全都是《三國演義》塑造出來的說法。

《演義》的張飛形象。

群雄
張角
率領太平道信徒發起黃巾之亂

張角

肖像

字

不詳

籍貫

冀州
并州
鉅鹿郡
司隸
兗州
豫州

生日

不詳

歿日

184年（日期不詳）

享年

不詳（病逝）

能力

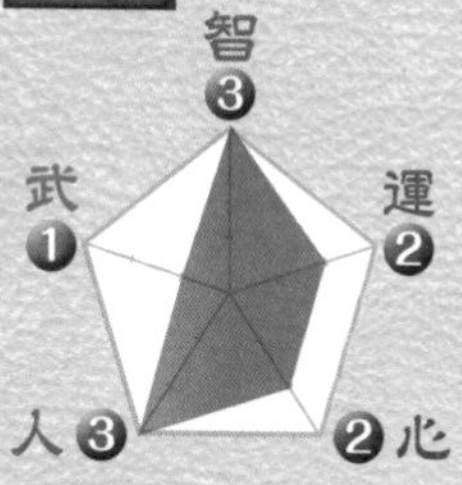
智 3
運 2
心 2
人 3
武 1

身分

太平道創始者

黃巾之亂的領導者 卻病逝於戰亂之中

張角創立太平道，自封為太平道的教祖。信徒參見張角時必須下跪，張角會讓信徒告解自己的罪過後，接著下符唸咒，信徒的疾患便神奇地不藥而癒。百姓們視張角為活神仙，太平道的信徒也因此大增，人數甚至擴及全國，當中大部分的信徒多半是對東漢朝政不滿的農民。張角也開始自稱大賢良師，並在各地組織信徒團體。

公元一八四年，張角率領信眾們開始起兵反抗東漢。信徒們參與起義時，都會頭綁黃巾作為記號，因此又稱為「黃巾之亂」（⬇42頁）。黃巾賊勢如破竹，很快地就燒毀了各地的官府據點。然而，東漢將領皇甫嵩率領的軍隊實力堅強，逐一平定各地的黃巾賊，張角也於戰亂之中病逝。過了數個月後，席捲全國的黃巾之亂終於得以平息。

張角

影像資料 **張角得祕笈**

《演義》當中提到，張角從一位自稱南華老仙的仙人手中獲得仙書，自此得到呼風喚雨的能力。

原來如此小物語

黃巾之亂的領導人其實是兄弟三人一同發起？

張角還有分別名為張寶及張梁兩位弟弟。當他們發起黃巾之亂時，張角自稱將軍，另外也任命張寶及張梁為將軍，三人互相協助指揮作亂。但是在戰亂過程中，張角很快病逝，張寶及張梁則被東漢軍隊斬殺。

戰役檔案 1

184年

黃巾之亂

民眾不滿情緒爆發
在各地興起叛亂！

長社城

皇甫嵩率領2萬名士兵鎮守城內，遭黃巾賊圍城。

長社之戰

戰役雙方為皇甫嵩守城、黃巾賊攻城。皇甫嵩在半夜採取火攻，擊敗了黃巾賊。

勝 戰力 不詳

皇甫嵩

東漢軍

VS

黃巾賊

張角

敗 戰力 不詳

張角號召太平道信徒一同起身反抗朝廷

東漢末年，平民百姓深受重稅及天災所苦，當中有不少人都加入成為張角成立的「太平道」的信徒。公元一八四年，太平道勢力不斷擴張，張角與張寶、張梁兩位弟弟號召各地的信眾，喊出「蒼天已死，黃天當立」（漢室就要滅亡，信仰太平道的黃帝時代即將來臨）的口號，起兵發起大規模的民變。

東漢朝廷為了鎮壓叛亂，派出皇甫嵩及曹操迎戰，另外還募集了對抗黃巾賊的地方義勇軍，劉備、關羽、張飛等人皆有參與其

發起騷亂的黃巾賊

太平道信徒頭綁黃巾，在各地發起叛亂。

黃巾賊
頭上綁黃巾作為標記。

皇甫嵩（？～195）

東漢將領。自從黃巾之亂爆發後，便擔當指揮官，指揮擊潰各地的黃巾賊。

黃巾之亂的事件地圖

5 擊潰張寶
11月，皇甫嵩在曲陽斬殺張寶。
張寶
張角
并州
曲陽
冀州
1 黃巾賊崛起
184年2月，張角舉兵。
張梁
4 擊潰張梁
10月，皇甫嵩在廣宗斬殺張梁。
廣宗
青州
3 倉亭戰役
皇甫嵩在倉亭擊破黃巾賊。
倉亭
兗州
司隸
長安
洛陽
皇甫嵩
長社
徐州
2 長社之戰
皇甫嵩以火攻擊破黃巾賊。
豫州
陣營 東漢軍
陣營 黃巾賊
東漢軍的路線

中。剛開始東漢軍隊雖然陷入苦戰，但從皇甫嵩在長社之戰獲勝起始，戰況便漸入佳境。張角於戰亂中不幸病逝，黃巾賊最終也以戰敗收場。

視覺超享受！

三國新聞

第一刊

發行處：
洛陽報社

東漢是什麼樣的王朝時代？

在西漢之後的東漢，究竟施行怎麼樣的政治體制呢？

獻帝（➡P47）

光武帝
（前6～57年）

光武帝復興漢室

公元前二〇〇年，漢高祖劉邦建立漢朝（西漢），雖然維繫兩百年左右，卻逐漸衰微。接著由西漢皇帝的子嗣，漢光武帝劉秀建立東漢政權，復興漢室。

政權中樞為三公九卿

東漢的中央政府，是由名為三公九卿的高階朝官管理國家朝政。

皇帝

- 內朝：皇帝祕書
- 丞相：最高職務。雖然在西漢時已遭廢除，但曹操卻廢除三公，重設丞相。

曹操

三公

- 司空：執掌營建（董卓）
- 司徒：執掌政治（王允（➡P62））
- 太尉：執掌軍事（董卓（➡P48））

董卓

王允

董卓

九卿

少府	皇室財政	大鴻臚	外交	衛尉	宮中警備
大司農	國家財政	廷尉	司法	光祿勳	皇帝護衛
宗正	皇室事務	太僕	管理車馬	太常	祭祀典禮

外戚與宦官的勢力爭奪戰？

一般將皇帝所娶的后妃或皇帝母親的親戚稱為外戚，掌有權力。另一方面，宦官（去勢的宮中僕役）則是隨伺皇帝或皇后身側，同樣深受皇室信賴，亦擁有權力。東漢正因為外戚與宦官的奪權事變不斷，致使國力逐漸衰微。

州牧與刺史掌管地方政治

東漢全國行政區劃共分為十三個州，這些州又可以劃分為數個郡，郡之下則再細分多個縣。原本每個州都會設置一名首長，名為刺史，但在黃巾之亂後，刺史改名為「牧」。當時主要的地方首長如下表所示，有時州牧之下還會派任刺史。

州	州牧（州刺史）	州的長官
郡	郡太守	郡的長官
縣	縣令	大縣的行政官
	縣長	小縣的行政官

十常侍之亂
東漢末年，宦官集團十常侍握有實權。
就由我們主掌朝政。
外戚何進（⬇46頁）與袁紹（⬇66頁）計畫暗殺十常侍。
來幹掉十常侍吧！
我來協助你！
但是宦官卻先一步暗殺何進。
可以稍微放心了。
可惡！
憤怒的袁紹闖入宮中，殺掉所有宦官。
你們這群宦官不可原諒！
啊——

光武帝遷都洛陽 東漢國都從此確立！

東漢的開國皇帝漢光武帝，將洛陽設為國都。東漢末年，董卓（⬇48頁）卻將首都遷至長安，之後曹操更遷都許都。

洛陽西邊的關卡——函谷關。（河南省）

東漢

因胞妹成為皇后而掌握權力

何進

在親族助力下出人頭地 卻慘遭宦官殺害

何進是漢靈帝之妻何皇后同父異母的兄長。何皇后深受靈帝寵信，因此何進得以出仕朝中。當黃巾之亂爆發時，何進被任命為東漢軍隊最高職務的大將軍一職。靈帝死後，何進便安排何皇后所生的少帝登基，將實權握於手中。

但也正因為如此，何進與過去掌權的宦官集團「十常侍」對立，於是何進尋求袁紹（⬇66頁）的協助，一起策謀了暗殺十常侍的計畫。然而計畫不僅執行困難，而且還被十常侍發現。何進被十常侍用計誘入宮中，隨後便慘遭殺害。

籍貫	荊州南陽郡
生日	不詳
歿日	189年（日期不詳）
享年	不詳（遭殺害）
身分	東漢末年政治家

肖像

原來如此小物語

何進其實很疼愛部屬？

據說東漢大將軍何進平常對下屬士兵疼愛有加，因此當何進被殺時，士兵們皆流淚大喊：「願拚死為大將軍報仇！」甚至襲擊與宦官友好的何苗（何進的親戚）。

何進

宦官殺何進

何進在宮中遭宦官殺害。

東漢

東漢最後的皇帝，受曹操保護

獻帝

命運多舛的末代皇帝 遭曹操利用甚至讓出皇位

獻帝是東漢的最後一任皇帝，為漢靈帝之子。獻帝之母王美人遭何皇后忌妒，慘遭毒害。靈帝死後，兄長少帝雖然即位，朝中實權卻掌握在董卓（⬇48頁）手中。董卓更在獻帝九歲那年廢少帝，改立獻帝，接著火燒洛陽，強行遷都長安。董卓死後，獻帝從長安逃回洛陽，並且接受曹操的保護，最後一同前往許都。

可是之後東漢的實權卻全握在曹操手中，遭曹操利用的獻帝不過就是個魁儡。曹操死後，其子曹丕（⬇242頁）逼迫獻帝讓出帝位，東漢也因此滅亡。

籍貫	司隸洛陽
生日	181年4月2日
歿日	234年4月21日
享年	54歲（病逝）
身分	東漢皇帝

肖像

原來如此小物語

談吐清晰得宜，所以受董卓喜愛？

何進被殺害後，獻帝與兄長少帝一同逃出局勢混亂的洛陽，兩人恰巧被正要進京的董卓所救。當董卓詢問少帝事件的詳細情況時，少帝完全無法回答，反而是獻帝淺顯扼要地說明事發經過，因此董卓相當賞識獻帝。

曹操護獻帝

曹操保護從長安逃回洛陽的獻帝，並迎回許都。

群雄

董卓

火燒洛陽，蠻橫猖狂的權臣

握擁東漢朝政實權 手段施政卻無比殘暴

董卓是東漢末年將劉氏政權逼上滅亡之路的暴虐權臣。董卓出身涼州隴西郡，被任命為東漢的涼州官員。他天生有著異於常人的臂力，與周邊異族作戰時表現出類拔萃，更因此出人頭地。但是在黃巾之亂中，卻因敗給黃巾賊而被拔掉官位。最終，董卓組織了自己的軍隊，徹底無視東漢朝廷的命令。

當何進計畫殺盡宦官時，曾特地前來尋求董卓的協助。董卓答應何進的請求，並朝國都洛陽前進。但是就在他抵達洛陽之前，何進卻已遭宦官殺害。同一時間，少帝與獻帝兩人從情勢混亂的洛陽逃出，董卓保護二人進入洛陽。董卓更與呂布（⬇52頁）結盟，強化自我兵力，接著廢少帝，改立獻帝為新皇帝。不僅如此，董卓甚至不惜殺害少帝與何太后（少帝母親），手握東漢實權，並且虐殺老百姓、襲擊洛陽商人奪取值錢財物，行為極度蠻橫猖狂。因此各路諸侯組成以袁紹（⬇66頁）為中心的反董卓聯合軍，就連曹操與孫堅（⬇56頁）等人也都參與其中。當聯合軍逼近洛陽時，畏懼遭人攻擊的董卓竟火燒洛陽，並強迫老百姓遷都長安。

原來如此小物語

《三國志》作者陳壽評定為最殘酷暴虐之人！

董卓掌握權力後，將忤逆自己的人一個接一個地殺害，甚至破壞皇室陵寢，盜取陪葬的財寶，最後更火燒國都洛陽，行為可以說蠻橫粗暴至極。陳壽甚至在史籍中評論董卓是有史以來最為暴虐不仁之人。

董卓

肖像

字

仲穎

籍貫

涼州
并州
隴西郡
司隸

生日

不詳

歿日

192年5月22日

享年

不詳（遭殺害）

能力

智 1
運 2
心 0
人 0
武 3

身分

東漢末年武將

南宮
用以討論國家朝政的宮殿。
洛陽陷入火海
190年2月，害怕遭聯軍攻擊的董卓，從洛陽強行遷都長安，並燒毀洛陽城。
金市
位於洛陽西邊的商業區。

遭部屬呂布背叛 悲慘結束一生

反董卓聯軍解散之後，遷都長安的董卓更加殘暴，甚至在宴席上以殘酷的方法殺死忤逆自己之人。時任司徒（最高職務）的王允（➡62頁）雖然表面上順從董卓，但背地裡卻也相當不滿董卓殘暴的行為，於是偷偷計劃暗殺董卓，並找來與董卓交惡的呂布參與暗殺行動。

公元一九二年，董卓準備進宮，搭乘馬車前往未央宮（宮殿），這時王允的同伴偷襲了董卓。董卓從馬車墜落後，趕緊叫來呂布保護自己。但是呂布現身後，卻對董卓說：「這是皇帝的命令，你就受死吧。」接著殺死董卓。長安的老百姓得知董卓死後與喜若狂，董卓的屍體更被丟到市集上曝晒數日。

董卓像

董卓生性殘酷，據說會切下投降俘虜的手腳，或是以大鍋將俘虜烹煮至死。

北宮

皇帝與後宮居住的宮殿。

影像資料

原來如此小物語

會招來呂布不滿全是因為急躁性格？

據聞有次董卓因為某件小事對呂布心生不滿，並朝呂布投擲手戟。呂布迅速避開，不斷向董卓謝罪後才獲得原諒。可是在那之後呂布便對董卓相當不滿，最終在王允的遊說之下決意背叛董卓。

發現!

長安未央宮遺址

未央宮是皇帝在長安皇宮中的住處。董卓就是被叫進未央宮時遭呂布殺害。

群雄
呂布
雖為天下豪傑，卻不斷背叛而自取滅亡

前後殺害丁原與董卓 屢屢反叛主公

呂布的弓術與馬術了得，原本是并州刺史（首長）丁原的部下。當何進為了斬殺宦官，前來尋求丁原的協助時，丁原便帶著呂布與自己的軍隊前進洛陽。何進遭殺害後，董卓開始打起「將丁原軍力納為囊中物」的主意。在董卓的慫恿之下，呂布殺死丁原，並投靠董卓。

呂布在董卓身邊次次嶄露頭角，最終擔任董卓的護衛，但董卓卻因某件小事對呂布心生不滿，竟然朝呂布投擲手戟。在那之後呂布便相當不滿董卓，並且在王允（⬇62頁）的慫恿之下，殺死董卓。

接著呂布與王允為了懲戒董卓軍的殘黨，於是朝董卓部將的李傕和郭汜出兵，卻慘遭擊敗並逃亡。呂布雖然想投靠袁術（⬇74頁）卻遭拒絕，最後改投靠袁紹（⬇66頁）。呂布投靠袁紹後，雖然騎著愛馬赤兔為袁紹殺敵，但終究與袁紹對立，最後選擇離去。

發現！ 呂布點將台

據說是呂布指揮士兵的地點（河南省）。

呂布

肖像

字

奉先

籍貫

五原郡
涼州
井州
司隸

生日

不詳

歿日

198年（日期不詳）

享年

不詳（處刑）

能力

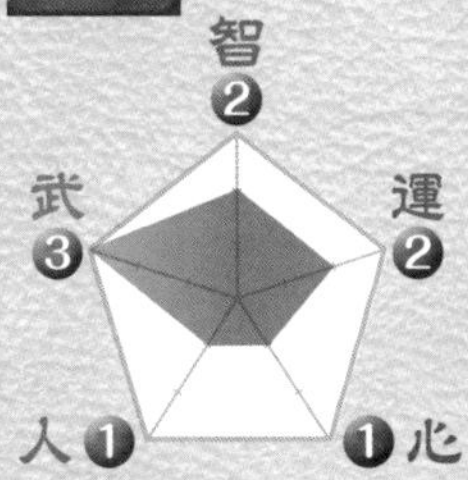
智 2
運 2
心 1
人 1
武 3

身分

東漢末年武將

演義名橋段

迎戰關羽、張飛、劉備 著名的三英戰呂布！

呂布在虎牢關之戰時，曾經與關羽、張飛、劉備三人對戰。從這場戰役中便可以得知呂布的實力究竟有多強，竟然能同時和《三國演義》中被譽為最強武將的關羽及張飛對戰。

從劉備手中奪取徐州 卻敗給曹操並遭處刑

公元一九四年，曹操從兗州出兵進攻徐州時，曹操的部下陳宮（⬇97頁）謀反叛變，並奉迎呂布進入兗州擔任州牧（首長）。呂布鎮守濮陽城內迎戰曹操，於此戰獲得勝利（⬇84頁）。呂布原本打算一舉消滅曹操，此時卻爆發旱災與蝗害，雙方均出現糧食不足的情況，於是呂布及曹操皆選擇撤退。

隔年，呂布雖然發兵再戰曹操卻失敗，只好投靠當時身為徐州州牧的劉備。正當劉備與袁術對戰時，呂布受到袁術慫恿，率兵攻占張飛留守的下邳，甚至脅持劉備的妻兒為人質。之後呂布選擇與劉備重修舊好、歸還人質，並將小沛交給劉備管理。袁術旗下的紀靈雖然立刻進攻小沛，但呂布答應劉備的請求，將箭射中長戟（很像矛的武器），於是紀靈遵守約定收兵返回（⬇55頁）。

公元一九八年，呂布再度與袁術攜手背叛劉備，襲擊小沛。劉備趕緊逃亡後，妻小又再次淪為人質，只好轉而投靠曹操。曹操隨後開始征討呂

戟
弓

影像資料 呂布像

武藝出眾的呂布在《三國演義》中是最強的武將。

原來如此小物語

呂布對劉備推心置腹 甚至做了許多失禮行為？

在兗州爭奪戰時，敗給曹操的呂布投靠擔任徐州首長的劉備。當劉備迎接呂布後，呂布不僅找劉備來寢室享用宴席，更稱劉備為「弟弟」，但其實這在當時可是非常失禮的行為，劉備也因此對呂布感到失望。

以比武決定是否收兵？

袁術的部下紀靈率領3萬軍隊，不斷逼近劉備鎮守的沛城。
雖然很不甘心…
還是只能向呂布求援了。
呂布趕到沛城附近，找來劉備與紀靈一起參與宴席。
你們雙方要不要就各自收兵呢？
那可不行！
不然這樣好了，如果我的箭能夠射中長戟的小支，那你就要收兵！
好，就這麼說定了！
怎麼可能會中。
但是箭矢卻不偏不倚射中了。
唰！
太神了！
紀靈只得依照約定收兵撤退。

呂布

影像資料 **呂布負女戰鬥**

下邳之戰時，呂布被困在下邳城內，為了讓袁術出兵援助，呂布準備獻上自己的女兒。呂布雖然想背著女兒破城而出，卻還是失敗。

布，呂布在各地不斷吃敗仗，被逼至下邳，雖然鎮守城內，卻遭曹操軍隊水淹下邳城，最終只好投降（⬇100頁）。呂布被繩子緊緊綑綁帶至曹操面前，他趕緊向曹操請求「可不可以綁鬆一點？」但是曹操卻回絕他：「綁老虎不得不緊。」最後呂布更指著一直建議曹操「應將呂布處死」的劉備，大喊：「劉備才是最不可信的傢伙！」可是最後仍被處以絞刑。

原來如此小物語

因為劉備的忠告呂布才會被處死？

呂布在下邳之戰戰敗後，被拖到曹操面前。呂布強調「只要讓我加入陣營，就能一統天下」。雖然曹操猶豫不決，但在聽聞劉備說「此人最會背叛他人」後，便將呂布處刑。

吳

孫堅

董卓討伐戰中博得名聲，奠定東吳根基

輾轉各地參與大小戰役 廣泛獲得勝利的勇將

孫堅為孫策（➡112頁）與其弟孫權（➡158頁）的父親，十七歲那年擊退海盜後，便被朝廷任命為吳郡縣令。接著平定會稽郡的叛亂，名聲更加響亮。黃巾之亂興起時，孫堅參與了東漢軍隊，表現優異，之後更陸續平定涼州及荊州爆發的叛亂。

當董卓趁東漢朝局混亂不已，進京洛陽並掌握實權之際，各路諸侯集結成立反董卓聯軍。孫堅也投靠袁術（➡74頁），參與其中，在陽人之戰（➡58頁）中大破董卓軍隊，成為殺入洛陽的第一人。

孫堅
孫策

影像資料 **孫堅與孫策**

父親孫堅死後，孫策帶著部下一同投靠袁術。

孫堅在三十七歲時，奉袁術的命令出兵攻打荊州的劉表（➡118頁），此役即襄陽之戰（➡70頁）。孫堅在討伐過程中擊潰劉表的部屬黃祖，更包圍劉表鎮守的襄陽城。然而就在孫堅獨自一人騎馬巡視時，卻遭到黃祖的部下射殺，溘然長逝。

孫堅

肖像

字

文臺

籍貫

豫州
徐州
荊州
吳郡
揚州

生日

156年（日期不詳）

歿日

192年（日期不詳）

享年

37歲（戰死）

能力

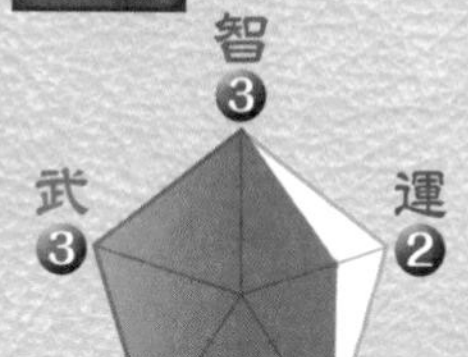
智 3
武 3
運 2
人 3
心 3

身分

東漢末年武將

原來如此小物語

戰亂時荒蕪的皇陵 卻是由他一手修復？

孫堅加入反董卓聯軍，並在陽人之戰打敗董卓軍隊，隨後領軍進入洛陽城中。此時洛陽已被董卓燒毀，皇室陵墓更被破壞殆盡，裡頭的財寶早已不見蹤跡。孫堅看到洛陽這般殘破景象時，不禁流下淚來，重新修復董卓破壞的陵墓，並將墓穴填平。

戰役檔案 2

190~191年

董卓討伐戰

陽人之戰

公元191年2月，孫堅陣營擊潰董卓軍隊的戰役。孫堅屯駐在洛陽南方的陽人城，築起要塞加強防守，並突襲董卓軍隊，獲得勝利。

孫堅
董卓軍

勝 戰力 十多萬人

孫堅

曹操

反董卓聯軍

VS

董卓軍

董卓

敗 戰力 數萬人

地方聯軍集結反董卓陣營 董卓倉皇逃出洛陽

公元一八九年，董卓占據東漢首都洛陽，手握實權，專行暴政。隔年，為了打倒董卓，各方諸侯集結了以袁紹（➡66頁）為中心的反董卓聯軍，曹操、袁術（➡74頁）、孫堅等人皆參與其中。但是參加聯合軍的諸侯武將卻因畏懼董卓軍隊，並未打算積極應戰，曹操因此怒斥：「大家是在猶豫什麼！」並率領少數士兵出征迎戰董卓軍隊，然而卻不幸戰敗。

聯軍不斷逼近洛陽，董卓在萬般擔憂之下決定火燒洛陽城，並

演義名橋段

汜水關與虎牢關 關羽一戰成名！

討伐董卓的過程中，關羽在「汜水關之戰」斬殺董卓麾下的華雄，呂布則在「虎牢關之戰」同時與劉關張三人對戰，展現過人之處。但其實這兩場戰役皆未出現在正史記載中。

虎牢關石碑

虎牢關為7世紀設置的關口，而汜水關經考證後認定其實就是虎牢關。

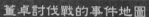

陽人要塞

勇將孫堅擊潰董卓軍隊，攻進洛陽！

董卓討伐戰的事件地圖

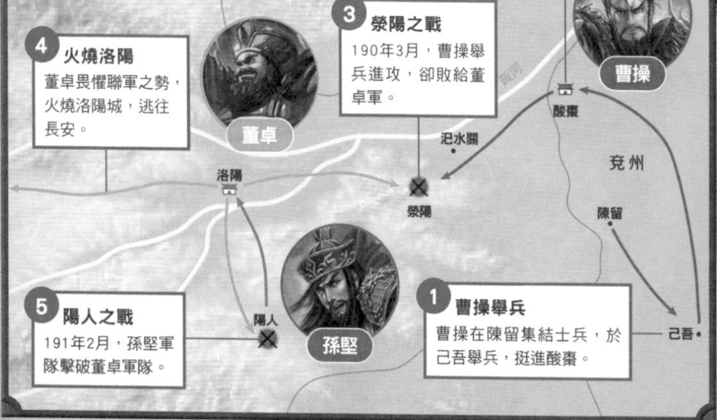
董卓軍的路線
曹操軍的路線
孫堅軍的路線
并州
2 集結聯軍
集結對董卓不滿的群雄。
3 滎陽之戰
190年3月，曹操舉兵進攻，卻敗給董卓軍。
4 火燒洛陽
董卓畏懼聯軍之勢，火燒洛陽城，逃往長安。
董卓
曹操
酸棗
汜水關
兗州
洛陽
滎陽
陳留
5 陽人之戰
191年2月，孫堅軍隊擊破董卓軍隊。
陽人
孫堅
1 曹操舉兵
曹操在陳留集結士兵，於己吾舉兵，挺進酸棗。
己吾

強行遷都長安。接著孫堅就在陽人擊潰董卓軍隊。雖然順利進軍洛陽，卻又因為聯盟中為首的袁紹與袁術不合，導致聯軍在還沒打敗董卓之前就先行解散了。

演義
貂蟬
離間董卓與呂布的虛構美女

憑藉美貌與演技 玩弄董呂二人於股掌之間

貂蟬是《三國演義》中登場的虛構人物，小說中將她描述成絕世美女。貂蟬在年幼時被賣至市集，東漢官員王允（➡62頁）收留了她，並細心養育成人。王允眼看董卓握有實權，極度專制殘暴，便策謀了挑撥董卓與呂布的計畫，並請十六歲的貂蟬協助計謀。王允先安排呂布與貂蟬見面，約定「將貂蟬許配給你」，轉身卻又將貂蟬獻給董卓。貂蟬與呂布見面時，便哭訴道：「我真的很愛呂布大人……。」

呂布與董卓的對立愈演愈烈，因此有朝臣提議「若將貂蟬讓給呂布，那麼呂布一定會為董卓大人賣命」，於是董卓便要貂蟬過去呂布身邊。但是貂蟬這時卻對董卓哭訴：「呂布很殘暴，我不想去他那裡。」董卓於是打消了這個念頭，呂布也真正與董卓決裂，並接受王允的提議，殺害董卓。

雖然貂蟬成為呂布的側室，但是在呂布死後，她也再未登場了。

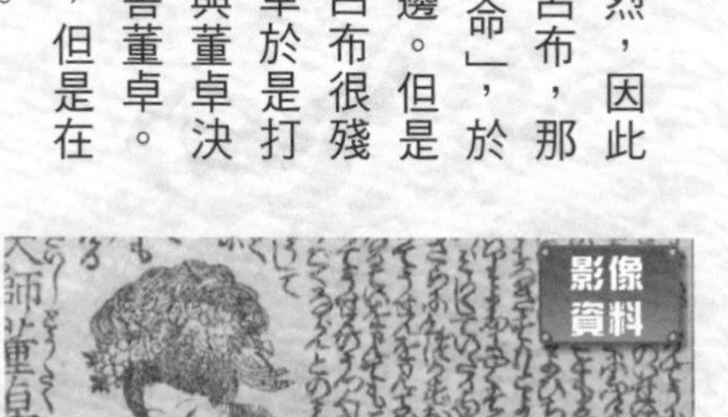
影像資料
太師董卓

董卓得貂蟬　在《三國演義》中，貂蟬離間董卓與呂布，使兩人關係決裂。

美人計掌控男人心！！
貂蟬被養父王允獻給董卓。
真可愛的女人。
能夠侍奉董卓大人，是我的榮幸。
貂蟬也與呂布見面。
救救我！我其實是想跟在呂布大人身邊！
我來想辦法，妳再忍耐一下！
王允說服深愛貂蟬的呂布背叛董卓。
只要殺了董卓，你就是英雄呢。
好，我就用這把劍發誓！
最終呂布殺死董卓。
啊！
逆賊，你就覺悟吧！

東漢

王允

拉攏呂布達成刺殺董卓之目標

成功策畫暗殺董卓 卻仍遭董卓部下處刑

王允為東漢政治家，自幼便被譽為「王佐之才」（能夠輔佐君主成就大業的幹才）。王允自十九歲開始便擔任朝廷官員，當黃巾之亂爆發時，王允赴任豫州刺史（首長），率兵擊潰黃巾賊。另外也參與了何進提出的斬殺宦官計畫。

董卓掌握政權後，王允被任命為東漢最高職務之一的司徒，負責朝中政治事務。後來因受不了董卓的殘暴行為，便策謀起暗殺董卓的計畫。同時拉攏與董卓關係出現嫌隙的呂布，說服呂布刺殺董卓。

接著王允更嚴厲懲處董卓的支持者。原為董卓部下的李傕與郭汜雖然打算投降，但王允卻不接受他們的請求，於是兩人進攻長安。王允雖與呂布一同迎戰，卻戰敗被擒，最終遭到處刑。

漢司徒王允之墓

發現!

王允墓

王允被董卓的部下李傕與郭汜處刑而死。

王允

肖像

字

子師

籍貫

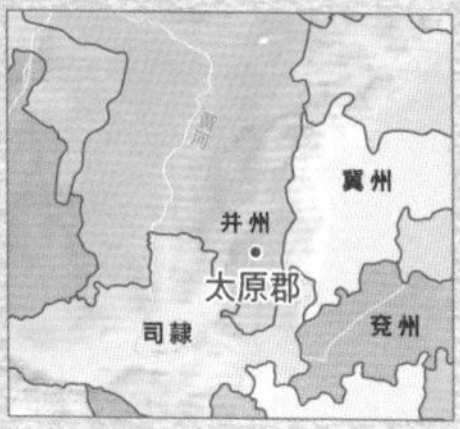
冀州
并州
太原郡
司隸
兗州

生日

137年（日期不詳）

歿日

192年（日期不詳）

享年

56歲（處死）

能力

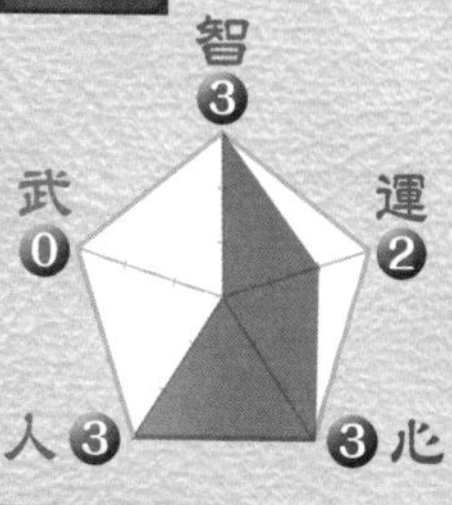
智 3
運 2
心 3
人 3
武 0

身分

東漢末年政治家

原來如此小物語

王允沒有逃離長安 其實是為了保護獻帝？

董卓死後，原部屬李傕與郭汜攻至長安。王允和呂布雖然一同抗戰，卻難以迎敵。呂布建議王允「一起逃走吧」，但是王允卻回絕，並說：「幼小的獻帝需要我。」據說王允遭李傕等人擒獲處死時，獻帝聽聞消息後非常悲傷。

群雄
公孫瓚
率領白馬義從征戰，卻敗給袁紹

公孫瓚

肖像

字

伯珪

籍貫

遼西郡
幽州
冀州
渤海
并州
青州
兗州

生日

不詳

歿日

199年（日期不詳）

享年

不詳（自盡）

能力

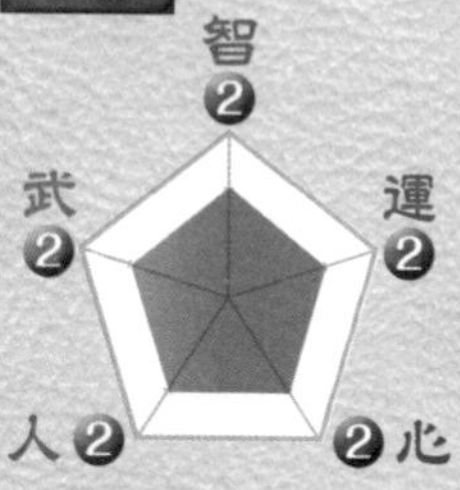
智 2
運 2
心 2
人 2
武 2

身分

東漢末年武將

界橋與易京戰役 雙雙敗給袁紹軍隊

公孫瓚為幽州豪族子弟，自幼便跟在涿郡的學者身邊，並與劉備一同學習。成人後出仕東漢官員，於邊疆討伐周邊異族，建立起顯赫名聲。公孫瓚在北方不斷擴張勢力，最終與袁紹（➡66頁）形成對立的情勢。

公元一九二年，公孫瓚與袁紹在界橋（➡72頁）對戰。他率領著自豪的騎兵部隊「白馬義從」征討袁紹軍隊，但是卻遭埋伏的強弩（裝有機關的武器弓）兵攻擊，最終戰敗而去。

公孫瓚之後雖然處死幽州州牧（首長），入主幽州。但其粗暴的統治手法卻讓當地百姓反感，不願服從，導致勢力逐漸衰退。

公元一九九年，公孫瓚遭袁紹軍襲擊，據守易京，袁紹軍卻挖掘地道潛入城內。最終公孫瓚以兵敗收場，而他選擇自刎身亡（➡102頁）。

公孫瓚

影像資料 **公孫瓚自刎**

易京之戰戰敗後，公孫瓚先殺了妻兒，然後自刎。

原來如此小物語

率領白馬騎兵軍團出征！

公孫瓚出兵時總是騎著白馬，還會集結能夠馬上射箭的騎兵，並且安排全員騎乘白馬征戰，因此他帶領的軍團又名為「白馬義從」。公孫瓚率領的白馬義從英勇無比，因此周圍的異族都非常畏懼他們。

群雄
袁紹
於河北打造龐大勢力，與曹操爭奪霸權

袁紹

肖像

字

本初

籍貫

青州
兗州
徐州
豫州
荊州
汝南郡
揚州

生日

不詳

歿日

202年6月28日

享年

不詳（病逝）

能力

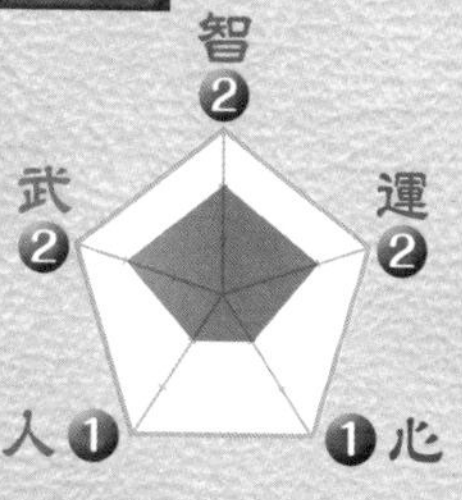
智 2
運 2
心 1
人 1
武 2

身分

東漢末年武將

雖然殺盡朝中宦官 卻因與董卓對立而逃亡

袁紹為豫州汝南郡望族出身，袁氏一族連續四代皆任三公（東漢最高職務），因此又有「四世三公」之稱，整個家族擁有相當大的勢力。同樣姓袁的袁術（➡74頁）也是袁氏一族中相當有實力的成員。袁紹外表威風凜凜，即便與身分低賤者亦能坦然相對，因此身邊聚集了許多優秀的人才。此外，據說袁紹與曹操自年少時期便結識，更是相熟的玩伴。

袁紹在出仕不久後便被提拔為司隸校尉（警備司令）。接著更與何進共同策謀殺盡朝中掌政的宦官，正當計畫付諸實踐之際，何進卻因猶豫不決反而遭宦官暗殺。袁紹聽聞後相當憤怒，衝入宮中斬殺兩千名宦官。

然而袁紹之後卻與進占洛陽的董卓意見相左，於是逃往冀州。為了制止董卓的殘暴行為，袁紹雖然成了反董卓聯軍的領袖，最終仍因畏懼董卓軍隊威勢，放棄出兵。

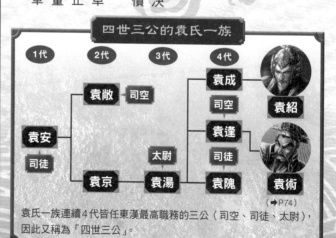

何進
袁紹

影像資料 **袁紹與何進密謀**

袁紹找來何進策謀刺殺宦官，最終何進卻沒有付諸實行。

四世三公的袁氏一族

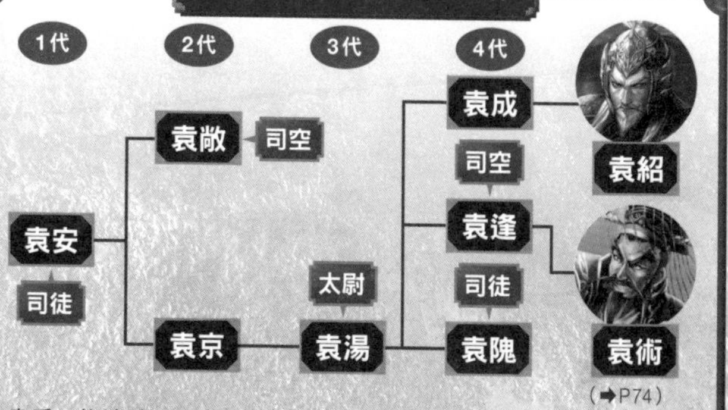
1代
2代
3代
4代
袁安
司徒
袁敞
司空
袁京
袁湯
太尉
袁成
司空
袁逢
司徒
袁隗
袁紹
袁術
（➡P74）

袁氏一族連續4代皆任東漢最高職務的三公（司空、司徒、太尉），因此又稱為「四世三公」。

無視臣下的提案 敗給曹操後就此失勢

反董卓聯軍解散後，袁紹就任冀州刺史（首長）。公元一九二年，界橋之戰（↓72頁）一觸即發，袁紹擊敗公孫瓚，擴大在河北地區（黃河以北流域）的勢力。

雖然袁紹的臣下提案「應當保護獻帝」，但袁紹沒有採納，結果曹操擁護獻帝時，袁紹又感到後悔無比。袁紹在一九九年的易京之戰（↓102頁）一舉消滅公孫瓚，成為河北一帶的霸主，也因此與在河南不斷擴張勢力的曹操形成對立的局勢。

隔年，劉備背叛曹操獨立，曹操親自率兵進攻。這時，袁紹的軍師田豐建議「可從背後攻擊曹操」，但袁紹卻以孩子生病為由拒絕出兵，錯失大好機會。而遭曹操擊潰的劉備則在此時投靠袁紹。

此時終於決心與曹操對戰的袁紹出兵官渡，並任命顏良（↓116頁）為大將，進攻曹操軍隊鎮守的白馬。這時為曹操賣命的關羽，不僅斬殺了顏良，更接著在延津之戰殺死袁紹旗下的文醜（↓117頁）。田豐等人雖然曾向袁紹建議「曹操的兵力與糧食不足，應採取持久戰」，卻不被袁紹採納，反而猛烈進攻曹操鎮守的官渡城。遭受強烈攻擊的曹操幾乎就要投降，但最後仍咬牙死撐。袁紹的臣下雖然不斷向袁紹提議「應該要攻擊糧倉」、「應該要攻擊曹操大本營的許都」，卻都遭駁回。

對袁紹感到失望的許攸轉而投靠曹操，並向曹操建言「偷襲袁紹大軍的

影像資料

袁紹像

袁紹外表威風凜凜，看似心胸開闊，實際上卻不信任他人，缺乏決斷力。

官渡之戰

袁紹雖然猛烈攻擊曹操鎮守的官渡城，卻未能成功。

糧倉烏巢」，於是曹操立刻派出另一支軍隊夜襲烏巢。接著開始有不少袁紹旗下的武將改投靠曹操，致使袁紹大軍崩解。袁紹逃離戰場，並前往冀州，但仍在兩年後不幸病逝。袁紹的孩子們為了繼位爭奪不休，使勢力更加衰退，甚至不幸遭受曹操攻擊，促使袁氏一族就此滅亡。

完全聽不進好建言！
田豐是袁紹身邊非常優秀的參謀……
我們應該要迎接獻帝。
沒那個必要！
田豐
曹操攻打劉備時……
趁曹操不在，
我建議攻打許都！
沒那個必要！
官渡之戰時……
我建議採持久戰略。
不行，速戰速決！
在官渡之戰中戰敗的袁紹……
田豐一定把我當成笑柄…
將田豐處刑！
是！
真是選錯主君了…

演義名橋段

袁紹中「十面埋伏」大敗 卻是死於逃亡途中！

在《三國演義》中，袁紹於官渡之戰戰敗後，旋即率領三十萬大軍來到黃河岸邊的倉亭。曹操面對敵方壓倒性的兵力時，採納了程昱（⬇82頁）提出的「十面埋伏之計」，將軍隊分為十個小隊，埋伏黃河邊，引誘袁紹大軍，接著一舉進攻。當時負責引誘袁軍發動攻擊的人正是許褚（⬇196頁）。袁紹中計後慘敗，並在逃亡途中吐血身亡。

黃祖的部下
孫堅
峴山

戰役檔案 3

192年

襄陽之戰

勝 戰力 不詳

劉表

劉表軍

VS

袁術軍

孫堅

敗 戰力 不詳

孫堅進軍荊州劉表卻於戰場遭射殺身亡

反董卓聯軍解散後，加深了袁紹與袁術（⬇74頁）之間的對立。袁術陣營的孫堅雖然在陽人之戰中獲勝，並進入洛陽，但這時掌管南陽郡（荊州最北處）的袁術命令孫堅進攻荊州州牧（首長）的劉表（⬇118頁），劉表則選擇與袁紹結盟。

一九二年，孫堅進攻荊州，擊潰劉表麾下的黃祖，並包圍劉表據守的襄陽城。黃祖逃入襄陽城後為了召集盟軍，試圖悄悄出城，卻被孫堅看穿行動，遭到攻擊，只好逃到附近的峴山。孫堅

孫堅對決劉表 最終戰死此役！

孫堅

孫堅戰死

有人認為孫堅是遭射殺身亡，也有人認為是遭石頭砸中，傷重而死。

襄陽城

孫堅戰死

公元192年，在袁術的命令下，孫堅朝襄陽城的劉表發動攻擊。孫堅擊潰劉表旗下的黃祖，包圍襄陽城。卻在獨自一人進入峴山時，遭黃祖部下射殺。

於是領頭追擊黃祖，卻在落單時被黃祖的部下射殺。這也使孫堅軍隊戰敗，劉表最終依然堅守住荊州。

孫堅征戰各地的事件地圖

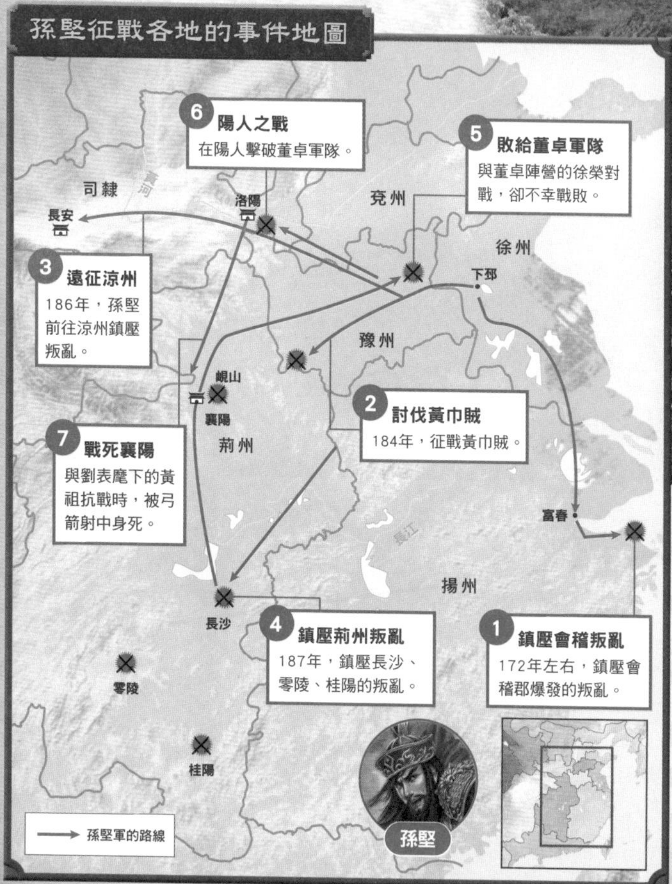
6 陽人之戰
在陽人擊破董卓軍隊。
5 敗給董卓軍隊
與董卓陣營的徐榮對戰，卻不幸戰敗。
3 遠征涼州
186年，孫堅前往涼州鎮壓叛亂。
7 戰死襄陽
與劉表麾下的黃祖抗戰時，被弓箭射中身死。
2 討伐黃巾賊
184年，征戰黃巾賊。
4 鎮壓荊州叛亂
187年，鎮壓長沙、零陵、桂陽的叛亂。
1 鎮壓會稽叛亂
172年左右，鎮壓會稽郡爆發的叛亂。
司隸
黃河
長安
洛陽
兗州
徐州
下邳
豫州
峴山
襄陽
荊州
富春
長江
揚州
長沙
零陵
桂陽
孫堅
孫堅軍的路線

戰役檔案 4

192年

界橋之戰

袁紹的強弩隊大破公孫瓚的白馬義從！

誘敵部隊

勝　戰力　數萬人

袁紹

袁紹軍

VS

公孫瓚軍

公孫瓚

敗　戰力　不詳

運用誘敵隊與強弩隊雙管齊下擊潰白馬義從

反董卓聯合軍解散後，袁紹的勢力以冀州為中心不斷擴大。這時掌管幽州一帶的公孫瓚起身阻擋袁紹的勢力擴張。公元一九一年，當黃巾賊的餘黨進攻冀州渤海郡時，公孫瓚率領大軍迎戰討伐。部分黃巾賊餘黨轉而投靠公孫瓚，勢力越發擴張的公孫瓚便決定開始進攻袁紹領地。袁紹得知消息後，憤怒地帶著軍隊從鄴縣大本營出發，兩軍在一九二年時於界橋展開激戰。

公孫瓚的主力是一群名為「白馬義從」的騎兵團，全員騎著白馬，擅長一邊射箭一邊突擊敵人陣營，因此周邊民族都非常畏懼他們。不過，袁紹召集了誘敵部隊和一千名強弩兵隊。當白馬義從向誘敵部隊發動攻勢後，埋伏的強弩兵隊立刻趨前攻擊，白馬義從掉入陷阱而慘遭擊潰。獲勝的袁紹也更擴大了自己在北方的勢力範疇。

界橋之戰

袁紹在界橋迎戰率兵侵入領地的公孫瓚陣營。袁紹的強弩隊襲擊公孫瓚的白馬義從，並獲得勝利。

白馬義從
強弩隊
以裝有機關的硬弓為武器的強力部隊。

原來如此小物語

面臨險境也要拚死搏鬥，不願苟且偷安的真男人？

袁紹擊退白馬義從後，卻因為太過大意，反而遭到逃亡中的公孫瓚軍隊圍捕。部下田豐護著袁紹躲進土牆縫隙中，但袁紹卻摔下頭盔，大喊：「在沙場上戰死才算是男人，我即便是死也不要躲在洞穴！」接著便和部下一同殺陣，最終逃過一劫。

界橋之戰事件地圖
袁紹軍的路線
公孫瓚軍的路線
幽州
薊縣
公孫瓚
1 討伐黃巾賊餘黨
公孫瓚討伐渤海郡的黃巾賊餘黨之後，接著進攻界橋。
4 公孫瓚戰敗
慘敗的公孫瓚逃往薊縣。
東平
渤海郡
冀州
3 界橋之戰
袁紹的強弩隊擊潰公孫瓚的白馬義從。
青州
界橋
鄴縣
2 袁紹軍迎擊
袁紹領兵從鄴縣前進界橋。
兗州
袁紹

群雄

袁術

自立稱帝，下場悽慘的豪族梟雄

袁術

肖像

字

公路

籍貫

青州
兗州
徐州
豫州
荊州
汝南郡
揚州

生日

不詳

歿日

199年（日期不詳）

享年

不詳（病逝）

能力

智 1
運 2
1
人 0
武 1

身分

東漢末年武將

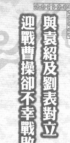

與袁紹及劉表對立 迎戰曹操卻不幸戰敗

袁術是袁紹的親戚，父親為曾經擔任東漢司空（朝廷最高職務之一）的袁逢。袁術在討伐黃巾賊的過程中表現優異，更與袁紹一同殺盡宦官。當董卓入主洛陽後，旋即任命袁術為將軍，但他不想被時人認為是董卓的同黨，因此選擇離開洛陽，落腳荊州的南陽郡。

之後袁術不僅與袁紹關係破裂，更和荊州首長劉表（➡118頁）形成對立之勢。袁術雖然下令部屬孫堅出兵劉表，但孫堅卻因戰敗喪命。接著袁術又攻打曹操掌控的兗州，卻在匡亭慘遭擊潰（➡76頁）。袁術逃到揚州的九江郡，並以此為據點。

公元一九七年，袁術自立為帝，但是其他人卻完全不當一回事。之後他與呂布和曹操的對戰中也接連戰敗。袁術原本打算投靠青州的袁譚（袁紹之子），然而卻在逃亡途中病逝。

袁紹
袁術
孫堅

影像資料 反董卓陣營的袁術

《三國演義》中，袁術加入反董卓聯合軍，名列群雄之一。

真的？假的?! 以脅持人質的卑鄙手段從孫堅手中奪取玉璽!?

《三國演義》中記載，孫堅在洛陽的水井裡找到皇帝的玉璽，並將玉璽交給袁術。《三國志》中雖然沒有記載與玉璽相關的內容，但在其他的史籍裡，卻有提到「袁術脅持孫堅的妻子為人質，從孫堅手中奪取玉璽」此一事件。

戰役檔案 5 193年

匡亭之戰

曹操率領青州兵 擊潰袁術軍隊！

黃河
曹操軍的追擊路線
曹操軍

匡亭之戰

曹操率領青州兵，不僅在匡亭擊潰袁術旗下的劉詳，還攻破前來救援的袁術軍隊，更乘勝追擊逃亡的袁術。

勝 戰力 數十萬人

曹操

曹操軍

VS

袁術軍

袁術

敗 戰力 數十萬人

袁術進攻兗州 卻慘敗給曹軍

掌控南陽郡（荊州最北處）的袁術，與袁紹關係破裂。因此袁術在公元一九二年時，進攻與袁紹結盟的荊州州牧（首長）劉表（⬇118頁），卻以失敗收場。

之後，袁術為了擴張東邊的勢力，便出兵進攻由曹操掌管的兗州陳留郡。袁術屯兵封丘時，派部下劉詳占領匡亭。但這時曹操整合了黃巾賊餘黨，組成「青州兵」，在青州兵的助力之下擊潰劉詳，接著又攻破前來救援的袁術軍隊。

曹操接著追擊逃亡至封丘的袁

原來如此小物語

「青州兵」的成員其實是黃巾賊殘黨集結而成!?

曹操從青州的黃巾賊殘黨中，挑選精銳，組成著名的「青州兵」。曹操不僅允許青州兵信仰太平道，更承諾會照顧其家人。

袁術軍

匡亭之戰的事件地圖

曹操軍的路線
袁術軍的路線
2 匡亭之戰
曹操於匡亭打敗袁術軍隊。
3 擊潰袁術軍隊
曹操於封丘擊潰前來救援的袁術。
4 曹操追擊
曹操採取水攻策略，攻擊逃至襄邑的袁術；袁術則繼續逃往九江郡。
1 出兵封丘
袁術從南陽出兵進軍封丘。
曹操
袁術
鄄城
兗州
匡亭
定陶
封丘
陳留郡
黃河
洛陽
襄邑
豫州
南陽
壽春
陰陵
荊州
九江郡
揚州

術，一一擊破袁術的軍隊。由於這時劉表截斷袁術的糧食補給路徑，使袁術無法回到南陽郡，最終只好逃往揚州的九江郡。

群雄

認同劉備能力而出讓徐州

陶謙

因曹操殺父之仇 致使老百姓慘遭虐殺

陶謙為東漢末年的群雄之一。年輕時便出任朝廷官員，當黃巾之亂發生後，被任命為徐州刺史（首長），對抗黃巾賊。

公元一九三年，曹操父親的曹嵩在徐州慘遭殺害。對此極為憤怒的曹操便率領大軍入侵徐州，接著擊潰陶謙軍隊，對當地老百姓大開殺戒。

隔年，陶謙又再次受到曹操率兵攻擊，但這時擔任青州平原國相的劉備率領數千名軍隊出兵相救。雖然劉備的軍隊仍敗給曹操，陶謙卻相當讚賞劉備，交代部屬「只有劉備守得住徐州，我要將徐州讓給劉備」後，不久便因病身故。

籍貫	揚州丹陽郡
生日	132年（日期不詳）
歿日	194年（日期不詳）
享年	63歲（病逝）
身分	東漢末年武將

肖像

原來如此小物語

曹操因怨恨陶謙 牽連徐州百姓!?

曹操父親的曹嵩為了躲避戰亂，逃至徐州。一九三年，就在曹嵩正打算前往曹操所在的兗州途中，卻遭不明人士殺害。曹操認為這是陶謙一手策畫的計謀，為了報父之仇，便率領大軍進攻徐州，虐殺數十萬百姓。

陳登（生歿年不詳）

陶謙的家臣，說服劉備成為陶謙的繼任者。

蜀

寄託未來於劉備的大富豪

糜竺

向劉備獻上胞妹 並贈予財產大方提供援助

糜竺出身自徐州當地相當富裕的家庭，受陶謙之邀投靠其勢力之下；接著更謹遵陶謙的遺言，說服劉備接下徐州，自己也歸順劉備。當劉備遭呂布奪取下邳，妻兒被擄時，糜竺更將自己的妹妹許配給劉備，並贈予大量財寶，讓劉備的勢力得以恢復。之後當劉備與曹操關係破裂，糜竺更選擇追隨劉備，輾轉浪跡各地。

劉備好不容易取得益州後，為了感謝糜竺對自己的幫助，不僅封其為安漢將軍，官位更是高於諸葛亮。但因糜竺生性沉穩，所以從來不曾率兵出戰迎擊敵軍。

籍貫	徐州東海郡
生日	不詳
歿日	221年（日期不詳）
享年	不詳（病逝）
身分	蜀國武將

肖像

原來如此小物語

胞弟投降敵國 因此氣急身亡!?

公元二一九年，糜竺的弟弟糜芳與關羽一同治理荊州，後來卻選擇投降吳國。糜竺於是以繩子自捆來到劉備面前，希望劉備「予以懲罰」。雖然劉備並未懲處，但糜竺仍因為這件事氣到生病，在兩年後病逝。

糜夫人（生歿年不詳）

糜竺的妹妹，也是劉備的妻子。曾遇呂布襲擊而遭擒。

魏
荀彧
王佐之才，曹操陣營的名軍師

荀彧

肖像

字

文若

籍貫

青州
司隸
兗州
潁川郡
徐州
豫州
荊州
揚州

生日

163年（日期不詳）

歿日

212年（日期不詳）

享年

50歲（病逝？）

能力

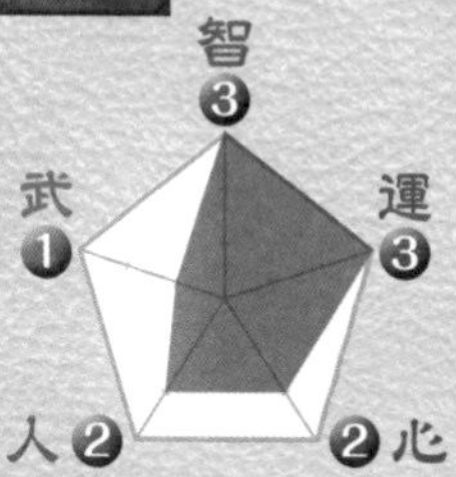
智 3
武 1
運 3
人 2
2 心

身分

曹操的軍師

善於貢獻良計 助曹操壯大勢力

荀彧是曹操麾下的軍師。自幼便相當優秀，更被譽為「王佐之才」（能夠輔佐君主成就大業的才幹）。當天下大亂時，荀彧雖然投靠袁紹，卻立刻發現袁紹沒有才能，於是在二十九歲時轉投靠曹操。當曹操得到荀彧的支持時，曾開心地說：「這是我的子房啊。」（子房即張良，西漢開國皇帝劉備的著名軍師）

公元一九四年，呂布進攻兗州，荀彧與程昱（➡82頁）等人成功守住一部分的兗州。一九六年，荀彧建議曹操恭迎獻帝至許都，讓曹操得以拿東漢朝廷為後盾，不斷擴張勢力。公元二〇〇年官渡之戰一觸即發，荀彧更在許都持續鼓舞曹操。雖然之後荀彧持續向曹操推薦優秀人才，表現活躍，然而卻因反對曹操晉封魏公，導致關係決裂，而荀彧不久後病逝。也有一說認為荀彧是自盡身亡。

汉魏许都故城遗址

發現! 漢魏許都故城遺址

曹操不在許都期間，是由荀彧鎮守城內。照片為遺址的大門。

原來如此小物語

荀彧不斷寫信鼓勵怯場的曹操!?

在官渡之戰時，曹操對於戰事僵持不下感到憂心不已，於是寫信向荀彧徵詢意見，表示「想要撤兵」。可是荀彧回信鼓勵曹操：「如果不現在打倒袁紹，接下來一定會給袁紹可趁之機，這可是決定天下大勢的關鍵！」阻斷曹操的念頭。

魏
程昱
曹操麾下名軍師，堅守本營力拒呂布

程昱

肖像

字

仲德

籍貫

冀州
渤海
并州
東郡
青州
兗州
徐州
豫州

生日

141年（日期不詳）

歿日

220年（日期不詳）

享年

80歲（病逝）

能力

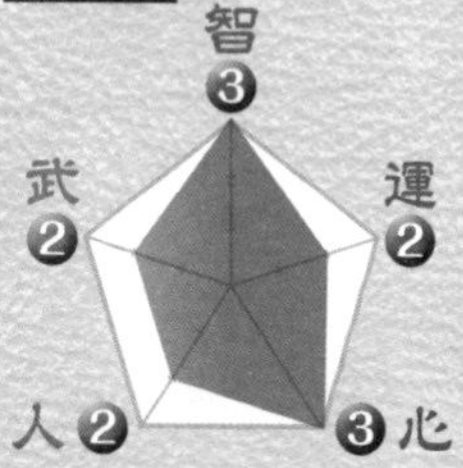
智 3
運 2
心 3
人 2
武 2

身分

曹操的軍師

對曹操諫言不諱 屢次化解危機

程昱是跟隨曹操的名軍師，身高約一九一公分，蓄有長長的鬍鬚。黃巾之亂時，程昱鎮守其出身地兗州東阿縣。當曹操接掌兗州時，便順勢投靠其旗下。程昱本身雖然不擅長與他人合作，卻相當受到曹操的信任。

公元一九四年，呂布趁曹操不在時伺機進攻兗州，程昱便與荀彧等人合作，守住鄄城、東阿及范縣三城，堅守等待曹操歸來。而當曹操與呂布交戰時，軍隊出現糧食短缺，正打算以家人為質與袁紹結盟之際，程昱卻出面勸說：「這麼做反而有損主公的聲勢。」順利打消曹操的念頭。一九六年，程昱也贊成荀彧的建議，支持將獻帝迎至許都。

赤壁之戰（➡170頁）後，程昱引退且閉門不出。即便如此，曹操仍相當珍惜程昱。曹操逝世後，程昱也以八十歲的高齡病逝。

程昱提防劉備

程昱並不信任投靠曹操的劉備。而劉備也果真被程昱料中，背叛了曹操。

原來如此小物語

勸阻曹操派兵救援？

官渡之戰時，程昱以七百名兵力駐防鄄城。正當袁紹的十萬大軍逼近時，曹操打算派遣兩千名兵力緊急救援。但是程昱卻勸阻，並分析情勢：「袁紹看我軍兵力薄弱，肯定會逕行通過；如果增加兵力，袁紹就會改變心意選擇進攻。」袁紹果真如程昱預料，直接通過鄄城。

戰役檔案 6

194年

濮陽之戰

濮陽城東門
曹操

濮陽之戰

曹操雖然攻入濮陽城內，卻因青州兵竄逃，使曹軍大為混亂。當曹操遭呂布軍隊擒獲時，被問道：「曹操人在哪？」這時曹操手指方向並回答：「那個騎黃馬的人就是曹操！」呂布的軍隊隨即追向黃馬，讓曹操得以順利逃出濮陽城。

呂布趁曹操離城期間伺機奪取兗州

擊潰袁術、鞏固兗州掌握權的曹操，在公元一九三年時正打算迎接身處徐州的父親到來，但是曹父卻被不明人士殺害。於是憤怒的曹操進攻徐州，對老百姓大開殺戒。同一時間，曹操的部下陳宮（➡97頁）與張邈密謀叛變，迎呂布入兗州。隔年，曹操返回兗州，在濮陽攻打呂布，最終卻以戰敗收場。曹操在隔一年迎戰呂布，並於定陶及鉅野兩處成功擊潰呂布。呂布戰敗後，趕緊投靠人在下邳的劉備。

勝 戰力 不詳

呂布

呂布軍

VS

曹操軍

曹操

敗 戰力 不詳

曹操與呂布於兗州展開激烈對戰！

曹操
典韋
影像資料

典韋救曹操

曹操突襲呂布位在濮陽西邊的陣地時，呂布援軍趕至，遭遇激烈反擊。這時典韋奇襲呂布軍隊，救出曹操。

劉備迎呂布

呂布敗給曹操後，決定投靠位在下邳城的劉備。劉備也接受呂布的請求。

黃馬

曹操與呂布之戰

2 濮陽之戰
曹操攻入濮陽城內，卻遭呂布猛烈反擊，最終慘敗退回鄄城。
荀彧、程昱等人成功抵擋呂布的攻勢。
東阿
范縣
鄄城
濮陽
鉅野
曹操
4 進攻鉅野
曹操擊潰位在鉅野的呂布軍隊。呂布戰敗後逃至下邳投靠劉備。
1 進軍濮陽
曹操進軍遭呂布攻占的濮陽。
5 攻陷雍丘
曹操進攻雍丘的張邈勢力，順利攻陷。
定陶
3 進攻定陶
195年春，曹操襲擊定陶。雖未能成功奪城，卻在城外擊潰呂布軍隊。
雍丘
張邈
呂布
曹操軍的路線
呂布軍的路線
襄賁
徐州
下邳
劉備

魏
荀攸
曹操的首席軍師，引領多場戰役取得勝機

荀攸

肖像

字

公達

籍貫

青州
兗州
司隸
潁川郡
豫州
徐州
荊州
揚州

生日

157年（日期不詳）

歿日

214年（日期不詳）

享年

58歲（病逝）

能力

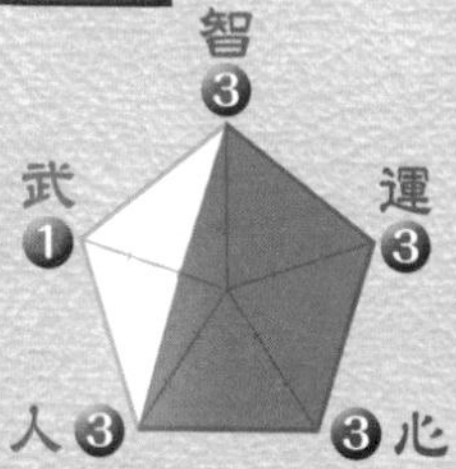
智 3
武 1
運 3
人 3
心 3

身分

曹操的軍師

獻上絕佳策略 深受曹操敬愛

荀攸是曹操身邊的軍師，年紀比其親戚荀彧大六歲。他原本是何進的下屬，出任東漢朝中官員，雖然同樣參與了暗殺董卓的計畫，卻因失敗被捕入獄。董卓遭殺後，荀攸也得以重獲自由，當曹操迎獻帝入許都時，荀攸便在荀彧的引薦下開始侍奉曹操。

當下邳之戰（⬇100頁）爆發時，荀攸建議曹操採水攻策略，並成功生擒呂布。而在白馬之戰（⬇120頁）與延津之戰中，荀攸同樣提出了絕佳策略，讓曹操軍隊得以獲勝。

荀攸每當參與曹操的戰役時，會於本營後方推演作戰行動，並且只將自己的想法說給需要知道的人，因此曹操相當讚崇荀攸，認為他「內在充滿卓越智慧，且具備過人勇氣」。公元二一四年，荀攸卻在曹操發兵攻打孫權時，於行軍途中病逝。據說每當曹操提起荀攸時，都會流下眼淚。

荀攸提供曹操意見

官渡之戰時，當袁紹軍隊的重臣許攸投降之際，荀攸判斷後稟告曹操「對方是真心投降」。

原來如此小物語

曹操不聽荀攸的意見結果吃了苦頭!?

一九八年，當曹操攻打張繡（⬇88頁）時，荀攸便向曹操說：「張繡與劉表結盟了，必須切斷劉表提供的兵糧。」但是曹操卻沒有接納荀攸的提議。據說曹操事後戰敗時，便很後悔地跟荀攸說：「早知道就應該聽你的意見了。」

魏
張繡
宛城之戰，出奇制勝曹操

張繡

肖像

字

不詳

籍貫

武威郡
涼州
并州
司隸

生日

不詳

歿日

207年（日期不詳）

享年

不詳（病逝？）

能力

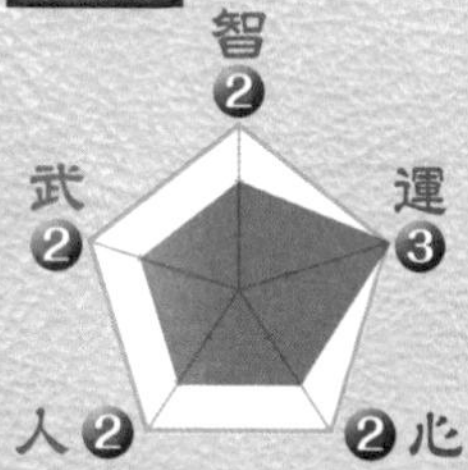
智 2
運 3
心 2
人 2
武 2

身分

曹操的臣子

不滿曹操作為 發動奇襲終至歸順

張繡是東漢將軍張濟的姪子。年輕時擔任涼州官員，因平定發生於涼州的叛亂而出名。公元一九六年，張濟戰死於荊州南陽郡，張繡便接收其兵力，以南陽郡為據點。之後他更找來賈詡（↓90頁）為參謀，並聽從賈詡提議，與劉表（↓118頁）結盟。

公元一九七年，張繡遭到曹操攻擊而投降，但對於曹操納張濟未亡人為側室而感到非常憤怒。張繡於是決定背叛曹操，他與賈詡商量之後，便出兵突襲曹操軍隊。就在這場宛城之戰（↓94頁）中，張繡斬殺曹昂（曹操長子）與典韋（↓92頁）等人，獲得勝利。

之後張繡雖然也與劉表結盟，繼續對抗曹操，然而就在官渡之戰（↓122頁）開打之前，張繡接受賈詡的提議，選擇投降，完全歸順曹操。

影像資料
曹操
張濟的未亡人

曹操與張濟遺孀

張繡投降後，曹操將張濟（張繡的叔叔）的妻子納為側室。

真的？假的?! 因昔日恩怨 遭曹丕指責而深感愧疚!?

張繡原為曹操陣營的武將，在征討北方烏桓族的過程中病逝。但有另一個說法是張繡與曹丕（曹操之子）見面時，遭曹丕指責：「你殺了我兄長（曹昂），為何還能一副稀鬆平常的樣子！」因深感愧疚自刎而死。

魏
賈詡
擊破曹操，最終投降改任軍師

賈詡

肖像

字

文和

籍貫

武威郡
涼州
并州
司隸

生日

147年（日期不詳）

歿日

223年（日期不詳）

享年

77歲（病逝）

能力

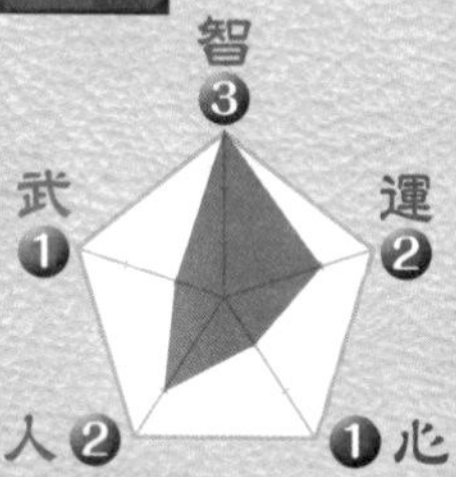

智 3
運 2
心 1
人 2
武 1

身分

曹操的軍師

侍奉多位主君 始終貢獻作戰良策

賈詡年幼時便足智多謀，曾被入主洛陽的董卓任命高階職務。董卓遭殺害後，更指導董卓的部下李傕與郭汜持續作戰，成功奪下長安。之後擔任張繡的軍師，在宛城之戰（➡94頁）提議突襲曹操，也獲得勝利。但是正當曹操與袁紹準備決戰時，賈詡又說服張繡：「這時投降的話，曹操一定會很高興。」於是一起投誠曹操。而曹操對此也深表感謝，更握住賈詡的手傳達其感激之情。

之後賈詡便擔任起曹操的軍師，在官渡之戰（➡122頁）中，贊成襲擊烏巢糧倉的作戰計畫；也曾在潼關之戰（➡198頁）中，提出「離間計」，促使馬超（➡192頁）與韓遂關係決裂。賈詡接二連三的良計，也帶領曹操的軍隊走向勝利之路。

曹操死後，賈詡也跟隨曹丕（➡242頁），最後於七十七歲時病逝。

賈詡獻策張繡

賈詡擔任張繡的軍師時，建議張繡採取奇襲，擊敗曹操。

原來如此小物語

曹操指定繼承人時 賈詡也有出一份力!?

曹操在考量繼承人人選時，不知道究竟要立三男曹丕，還是曹丕之弟曹植而感到煩惱不已時，因此找來賈詡商量。賈詡則以袁紹與劉表為例，解釋無論袁紹還是劉表都是因為廢長立幼而導致手足爭權。曹操聽了此話後，於是選擇曹丕為繼承人。

魏
典韋
捨命護衛曹操的忠心將領

為保曹操順利脫逃 奮勇戰鬥至最後一刻

典韋是負責護衛曹操的豪傑，儘管身形魁武，力大無比，卻又喜愛幫助弱者。當他起初追隨夏侯惇（↓98頁）時，因參與了多場戰役，寫下輝煌的功績，接著晉身為曹操護衛。典韋相當忠心守護曹操，不僅一整天都站在曹操身邊，就連晚上也都會睡在曹操的房間附近。

濮陽之戰時，曹營遭受呂布軍隊攻擊，苦苦堅持，這時典韋便身懷十多支長戟（很像矛的武器），突擊敵軍陣營，迫使呂布撤退。

宛城之戰（↓94頁）時，典韋為了讓遭張繡軍隊攻擊的曹操能夠順利逃脫，便在陣營門前揮舞著長戟，迎戰逼近的敵兵，最終全身負傷，力盡身亡。當曹操得知典韋戰死時，不禁留下眼淚，並召集志願兵，從敵軍手中奪回典韋的屍體，最後將其厚葬。

典韋護衛曹操

就算是宴會場合，典韋也會手執約24公分的巨斧，矗立曹操身後。

演義名橋段

沐身箭雨、背部中矛 壯烈成仁的古之惡來

《三國演義》中，典韋於宛城之戰時被張繡軍的武將灌醉，手中的武器也全被奪走。雖然典韋上前搶奪敵人的武器應戰，卻仍因力氣用盡，全身遭敵箭射擊，背部中矛，最終戰死。

典韋

肖像

字

不詳

籍貫

冀州
并州
青州
司隸
陳留郡
兗州
豫州
徐州

生日

不詳

歿日

197年（日期不詳）

享年

不詳（戰死）

能力

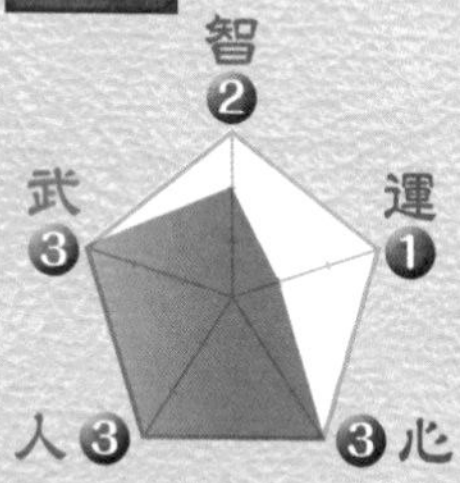
智 2
運 1
心 3
人 3
武 3

身分

曹操的護衛

戰役檔案 7

197年

宛城之戰

大意輕視張繡 曹操踉蹌敗退！

曹操
曹昂
典韋

曹操脫逃

曹操包圍宛城時，張繡選擇投降，但張繡卻又變卦突襲曹操。曹操雖然脫逃，長子曹昂與猛將典韋等人卻因此戰死。

勝 戰力 不詳

張繡

張繡軍

VS

曹操軍

曹操

敗 戰力 不詳

曹操因過於輕敵 慘遭張繡猛攻臨危

以許都為大本營的曹操，迎入漢獻帝後，接著在公元一九七年進攻張繡駐守的宛城。張繡見曹操大軍壓陣，決定不戰而降。

獲勝的曹操強納張濟（張繡的叔叔）的妻子為側室，令張繡相當怨恨。曹操得知此事後，於是打算暗殺張繡，卻被擔任張繡的參謀賈詡看穿，賈詡便建議張繡突襲曹操。遭張繡軍隊突襲的曹操陣營整個陷入混亂，曹操身邊的猛將典韋負責斷後而戰死；曹操的長子曹昂則讓出坐騎，儘管使曹操得以順利脫逃，卻也同樣

宛城之戰的事件地圖

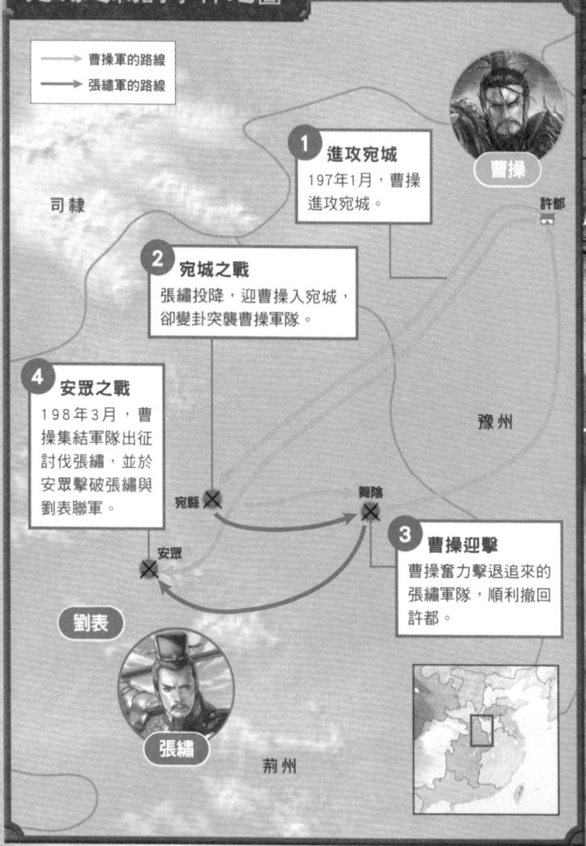

曹操軍的路線
張繡軍的路線
1 進攻宛城
197年1月，曹操進攻宛城。
曹操
2 宛城之戰
張繡投降，迎曹操入宛城，卻變卦突襲曹操軍隊。
司隸
許都
4 安眾之戰
198年3月，曹操集結軍隊出征討伐張繡，並於安眾擊破張繡與劉表聯軍。
豫州
宛縣
舞陰
安眾
3 曹操迎擊
曹操奮力擊退追來的張繡軍隊，順利撤回許都。
劉表
張繡
荊州

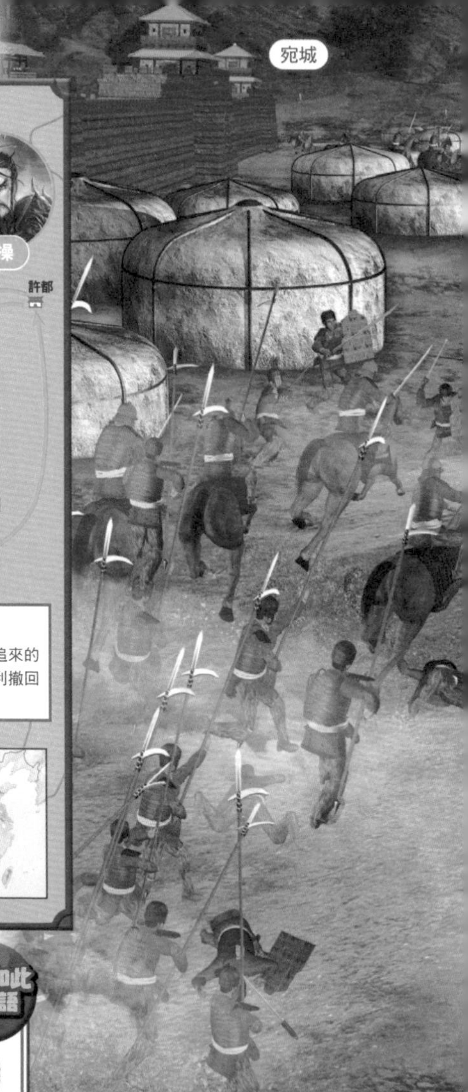

宛城

因此身亡。曹操逃回許都，面臨這兩項打擊，更是誓言「絕對不會再犯相同的錯誤」。

隔年，曹操再度攻打張繡，於安眾之戰獲勝，張繡與賈詡最終也降伏曹操。

原來如此小物語

無法原諒兒子身死 導致夫妻破局!?

曹昂為了救父，將坐騎讓給曹操，卻也因此戰死。得知消息的丁夫人（曹昂母親）因此非常怨恨曹操，甚至返回娘家。曹操雖然前往丁夫人的娘家謝罪，卻始終得不到妻子的原諒，兩人最後以離婚收場。

魏

屢屢神準預測的天才軍師

郭嘉

籍貫	豫州潁川郡
生日	170年（日期不詳）
歿日	207年（日期不詳）
享年	38歲（病逝）
身分	曹操的軍師

肖像

擁有絕佳判斷力 進而看透未來

郭嘉儘管年幼時曾與袁紹相會，但發現袁紹不具備治世才能，於是選擇離去。接著投靠曹操，擔任軍師。

公元一九八年，與曹操對戰的呂布死守下邳城內。曹操眼見自己的士兵早已疲累不堪，於是打算撤兵，但是郭嘉與荀攸卻出面強力主張應繼續攻擊。曹操也聽從軍師們的建議，成功擒獲呂布。

官渡之戰（↓122頁）時，郭嘉看穿孫策（↓112頁）會趁呂布不在期間進攻許都，並預言：「孫策是強行攻占江東（長江下流區域），想必會被心存怨恨之人所暗殺。」孫策事後也果真遭人殺害。

郭嘉之後也以優異的判斷力，引領曹操邁向勝利之路，卻在三十八歲時因病不幸早逝。當曹操敗於赤壁之戰（↓170頁）時，便曾感嘆：「如果郭嘉還活著，赤壁之戰可能就不會輸得那麼慘。」

原來如此小物語

與曹操初次見面 便認定彼此的才能!?

一直尋找優秀軍師的曹操，在荀彧引薦下認識了郭嘉。曹操與郭嘉見面後討論起天下之事。曹操說：「能助我一統天下的絕對是這個男人！」並拔擢郭嘉為軍師。郭嘉也欣喜表示：「我終於遇到真正的君主了。」

群雄

以呂布軍師之姿迎戰曹操

陳宮

迎曹操入兗州 卻背叛曹操投靠呂布

陳宮對於自己的信念相當執著，原本是跟隨在曹操身邊，後來轉投呂布陣營。公元一九二年，陳宮建議曹操「應將兗州作為根據地」，並說服兗州官員們迎接曹操入主兗州。可是在一九四年，曹操為了報父仇，出兵攻打徐州期間，負責留守的陳宮便與張邈等人背叛曹操，迎呂布入兗州。雖然從目前資料已知陳宮是因為懷疑曹操而選擇背叛，但懷疑內容為何卻不得而知。之後，曹操與呂布便展開了為期兩年的兗州爭奪戰，最後呂布戰敗，逃至徐州投靠劉備。

呂布背叛劉備，奪取徐州後，再度與曹操對戰。雖然陳宮多次向呂布獻策，卻未曾被採納。一九八年，在下邳之戰戰敗的呂布與陳宮遭生擒。曹操相當讚賞陳宮的才能，據說將他處刑時還流下眼淚，並且在陳宮死後供養其一家大小。

籍貫	兗州東郡
生日	不詳
歿日	198年（日期不詳）
享年	不詳（處刑）
身分	曹操、呂布的軍師

肖像

原來如此小物語

即便面臨死亡 對曹操依然堅定立場

陳宮於下邳戰敗後被捕，被帶到曹操面前。此時陳宮指著呂布說：「都是因為他不聽我的話，才會輸了這場仗。」甚至揚言：「要殺我就快點動手吧！」儘管曹操流著眼淚，目送陳宮前往刑場，但陳宮卻始終沒有回頭看他一眼。

魏

夏侯惇

即便失去左眼，仍是曹營的傑出武將

夏侯惇

肖像

字

元讓

籍貫

青州
司隸
兗州
徐州
豫州
沛國
荊州
揚州

生日

不詳

歿日

220年6月13日

享年

不詳（病逝）

能力

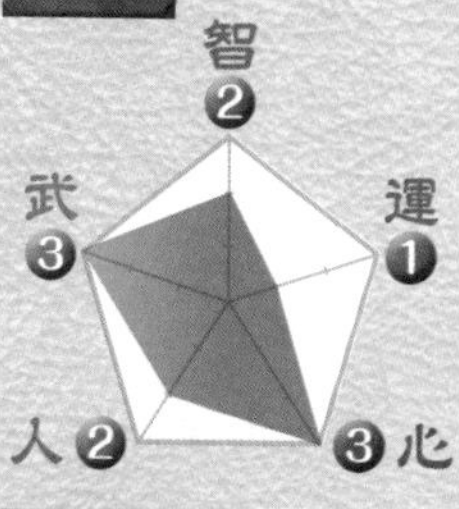
智 2
運 1
心 3
人 2
武 3

身分

魏國武將

從曹操舉兵逐鹿天下起始 便一路追隨出征各地

夏侯惇是曹操的親信，為人脾氣剛烈。曹操舉兵時也一起行動，共同征戰大小戰役。

當曹操為了報父仇，離開兗州進攻徐州時，呂布趁機出兵兗州。當時鎮守濮陽的夏侯惇聽信呂布陣營武將的話，以為對方要投降，卻反遭擒獲成為人質。這時，夏侯惇的部下出言恐嚇：「無論人質安全與否，我們都會出兵！」使敵營心生畏懼，釋放夏侯惇。當曹操從徐州返回後，夏侯惇也參與了與呂布軍隊的戰役，但卻在戰中因左眼中箭，自此失明。

夏侯惇在之後的無數場戰役中表現皆相當出色，並深受曹操信任，兩人不僅共乘同一輛馬車，夏侯惇也能夠自由進出曹操的寢室。曹操死後，曹丕（⬇242頁）登基為魏國皇帝，並任命其為大將軍（最高司令官），不過夏侯惇卻在數個月後病逝。

夏侯惇左眼中箭

與呂布對戰時，夏侯惇的左眼中箭。《演義》裡寫道夏侯惇拔出箭後吞下左眼。

原來如此小物語

夏侯惇對累積財富一點興趣也沒有!?

夏侯惇生性儉樸清廉，有多餘的財產便會分給人們，不夠時則前往官府商借，完全沒想過要讓自己的財產愈變愈多。據說後人挖掘夏侯惇墳墓的時候，發現陪葬品就只有一把劍。

戰役檔案 8

198年

下邳之戰

下邳城
曹操軍
曹操軍隊包圍呂布據守的白門樓。
白門樓

攻陷下邳城

曹操水攻呂布據守的下邳城。雖然呂布頑強抵抗3個月，卻遭部下背叛，最後只好降伏。

勝 戰力 不詳

曹操

曹操軍

VS

呂布軍

呂布

敗 戰力 不詳

呂布據守下邳城 曹操採水攻之計

呂布敗給曹操後投靠劉備，卻又在公元一九六年背叛劉備，奪取下邳，並命令降伏的劉備鎮守小沛。到了一九八年，呂布卻又出兵攻打小沛，迫使劉備轉而投靠曹操。

決心打倒呂布的曹操與劉備會合後，兩軍包圍呂布據守的下邳城。呂布的軍師陳宮雖然建議派兵出城，從曹操軍隊後方發動突襲，卻遭呂布的妻子反對，使作戰計畫中斷。反觀曹操接受了軍師荀攸與郭嘉的提案，以水淹下邳城。最終陳宮的部下因為受不

呂布敗給曹操 終將難逃一死！

了水淹戰略所苦而背叛，陳宮也因此遭到俘虜。呂布雖然據守白門樓上，最終仍選擇投降，並遭處刑。

影像資料

呂布妻子泣淚央求

陳宮雖然向呂布建議「從城外攻擊」，但呂布的妻子卻哭著央求他「別丟下我」，中止陳宮的戰略。

呂布據守白門樓

遭部下背叛的呂布，帶著幾名士兵據守白門樓，並命令士兵「把我的頭砍下後，拿給曹操」。但因為沒人敢做這件事，呂布只好投降。

下邳之戰的事件地圖

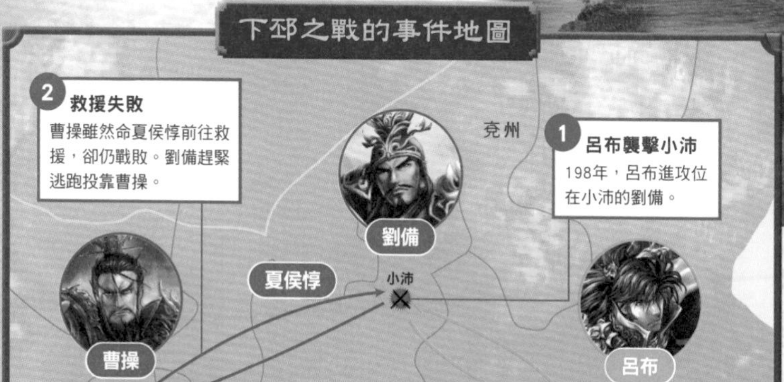
兗州
豫州
揚州
劉備
曹操
呂布
夏侯惇
小沛
許都
下邳
呂布軍的路線
曹操、劉備軍的路線

① 呂布襲擊小沛
198年，呂布進攻位在小沛的劉備。

② 救援失敗
曹操雖然命夏侯惇前往救援，卻仍戰敗。劉備趕緊逃跑投靠曹操。

③ 曹操進攻下邳
曹操與劉備會合後，便一同攻打呂布大本營的下邳。

④ 下邳之戰
曹操軍成功水淹下邳城，呂布也因此遭處刑。

易京城
袁紹軍

戰役檔案 9

199年

易京之戰

袁紹擊垮公孫瓚 主掌中國北方！

勝 戰力 約10萬人

袁紹

袁紹軍

VS

公孫瓚軍

公孫瓚

敗 戰力 數萬人

袁紹軍隊挖掘地道入侵易京城

在界橋之戰敗給袁紹的公孫瓚，殺了對立的幽州州牧（首長）劉虞。於是袁紹拉攏劉虞之子，一同攻打公孫瓚。接連兵敗的公孫瓚便據守在易京城。易京城防禦性能極佳，城內更屯積了將近十年份的糧食。公元一九九年，袁紹組織約十萬人的軍隊包圍易京城。

感到畏懼的公孫瓚派出兒子公孫續前往山賊所在處，向黑山軍的張燕求救。公孫瓚正準備以烽火為信號，讓公孫續出兵夾擊袁紹軍隊，但袁紹軍隊卻攔截到寫

易京之戰的事件地圖
袁紹軍的路線
公孫瓚軍的路線
2 請求援軍
公孫瓚寄信給兒子公孫續，命令其向黑山軍的張燕尋求援兵，但信件卻被袁紹軍隊攔截。
薊
公孫瓚
幽州
3 易京之戰
公孫瓚雖然固守易京，但袁紹軍挖掘地道，入侵城內，終於奪下易京城。
公孫續
張燕
易京
袁紹
冀州
1 袁紹出擊
為了打垮公孫瓚，袁紹率領大軍包圍易京。
青州
鄴縣
兗州

攻陷易京城
遭袁紹軍隊包圍在城內的公孫瓚採取死守易京城的策略。於是，袁紹軍隊從城外挖掘了一條通往公孫瓚樓閣正下方的地道，並火燒樓閣梁柱，攻陷城池。

有相關內容的信件，發現公孫瓚的計畫。不知計謀已遭識破的公孫瓚出兵後果遭慘敗，只好再度據守易京城。對此，袁紹選擇從城外挖掘地道，入侵易京城，並放火燒毀樓閣。公孫瓚則是親手縊死妻兒後，自刎身亡。

原來如此小物語

拒向同伴派兵救援致使失去士兵的信任!?

易京之戰時，與公孫瓚站在同一陣線的武將遭袁紹軍隊包圍。但公孫瓚卻說：「若這時出兵相救，其他的武將一定會認為不管怎麼樣都有援兵，因此絕不會認真作戰。」於是對該名武將見死不救。據說公孫瓚就是因此失去了士兵們的信任，進而導致戰敗。

公孫瓚對同伴見死不救。

三國趣味專欄

三國成語典故①

劉備

「髀肉復生」

解釋

悲嘆沒有發揮實力的機會。

由來

劉備投靠劉表（⬇118頁）後，在某天發現自己因久不騎馬，大腿已經長出贅肉來，不禁感嘆：「吾常身不離鞍，髀肉皆消。今不復騎，髀裡肉生。」感嘆自己壯志未酬，虛度光陰。

劉備

諸葛亮

「魚水之交」

解釋

意指極深的互信關係，猶如水和魚一般不可分離。

由來

劉備三顧茅廬請來諸葛亮（⬇146頁）擔任軍師後，兩人每天一起討論天下大計。關羽與張飛對此感到相當忌妒，這時劉備便解釋：「我與諸葛亮的關係，猶如魚無法生活在沒有水的環境。」

曹操

「望梅止渴」

解釋

即便是替代品，也能暫時派上用場。

由來

曹操率兵行軍途中，士兵們感到口渴難耐，曹操這時對士兵說：「前面不遠處就是梅林了。」每個人聞言腦中不禁聯想起梅子的味道，嘴裡不由自主流出口水，暫時不再感到口渴。

郭嘉

「兵貴神速」

解釋

軍事行動最重要的條件就是迅速。

由來

當曹操準備追擊遠逃至北方的袁尚、袁譚（兩人皆為袁紹之子）時，軍師郭嘉便進言：「作戰時，迅速進攻很重要，建議先擱下糧食與武器，加快行軍速度。」

2章 赤壁之戰

公元二〇〇年，原先投靠曹操的劉備，在小沛起兵反抗曹操。
兗州
下邳
小沛
徐州
豫州
曹
劉備
但是卻遭到曹操陣營反擊，於是劉備棄軍而逃。
留守下邳的關羽，則遭曹操擄獲。
主公棄軍而逃，
看來我今日難逃一死了。
曹操
殺了你這武將實在太可惜了，
我留你一命，你就為我效命吧。
要不…
緊握
關羽

…臣明白了。
我不能收下這麼多東西。
對我來說，這樣的飲食起居都太過奢侈了。
這些都是曹操殿下的一番心意。
當然也希望關羽大人能一直追隨殿下。
曹操的臣子
張遼
我的主君一定還活著！
關於這件事…
我並不打算一直待在殿下身邊。
只要我知道他在哪裡，一定會立刻回到他身邊，
現在只是為了存活，才會追隨曹操殿下。

但是……
我非常感謝
曹操殿下
對我這麼好，
所以，
在離開前，
我一定會立功報恩。
關羽大人……
關羽應該很快
就會知道劉備
逃去投靠袁紹了，
該怎麼辦呢？
……這樣啊，
關羽果然還是
這麼想。
是的。
這也辦法，
我們
阻止不了他。
正因為關羽
是這樣的男人，
我才欣賞他。

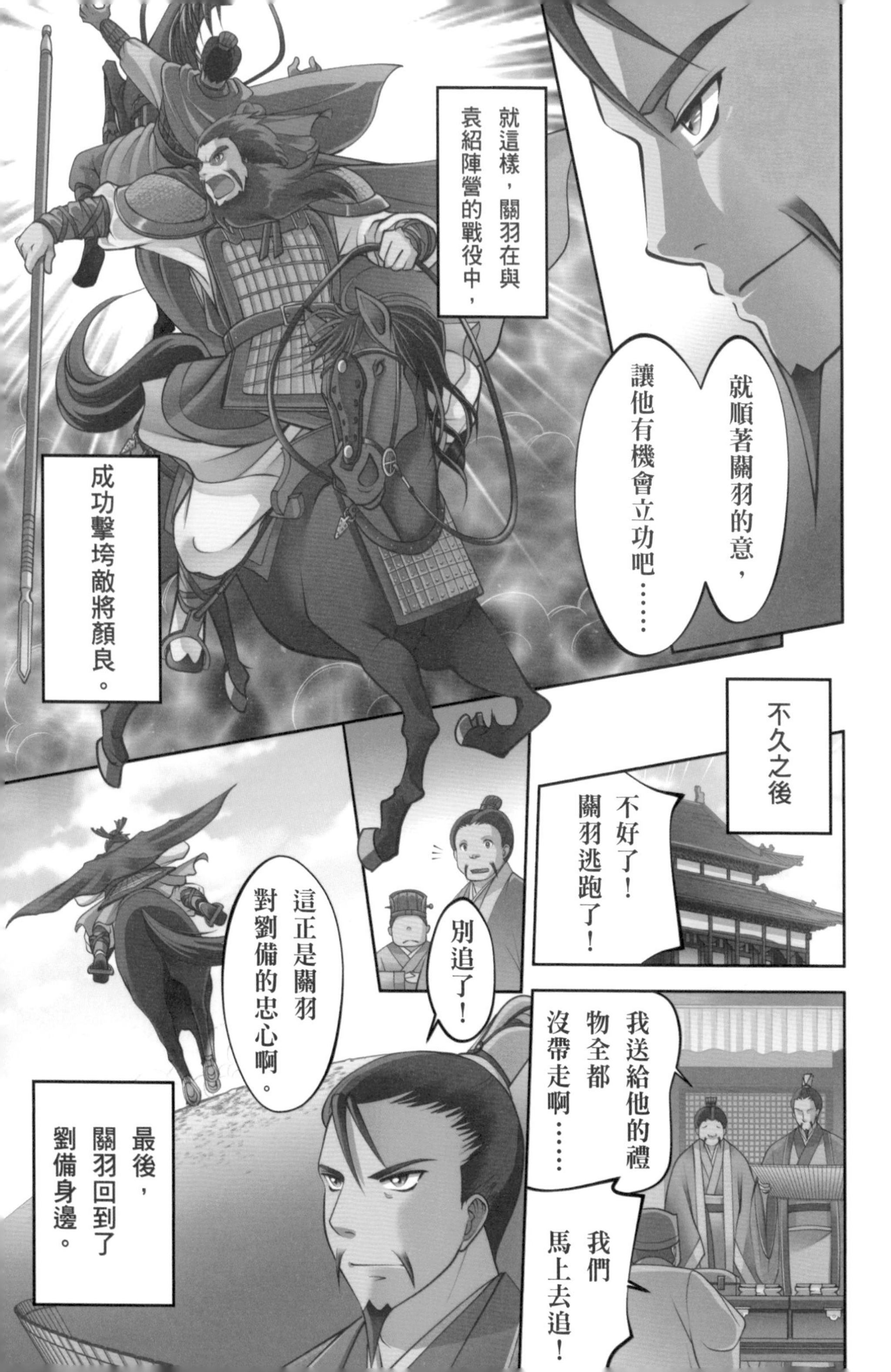
就順著關羽的意，讓他有機會立功吧……
就這樣，關羽在與袁紹陣營的戰役中，
成功擊垮敵將顏良。
不久之後
不好了！關羽逃跑了！
我送給他的禮物全都沒帶走啊……
我們馬上去追！
別追了！
這正是關羽對劉備的忠心啊。
最後，關羽回到了劉備身邊。

二〇〇年勢力版圖

公孫度
幽州
冀州
戰役檔案
10
➡P120
白馬之戰
青州
白馬
兗州
黃海
徐州
劉備
(➡P28)
曹操
(➡P24)
柴桑
孫策
(➡P112)
戰役檔案
13
➡P170
赤壁之戰
揚州
東海

※勢力範圍皆為推定。

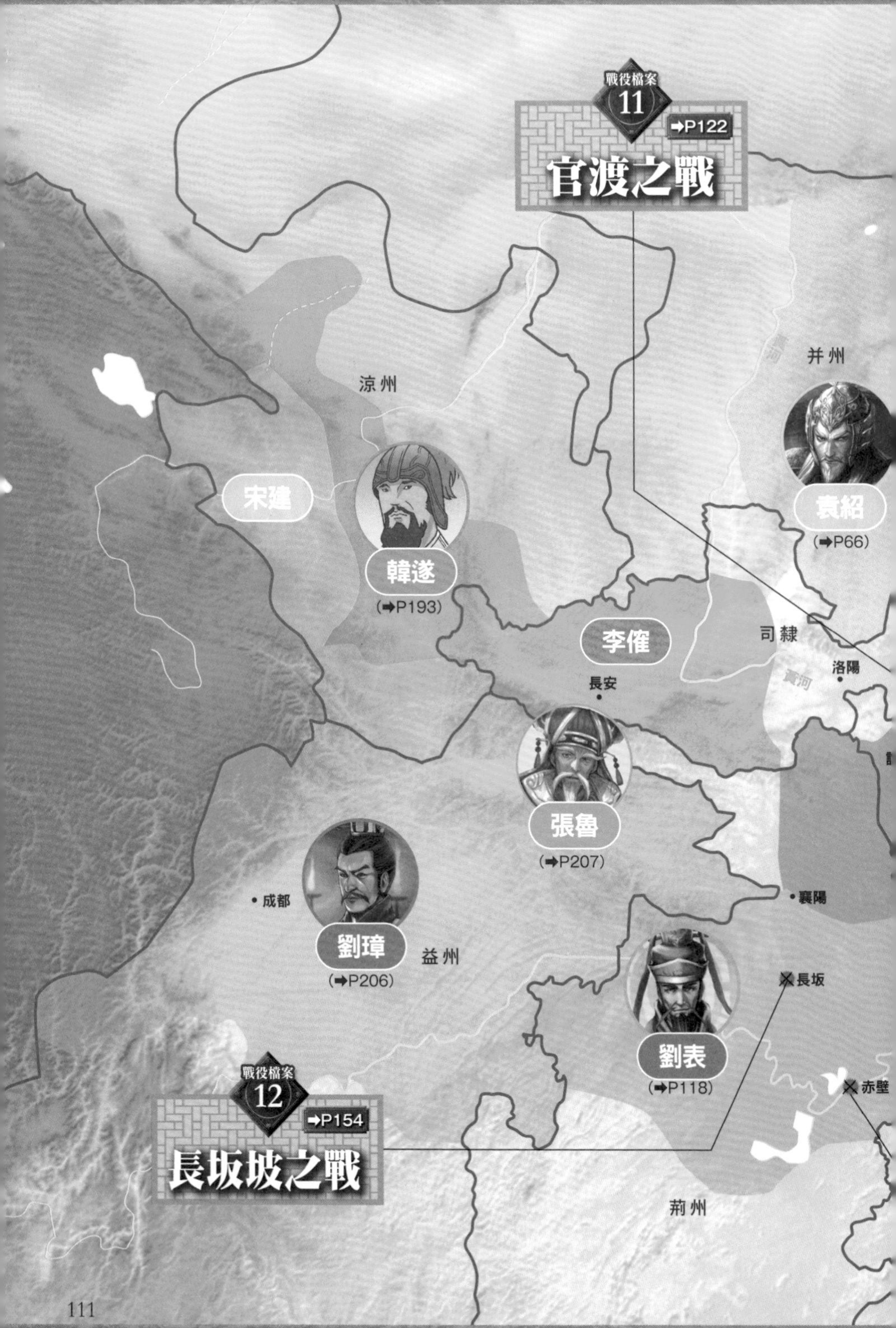
戰役檔案
11
➡P122
官渡之戰
并州
涼州
宋建
韓遂
(➡P193)
袁紹
(➡P66)
李傕
司隸
洛陽
黃河
長安
張魯
(➡P207)
成都
劉璋
(➡P206)
益州
襄陽
長坂
劉表
(➡P118)
赤壁
戰役檔案
12
➡P154
長坂坡之戰
荊州

吳

孫策

孫堅遺志的後繼者，奠定吳國基礎

以猛烈之勢支配江東 遇刺而壯志未酬

孫策為長沙太守孫堅的長子，也是孫權（⬇158頁）的兄長。他在年少時便與周瑜（⬇162頁）結為至交。在孫策十八歲時，父親孫堅戰死，於是他在二十歲之際投靠袁術。孫策喜歡講笑話，也很會傾聽他人的意見，因此身邊有著不少優秀人才。然而袁術卻非常畏懼孫策的才能，一直不讓他有機會出人頭地。

孫策在二十一歲時，為了營救深陷危機的親信，於是率兵前往揚州，雖然只配給到一千名兵力，但中途加入的士兵不斷增加，讓孫策得以順利擊潰揚州刺史（首長）劉繇，掌管江東（長江下游流域）一帶。

二十三歲之際，孫策更與自立稱帝的袁術斷絕，獨立為一股新勢力。在西塞山戰役中，孫策打敗了盧江太守劉勳，接著又擊潰劉表（⬇118頁）旗下的黃祖。正當打算進攻曹操的根據地許都時，此前被擊潰的吳郡勢力餘黨卻出手襲擊，孫策遇刺身亡。

孫策擊潰黃祖軍隊

孫策為報父親被殺之仇，擊潰黃祖軍隊，掌控江東（長江下游流域）版圖。

原來如此小物語

認同弟弟的才能 指名孫權為繼承人!?

遭許貢餘黨襲擊的孫策，清楚知道自己離死期不遠，於是指名弟弟孫權為繼承人，而非自己的兒子。臨死之際，孫策對孫權說：「領兵打仗，開疆闢土，你不如我。但任用有才能的人治理江東，我不如你。」

孫策

肖像

字

伯符

籍貫

豫州
徐州
吳郡
揚州

生日

175年（日期不詳）

歿日

200年5月5日

享年

26歲（暗殺）

能力

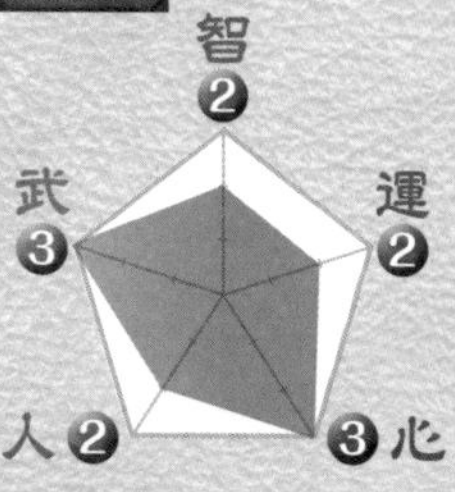
智 2
運 2
心 3
人 2
武 3

身分

東漢末年武將

吳

太史慈

追隨孫策與孫權兄弟的勇猛武將

太史慈

肖像

字

子義

籍貫

冀州
并州
青州
兗州
東萊郡
徐州
豫州

生日

166年（日期不詳）

歿日

206年（日期不詳）

享年

41歲（病逝）

能力

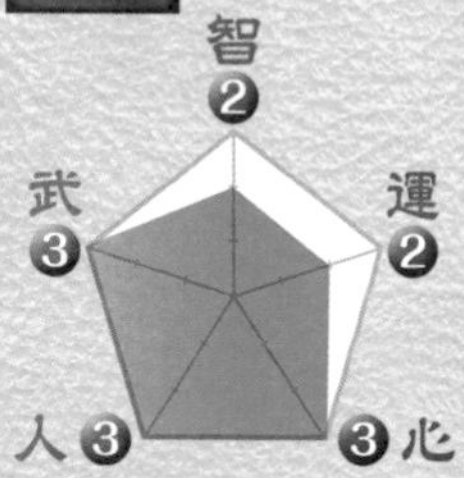
智 2
運 2
心 3
人 3
武 3

身分

孫策、孫權的武將

與孫策不打不相識 認同彼此的能力

太史慈是追隨孫策與孫權（➡158頁）的武將，他身長一七七公分，箭法厲害。年輕時擔任過地方官員，之後為揚州刺史（地方首長）劉繇的部下。某日外出偵查時，偶然遇見了孫策，兩人雖然一對一單挑，卻沒有分出勝負。

當劉繇敗給孫策後，太史慈也跟著被擄。但是孫策卻相當認同太史慈的能力，不僅親自鬆開捆綁太史慈的繩子，甚至希望能夠與他一同作戰，有意招攬太史慈。之後，太史慈提出請求，期望召集還活著的士兵。雖然眾臣皆表示反對，但孫策相信太史慈而同意他的要求。太史慈也在約定之日前帶回士兵，依附孫策。

之後太史慈更參與了孫策的多場戰役，立下功績。在孫策死後，太史慈改效力孫權，卻在四十一歲時，因病而英年早逝。

太

太史慈回到孫策身邊

太史慈遵守與孫策的約定，集結並帶回劉繇剩餘的士兵。

原來如此小物語

太史慈與孫策單挑過!?

當太史慈還是劉繇部下時，曾在外出偵查時巧遇孫策，兩人更一對一單挑。雖然這場戰鬥並未分出勝負，但也讓彼此互相認同實力。這也是正史中唯一一場有留下的大將相互單挑紀錄。其餘的大將單挑皆為《演義》的杜撰內容。

群雄

遭關羽擊潰的袁紹陣營勇將

顏良

籍貫	徐州？
生日	不詳
歿日	200年（日期不詳）
享年	不詳（戰死）
身分	袁紹的武將

肖像

中曹軍的作戰策略 戰死於白馬之戰

顏良是袁紹陣營的武將，以勇猛著稱。公元二〇〇年，當袁紹與曹操決戰華北，雙方於白馬展開戰鬥（⬇120頁）之際，身為袁紹軍師的沮授雖然有給袁紹忠告，認為「顏良勇猛非常，但思維狹隘，不適合單獨委任作戰」。然而，袁紹卻還是命顏良前往攻擊鎮守白馬的曹軍武將。

曹營則是遵照軍師荀攸的策略，讓袁紹軍隊誤判敵軍會從後方攻擊，藉此牽制袁紹的主力軍隊，接著以加倍的速度前往白馬。大感慌張的顏良雖然試著整頓態勢，卻仍遭曹軍陣營的關羽輕鬆斬殺。

演義名橋段

擊退曹營武將 卻慘遭關羽斬殺!?

白馬之戰時，顏良一個接一個地擊潰曹操陣營的武將，與徐晃（⬇234頁）對決時，亦成功將對方逼退。但是這時騎著赤兔馬（原是呂布騎乘的名馬）的關羽現身，一刀就成功斬殺了顏良。

影像資料

關羽斬顏良

白馬之戰，顏良遭關羽斬殺。

群雄

文醜

名聲與顏良並列的袁紹軍勇將

籍貫	不詳
生日	不詳
歿日	200年（日期不詳）
享年	不詳（戰死）
身分	袁紹的武將

掉入曹操設下的陷阱 因此戰死沙場

文醜隸屬袁紹軍隊，是一名足以與顏良並列的勇猛武將。白馬之戰曹營擊潰顏良後，隨即離開白馬，並派遣運輸部隊朝西移動。這時，穿越黃河抵達延津的袁紹便命令文醜前去襲擊曹營的運輸部隊。

然而事實上，這支運輸部隊是曹營軍師荀攸刻意設下的陷阱。被引出來的袁紹軍隊為了搶奪物資，便爭先靠近運輸部隊，造成隊形大亂。曹操見狀後，派出步兵與騎兵突擊。由於士兵各個脫離崗位，導致調度兵力不足的文醜軍隊陷入混亂，文醜也因此遭到斬殺。

演義名橋段

遭關羽從背後砍殺!!

當文醜聽到情如兄弟的顏良被關羽斬殺後，為了報仇憤而出陣，卻掉入曹營的陷阱，使部隊大為混亂。文醜雖然擊退張遼（⬇210頁）與徐晃，卻敵不過關羽，正當打算逃跑時，遭到關羽從背後砍殺。

斬文醜

關羽擊潰文醜。正史僅記載文醜為戰死。

群雄

劉表

支配荊州的一方之霸，收容劉備

鎮守荊州不被袁曹勢力奪取 手下眾多人才集結

劉表身長超過一八四公分，外表威嚴。年輕時曾任東漢官員，是何進的下屬。之後，劉表擔任荊州刺史（首長），同時也是反董卓聯盟的一員。

劉表剛到荊州赴任時，南部經常發生武裝暴動。但是劉表成功平息這些暴動，進而掌控了整個荊州。袁術旗下的孫堅進攻荊州時，劉表命部下黃祖前往防禦，並斬殺孫堅。而當曹操勢力不斷擴大時，劉表則與張繡結盟，驅逐曹操。

與其他州相比，荊州情勢較為和平穩定，因此當地聚集了像是諸葛亮（➡146頁）、徐庶（➡144頁）等優秀人才。劉表更收留遭曹操追殺，無棲身之所的劉備，並安排他鎮守荊州北部的新野，自己則是準備迎戰曹操。公元二〇八年，就在曹操率領大軍即將攻入荊州時，劉表因病身亡。

發現！

襄陽城

劉表的根據地。襄陽之戰時遭孫權攻陷。（湖北省）

原來如此小物語

性情優柔寡斷 頓失絕佳良機

公元二〇七年，曹操為了鎮壓烏桓族而遠征時，劉備曾向劉表進言「這是擊垮曹操的機會」，提議趁曹操不在時進攻許都。但劉表卻沒有採用劉備的建議，當曹操返回許都時，才因「錯失絕佳良機」感到後悔。

劉表

肖像

字

景升

籍貫

冀州
并州
青州
兗州
山陽郡
徐州
豫州

生日

142年？

歿日

208年（日期不詳）

享年

67歲？（病逝）

能力

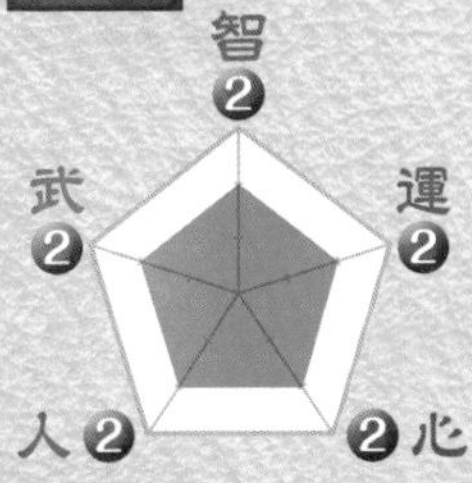
智 2
運 2
心 2
人 2
武 2

身分

東漢末年武將

戰役檔案

10

200年

白馬之戰

黃河
顏良
關羽

因關羽大力協助 曹操成功擊退袁紹軍隊

袁紹與曹操這中國北方兩大勢力，終將決一勝負。

公元二〇〇年，袁紹下定決心要打倒曹操，於是任命顏良為大將，進攻曹軍鎮守的白馬。前往白馬救援的曹操採用了荀攸的策略，下令軍隊朝延津前進，接著穿越黃河，作勢要從後方襲擊袁紹軍隊。荀攸此一佯攻作戰果然奏效，袁紹果真命軍隊朝延津前進，讓曹操得以率領機動部隊奔往白馬。此時加入曹營的關羽更發動突擊，成功斬殺顏良，更使顏良軍隊整個瓦解。

勝 戰力 約1萬人？

關羽

曹操軍

VS

袁紹軍

顏良

敗 戰力 不詳

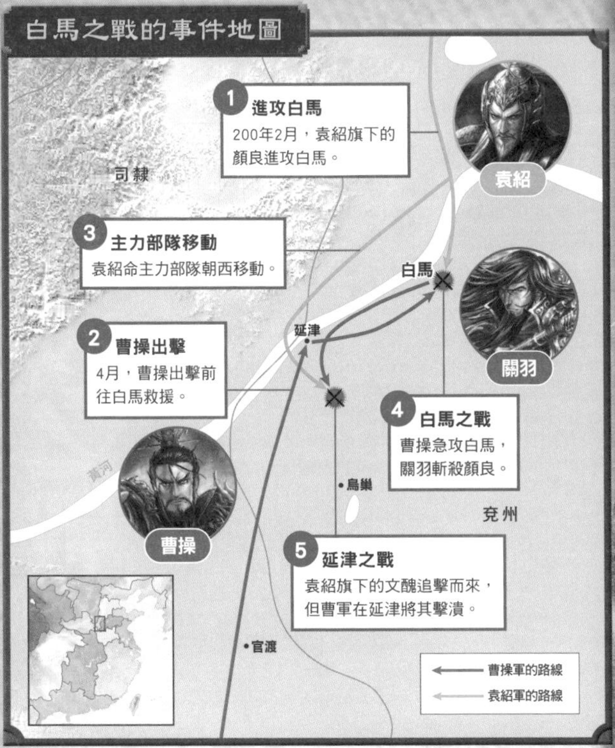
白馬之戰的事件地圖
1 進攻白馬
200年2月，袁紹旗下的顏良進攻白馬。
司隸
袁紹
3 主力部隊移動
袁紹命主力部隊朝西移動。
白馬
延津
2 曹操出擊
4月，曹操出擊前往白馬救援。
關羽
4 白馬之戰
曹操急攻白馬，關羽斬殺顏良。
黃河
烏巢
兗州
曹操
5 延津之戰
袁紹旗下的文醜追擊而來，但曹軍在延津將其擊潰。
官渡
曹操軍的路線
袁紹軍的路線

白馬之戰

袁紹旗下的顏良襲擊鎮守白馬的曹軍劉延。曹操為了救援，趕緊前往白馬，攻擊顏良軍隊。加入曹營的關羽則鎖定並突擊顏良，成功將其斬殺。

單刀匹馬孤身闖大軍 關羽一擊斬死顏良！

斬顏良
影像資料

關羽斬顏良

關羽從遠處看見顏良的旗幟後，便驅馬接近，斬殺身在大軍之中的顏良，並拿著顏良的首級返回。

得知白馬一戰失敗的袁紹，雖然立即命文醜追擊曹操軍隊，卻在延津遭遇曹營反擊，文醜也因此戰亡。

演義名橋段

關羽速斬顏良!!

《三國演義》中提到，關羽以驚人的氣勢接近顏良。察覺到關羽策馬趨前的顏良，還來不及說話，就立刻被關羽斬下首級。當曹操讚揚關羽這一番功績時，關羽卻回答：「小事一件，我弟弟張飛更厲害。」

官渡城
高櫓
投石車

戰役檔案
11
200年

官渡之戰

勝 戰力 約1萬人？

曹操

曹操軍

VS

袁紹軍

袁紹

敗 戰力 約10萬人

袁紹陣營猛烈攻擊 曹操軍苦撐抵擋

袁紹雖然在白馬與延津兩場戰役中接連戰敗，但主力部隊卻並未受到敗戰影響。

袁紹軍穿越黃河後，慢慢地將陣地往前推進；曹營為了擊退袁紹軍隊，於是鎮守官渡城。此時袁紹陣營的兵力雖然是曹營的十倍，但全軍士氣卻普遍低迷。對此，袁紹的軍師田豐等人便向袁紹建議，應採取持久戰，以待曹營士兵疲乏。但是袁紹卻想盡快擊潰曹操，於是決意採取速戰速決的策略，下令在官渡城前方堆土山、築高櫓，從高櫓不斷往城

曹操堅守官渡　承受袁紹軍的猛烈攻擊！

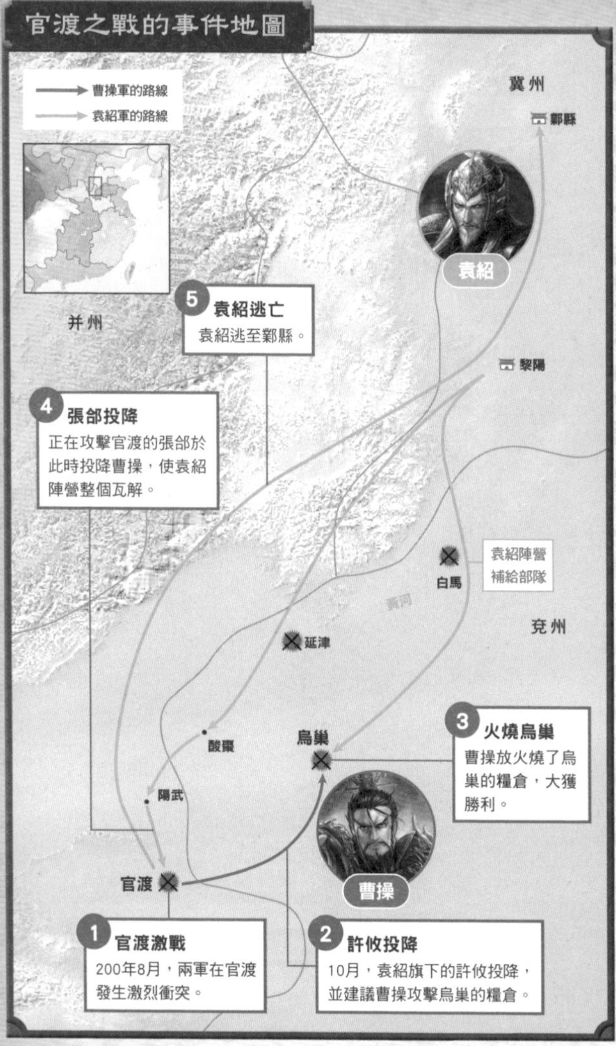

官渡之戰的事件地圖
曹操軍的路線
袁紹軍的路線
冀州
鄴縣
袁紹
并州
5 袁紹逃亡
袁紹逃至鄴縣。
黎陽
4 張郃投降
正在攻擊官渡的張郃於此時投降曹操，使袁紹陣營整個瓦解。
袁紹陣營補給部隊
白馬
黃河
兗州
延津
3 火燒烏巢
曹操放火燒了烏巢的糧倉，大獲勝利。
烏巢
酸棗
陽武
曹操
官渡
1 官渡激戰
200年8月，兩軍在官渡發生激烈衝突。
2 許攸投降
10月，袁紹旗下的許攸投降，並建議曹操攻擊烏巢的糧倉。

官渡之戰

袁紹敗於白馬之戰後，朝曹營的據點官渡城發動攻擊。袁紹軍搭建高櫓，並往官渡城內大量射箭，曹營則以投石車（丟擲石頭的兵器）破壞高櫓。

內射箭。曹營則以投石車丟擲石頭，擊破高櫓加以反擊。

曹操雖然苦撐抵擋袁紹陣營的攻擊，但眼見城內糧食不足，不禁心生遲疑，開始思考是否要撤退。這時守在許都的荀彧寫信鼓勵曹操：「若主公此時選擇臨戰撤退，我軍必定徹底瓦解。當今正是決定勝負的關鍵時刻。」受到鼓舞的曹操因此打消念頭，繼續奮戰。

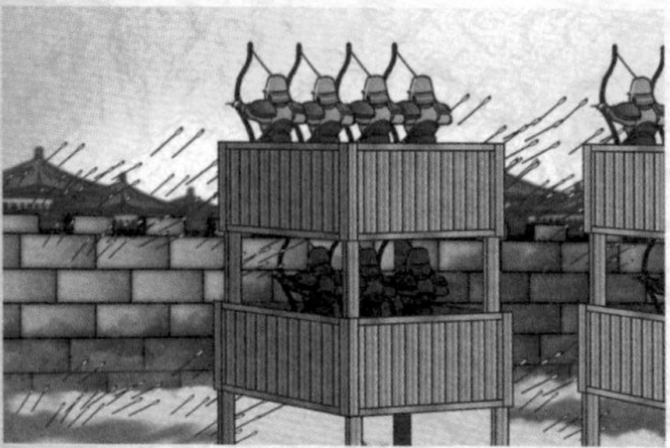

從城櫓攻擊

袁紹陣營在土山搭建高櫓，不斷往官渡城內射箭。

烏巢糧倉

火燒烏巢

許攸背叛袁紹，向曹操建議「火燒烏巢糧倉」。於是曹操親自率兵前往烏巢，放火燒毀糧庫。

糧草遭敵襲燒盡致使袁紹陣營兵敗瓦解

隨著戰事拉長，曹操與袁紹雙方都面臨到糧食不足的問題。這時，擔任袁紹陣營參謀的許攸棄袁紹，轉而投靠曹操。許攸將袁紹軍隊的運糧計畫告訴曹操，並建議「應火燒烏巢糧倉」。荀攸與賈詡皆贊同此提案，於是曹操親自帶領五千人的精銳部隊，突襲烏巢糧倉，燒盡糧庫。袁紹旗下的武將張郃（➡270頁）得知此事後選擇投降，促使袁紹陣營整個瓦解，袁紹只好逃至鄴縣。

當時隸屬袁紹旗下的劉備，在曹操於官渡激戰時，領軍進攻豫州的汝南郡。曹操在官渡之戰獲勝後，緊接著出兵汝南。劉備也因為畏懼曹操的勢力，決定棄戰逃往荊州（汝南之戰）。

火燒糧倉　戰勝袁紹陣營！

原來如此小物語

部屬私通敵營　曹操卻命人燒掉的證據信件!?

曹操在官渡之戰獲勝後，從袁紹軍隊留下的文件中發現自家人將曹營情報透露給袁紹的信件。當他知道此事時，卻只表示：「連我都不知道最後的結果會是如何。」並命人燒掉這些信函。

汝南之戰的事件地圖

曹操軍的路線
劉備軍的路線
袁紹軍的路線
1 劉備南下
劉備與袁紹陣營會合，進攻汝南郡。
2 曹仁迎擊
曹操派出曹仁，擊退劉備軍隊。
3 官渡之戰
袁紹與曹操兩陣營於官渡對決。
4 劉備再次南下
劉備再次襲擊汝南郡。
5 曹操出擊
曹操親自出擊汝南郡。
6 劉備逃走
劉備聽聞曹操派兵後，選擇逃走。
延津
兗州
黃河
洛陽
官渡
曹仁
許都
曹操
荊州
豫州
汝南郡
南陽郡
劉備

曹操進攻烏巢

即使袁紹派遣的救援部隊不斷接近，曹操仍持續展開攻勢。

曹操為何能登上北方的霸者？

一探曹操從群雄竄起，支配北方江山的實力！

視覺超享受！
三國新聞
第二刊
發行處：
魏王通訊社

兵力稀少仍選擇英勇奮戰！

反董卓聯盟組成時，誰都不肯積極應戰，唯獨曹操領著極少兵力進擊。雖然最終戰敗，卻也讓外界見識到曹操的勇猛。

擁有優秀的部下！

曹操不在意對方的出身如何，只要是優秀之人，都願意大膽採用，人才也有機會在其麾下出人頭地。因此曹操身邊聚集了荀彧、程昱及賈詡等傑出的部下，助曹操一臂之力。像是典韋及許褚（➡196頁）等猛將，也都誓死守衛曹操。

擁護獻帝手握東漢實權！？

公元一九六年，曹操將人在洛陽的獻帝迎接至自己的大本營許都。獻帝任命曹操為朝中最高司令，曹操自此手握朝中實權，開始藉獻帝之名，不斷擴大勢力。

許都（現今的河南省許昌市）重建曹操時代的建築。

荀彧
典韋
程昱

建立屯田制度 確保糧食與兵源！

曹操在自己的領地施行屯田制。所謂的屯田，是指提供荒廢的田地給平民，並供給農具或牛隻的制度。平民平常從事務農，但是每逢戰役時，就必須聽從領主號召投身戰事。曹操就是透過這樣的制度，確保國內糧食與軍隊兵源無缺。

熟知兵法 甚至能撰寫兵書!?

曹操非常精通兵法（與打仗相關的學問理論），甚至撰寫多本兵書，同時也很擅長將自己習得的兵法運用在實際作戰上，使許多奇襲戰略得以成功。據說部下提供策略時，曹操總能從中挑選出最棒的方案。

青州兵誕生!!
曹操與青州的黃巾賊餘黨對戰後，獲得勝利。
就讓我挑選優秀的士兵，命名為青州兵吧！
曹操和這群生性粗暴的青州兵相處融洽。
讓我來保護你們的家人吧！
感激不盡！
青州兵一躍成為曹操陣營最強的部隊。
上啊——
噠噠噠噠噠噠
曹操死後，青州兵自行返回青州。
我們只聽從曹操大人！

赤壁戰敗 統一美夢破碎!?

曹操雖然懷有一統天下之心，卻在二〇八年的赤壁之戰（⬇170頁）慘敗給孫權與劉備聯軍。戰敗的損失過大，也讓他錯失了一統天下的良機。

曹操眺望赤壁戰場。

曹操的巨大要塞「鄴」!!

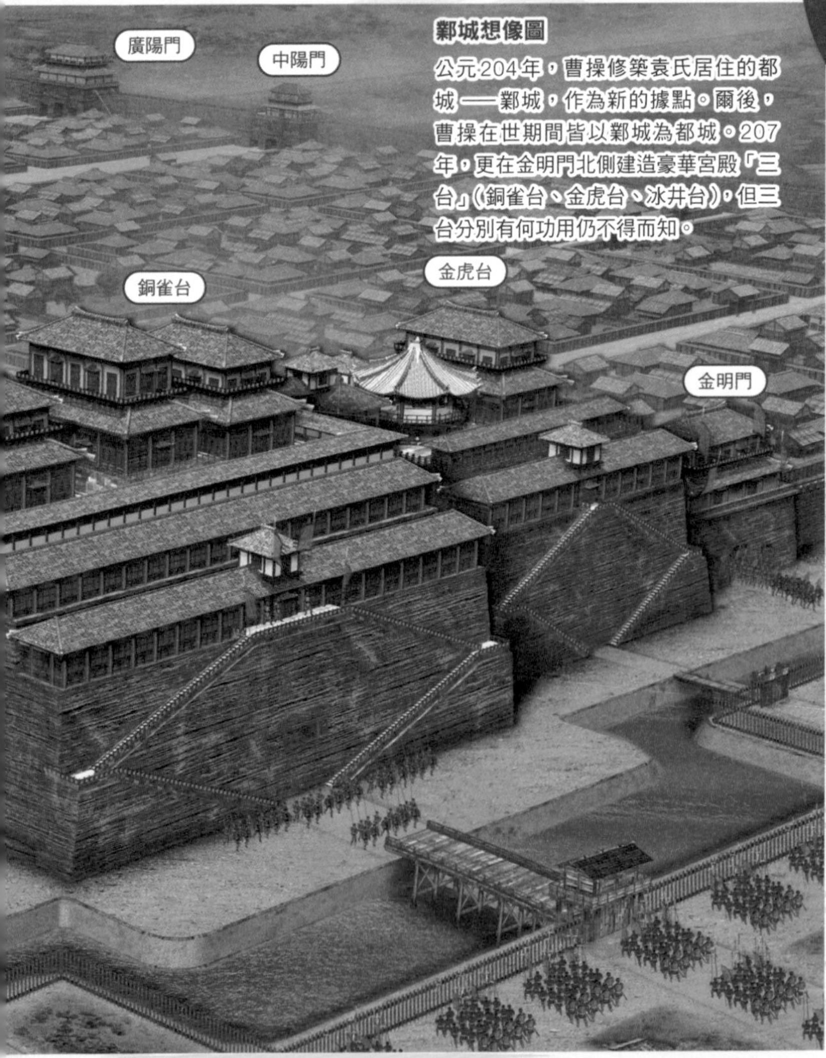
廣陽門
中陽門
銅雀台
金虎台
金明門

鄴城想像圖

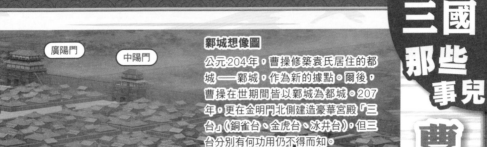

公元204年，曹操修築袁氏居住的都城——鄴城，作為新的據點。爾後，曹操在世期間皆以鄴城為都城。207年，更在金明門北側建造豪華宮殿「三台」（銅雀台、金虎台、冰井台），但三台分別有何功用仍不得而知。

目指一統中原 曹操的大本營都城

公元二〇二年，袁紹病發逝世，袁氏一族隨即掀起繼位之爭。曹操便利用這場紛爭，伺機奪取袁紹之子袁尚所鎮守的鄴城，並進一步將袁氏一族逼上滅亡之路。接著於二〇四年開始在此建立新的都城。

位處冀州南部的鄴城，能夠串連北方的幽州以及南方的司隸，可說是交通上非常重要的樞紐。對於目標一統中國的曹操而言，鄴城的地理位置再好不過了。

鄴城是一座由全長約8公里的城牆圍繞的巨大都城，都城周圍挖有溝渠。城內大致分為南北兩區塊，南區主要為城內百姓的居住地，北區則有宮殿等建築。從中陽門延伸而出的

地圖位置
冀州
并州
鄴
司隸
兗州
長安
許都
豫州
宮殿
冰井台
銅爵園
巨大庭園，建有
人工湖及樓閣。

大道上建有許多行政機關。

公元二〇七年，曹操為了宣示自身權勢與威望，下令建造宮殿，分別命名為銅雀台、金虎台、冰井台（合稱三台）。曹操在世期間，皆以鄴城作為自己的都城。

龍石像

從銅雀台遺址中發現的龍石像，可以想見銅雀台的豪華程度。

三國時代的城池!!

城柵
圍住城池四周的柵欄。
武器庫
兵舍
士兵居住的建築。
門樓
建於城門上的瞭望台。

三國時代的堡壘

中國古代，「城」是指以城牆圍起的城鎮，同時也是軍事防禦的據點。僅作為軍事防禦目的的堡壘並未規劃百姓的居住區域，僅設有兵舍及武器庫。

高築城牆 預防敵人入侵

古代中國所說的「城」，是指以城牆包圍住的整個區域範圍，因此裡頭除了有武將及士兵外，也住著平民老百姓。城牆是以「版築」工法，從上方將土夯實的方式建造而成。城牆單邊的長度短則約2公里左右，長甚至可達數十公里。雖然至今仍不是非常清楚城牆的高度，但據說曹操打造的鄴城城牆高3～6公尺，厚度達16公尺，敵人無法輕易入侵。

實際上，另外也有發現單純作為軍事功用，不具備都市功能的「堡壘」。例如在官渡之戰中，曹操據點的官渡城雖然鎮守了一萬名士兵，城內卻沒有老百姓。

關於三國時代的堡壘資料相

城牆

將土層疊搗實的建築城牆工法，稱為「版築」。三國時代的城牆皆以版築工法建造而成。

漢長城仍保有漢代以版築工法建造的城牆。（甘肅省）

角樓

設置於城牆邊角的高櫓，可從此處監視或攻擊敵人。

建於14世紀的「平遙古城」（山西省），保留有角樓及門樓。

角樓
糧草貯藏庫
城牆

糧草貯藏庫

三國時代打仗時，經常使用一種名為「囷」的圓柱形糧倉。這種糧倉會先以柱子豎立起圓形平面，再於四周以木板或土圍出高5公尺左右的空間。一座囷倉可貯存大約兩千名士兵一個月的糧食分量。囷倉的建造雖然簡單，卻不耐火攻。

當稀少，因此至今仍然有許多尚未釐清的部分。不過一般認為，城牆上通常建有門樓或角樓，城內則排列建造兵舍、武器庫、糧草貯藏庫等設施。

公元二〇二年，袁紹病逝後，曹操消滅袁氏一族，掌控河北地區（黃河北岸流域）。
幽州
并州
冀州
青州
袁紹
二〇七年，劉備身處荊州。
并州
司隸
豫州
荊州
諸葛先生是位怎樣的人物呢？
若他能夠加入，
就連曹操都不用怕了。
徐庶
不過，大哥您堂堂一名君主親自來找他……
不悅
就是說啊！為什麼來找這個連聽都沒聽過的男人！
關羽
張飛
他就像是「沉睡中的龍」之稱。
正因默默無聞，才被稱為臥龍*。
只要能贏曹操，哪兒我都願意去。
就是那戶人家！
好啦好啦
劉備

*垂臥以待升天時機的龍，比喻隱居而尚未顯達的奇才。

諸葛先生就在裡頭啊……
一定是個像仙人一樣的老頭子吧。
嗯……
不在？
先生目前外出，不知道何時才會回來。
今天應該有在家才對啊……
沒辦法，明天再來吧。
先生回來後，請務必轉告明天劉將軍會來造訪。
一定要說！
是……

先生，這樣可以嗎？
呼
很好很好，接下來也一樣。
隔天
什麼！今天也不在？
真的很抱歉！
你有確實轉達吧！
我有說啊！
…………
張飛，住手。
但是…
請向先生轉達我明天會再過來。
您認真的嗎？

主公，
諸葛亮明知我們會來還外出，
該不會是不想見我們吧？
就是啊！
沒關係，
回去囉。
明天如果還是不在，你就別活了！
……
張飛，走了！
知道啦！
再隔天
好啦今天要等到與諸葛先生見面為止！
所以才會連茶具都拿來啊……
劉將軍
唰

若要喝茶，還請入內享用。
能夠與先生見到面，
是否代表我已經通過測試了呢？
鄙人三番兩次的無禮行為，望您海涵。
你竟然敢試探我們主公！
無理的傢伙！
請原諒我，
我只是想知道劉將軍的為人。
在下諸葛亮，字孔明。
話說回來，即使將軍知道在下的想法，
還願意三度造訪寒舍，
已超出我所預期。

既然如此，敬請先生傳授我妙策。
請別稱我先生，
您才是應成為皇帝，繼承漢室之人。
請讓我助您一臂之力，
主公。
既然這樣……
咳咳
接下來應該換主公出考題了吧？
沒錯！
當然當然。
就這樣，最強軍師加入劉備陣營。

公元二〇八年，
曹操攻至荊州。
荊州
劉備與老百姓一同逃亡。
曹操的下一步是奪得孫權掌控的吳地（長江下游流域）。
曹操勢力範圍
鄴
曹操大本營
吳
孫權勢力範圍
閣下是說，如果沒信心能贏曹操就投降的意思嗎？
既然這樣，劉備大人也趕快投降不就好了！
孫權
我們主公就算喪命，也不會向曹操這樣的逆賊投降。
在下也絕不可能建議主公投降。
諸葛亮

好吧！
我才沒打算把吳拱手讓給那個逆賊！
就讓我與劉備大人一同抗戰！
與曹操對戰太魯莽了！
曹操可是有八十萬大軍啊！
我們應該投降！
我想聽聽周瑜的想法。
啟稟主公，
在下贊成您的提議。
周瑜

曹軍不習慣水上作戰，完全不是我方水軍的對手！
只要您配予在下三萬名精兵，在下必能擊潰曹操！
說的好，周瑜！
就這樣，周瑜率領三萬名水軍前進長江，在赤壁與曹操軍隊交鋒。
曹
吳
吳
吳
劉備則是在吳軍後方紮營。
就算是最強的水軍，區區三萬人要打贏實在有點……
劉
劉
周瑜大人似乎有他的盤算。
盤算？

總之，我們就先來見識一下周瑜大人的本領吧。
吳營陣地
準備得如何？
是，已準備完成。
從風向來預測，今晚是不錯的時機。
黃蓋
好，就決定今晚行動！
是！
*吵…
*嘩

朝敵船放火！
襲擊曹軍！
跟著黃蓋將軍！
殺了曹操！
什麼事！
著火了！
請趕緊下令撤退！

當晚，黃蓋率領數十艘快船點火，突擊曹操陣營的船隻。
在風勢助長下，曹軍陣營的船隻全數燒毀。
太厲害了……真的只用了三萬名兵力。
東吳的周瑜…千萬別跟這人對立啊。
孫權在這場戰役中獲勝，曹操則好不容易才逃過一劫。

蜀
徐庶
為劉備將引介諸葛亮，而後轉仕魏國

劉備與諸葛亮命運相會的背後推手

徐庶的劍術精湛，年輕時期任劍行俠，曾受朋友請託殺人而被捕。徐庶被同伴救出後，開始勤奮向學。

黃巾之亂爆發時，由於世間紛擾無比，徐庶於是移居荊州，在此認識了諸葛亮（⬇146頁），並於此時追隨人在荊州北部新野的劉備。徐庶向劉備推薦諸葛亮，誇讚他「這人就好比臥龍（睡臥以待升天時機的龍），您應該見見他」。劉備雖然希望徐庶能夠把諸葛亮請出來，但徐庶認為：「假若您親自拜訪，必定能見到他。我沒辦法強拉他到您面前。」於是，劉備三度拜訪諸葛亮，終於成功請他出山擔任軍師。

之後，劉備在長坂坡之戰（⬇154頁）敗給曹操時，徐庶因母親被脅持為人質，只好投靠曹操。徐庶後來在魏國擔任重要職務，於曹叡（⬇278頁）在位期間過世。

徐庶引薦諸葛亮

徐庶向劉備建議「應見見諸葛亮」。

徐庶

肖像

字

元直

籍貫

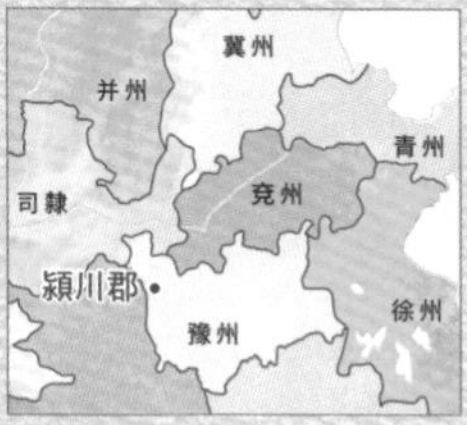
冀州
并州
青州
司隸
兗州
潁川郡
豫州
徐州

生日

不詳

歿日

234年？

享年

不詳（病逝？）

能力

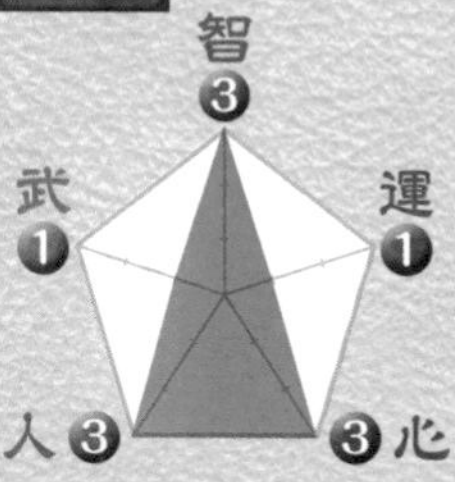
智 3
武 1
運 1
人 3
3 心

身分

劉備的臣子、魏國政治家

演義名橋段

識破曹仁布陣 助劉備獲得戰勝

徐庶擔任劉備的軍師時，曹操陣營的曹仁（⬇232頁）率領大軍攻來。然而徐庶識破曹仁的布局，於是派趙雲（⬇150頁）率領五百名士兵，並告知該從何處進攻。趙雲依照徐庶指令，果真成功擊潰曹仁軍隊。

蜀
諸葛亮
三國著名軍師，傳授劉備「三分天下之計」

向劉備獻計隆中三策 首取荊、益成鼎立之勢

諸葛亮為東漢朝廷官員之子，年幼時父親早逝，由叔父諸葛玄撫養其與兄長諸葛瑾（➡166頁）長大成人。而後諸葛玄投靠劉表，前往荊州，這時諸葛亮也一同跟隨。當諸葛玄過世後，諸葛亮沒有依附在任何群雄勢力之下，而是過著一邊務農、一邊研究學問的生活。即便躬耕隴畝，諸葛亮的政治、軍事才能卻深受徐庶等荊州名士的肯定。

諸葛亮二十七歲時，在徐庶的牽線下與劉備相遇。當劉備三度拜訪，終於見到諸葛亮本人時，諸葛亮向劉備建言：「眼下您不應該與擁有百萬大軍的曹操對決，孫權（➡158頁）也在江東持續鞏固自己的勢力。因此現在應先取得荊州及益州，穩定國力後，再將目標放眼天下（三分天下之計）」。諸葛亮出仕成為劉備的軍師後，便開始與劉備一同行動，以取得荊州與益州作為首要目標。

發現!

諸葛亮像
武侯祠供奉的諸葛亮雕像。

真的？假的?!

為了提高身價才故意避不見面!?

有關劉備拜訪諸葛亮的過程，在《三國志》中僅有提到「劉備造訪三次後終於得以會面」。史料雖然沒有記載為何劉備前兩次的拜訪都未能見面，但也有一說認為，這是諸葛亮為了自抬身價，才故意不見劉備。

諸葛亮

肖像

字

孔明

籍貫

冀州
并州
青州
兗州
琅邪郡
豫州
徐州

生日

181年（日期不詳）

歿日

234年（日期不詳）

享年

54歲（病逝）

能力

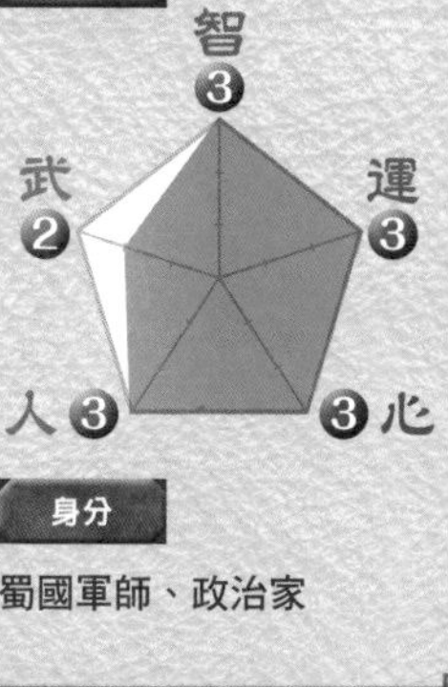
智 3
運 3
心 3
人 3
武 2

身分

蜀國軍師、政治家

影像資料
劉備
關羽
張飛
諸葛亮

三顧茅廬

《三國演義》中劉備等人在雪天兩度拜訪諸葛亮的橋段，但兩次拜訪都沒有見到諸葛亮。

劉備遺恨病逝 持續率領蜀軍進攻曹魏

諸葛亮二十八歲時，曹操率領大軍進攻孫權的領地。於是諸葛亮前往東吳說服孫權，提議「只要與我方攜手抗戰，相信就能戰勝曹營」，此番建言也讓孫權下定決心向曹操開戰。在赤壁之戰（↓170頁）中，孫權劉備聯盟大獲全勝。當劉備拿下荊州南部的掌控權，朝益州進軍時，諸葛亮與關羽等人便留守荊州。接著劉備開始朝成都進擊，諸葛亮於是率領張飛與趙雲（↓150頁）等人朝益州前進。三十四歲這年，劉備攻占成都，取得益州，此時劉備也任命諸葛亮為軍師將軍。之後每當劉備外出征戰，諸葛亮都會留守成都。

諸葛亮四十一歲那年，劉備登基自立為帝，建立蜀國政權，而諸葛亮也被任命為丞相（最高職務）。但是隔年劉備為了替關羽報仇，揮軍吳國卻慘遭大敗。劉備逃到白帝城，並在臨死前找來諸葛亮，告訴他：「我兒劉禪（↓312頁）如果沒有才能，就由你繼任為皇帝吧。」此番話讓諸葛亮不禁流下眼淚，誓言輔佐劉禪，鞏固蜀漢基業。

演義名橋段 高壇做法祭天 果真借來東南風!!

赤壁之戰時，周瑜（↓162頁）雖然決定火攻曹操軍隊，但此計若要成功仍欠東風，而當時卻是江面吹西北風的季節。於是諸葛亮搭祭壇施法祈求，之後果真吹起東南風；也是這股風，讓周瑜成功燒盡曹營的船隻。

蜀漢誕生!!
曹丕篡漢稱帝，改國號為魏後……
劉備大人，請您登基為皇帝！
我沒有當皇帝的打算啊。
諸葛亮對多次拒絕登基的劉備說……
眾望所歸，請主公答應吧！
……好吧！
公元二二一年，劉備登基，建立蜀國。
我會延續漢朝血統！
是！
諸葛亮啊，我的能力還不足夠，你今後也要繼續協助我！
沒問題！

發現!

諸葛亮墓 諸葛亮的遺體依照遺言葬於定軍山。墓的規模很小，墓室也沒有陪葬品。（陝西省）

劉備死後，諸葛亮致力於蜀吳兩國的關係重修舊好，並平定蜀國南方的叛亂。四十七歲起，諸葛亮開始展開北伐，征討位於北方的魏國。出陣之前，諸葛亮上呈《出師表》，向劉禪宣誓自己進攻魏國的決心。然而蜀國的兵力原本就遠遠少於魏國，最終仍功敗垂成。之後諸葛亮仍持續展開北伐，在五十四歲那年五度出征。五次北伐諸葛亮屯兵於五丈原，與司馬懿（➡286頁）所率領的魏軍對峙超過百日，卻在途中因病身亡。

原來如此小物語

諸葛亮身量頗高且頭束葛巾!?

正史提到諸葛亮身長約184公分。至於服裝部分，在他逝世兩百多年的資料中，則描述「諸葛亮戴著頭巾，持白羽扇指揮軍隊」。

諸葛亮頭戴綸巾，手持羽扇像。（雲南省）

蜀
趙雲
忠勇護主，突圍救出劉備的妻兒

最初侍奉公孫瓚 結識劉備而一心追隨

據說趙雲身長約一八四公分，體型精幹。

年輕時，趙雲帶著士兵投靠公孫瓚。據說公孫瓚曾問趙雲：「為何你選擇加入我方，而非袁紹的陣營？」趙雲回答：「我並不是因為認同你一人才追隨你，而是眼看老百姓處於水深火熱之中，只好選擇能夠好好施政的一方罷了。」就在此時，趙雲與人正在公孫瓚陣營的劉備相遇，兩人不僅相互認同彼此的才能，感情也非常好。當趙雲的兄長過世時，趙雲決定返鄉奔喪，臨行前劉備緊握趙雲的手不捨分別，並說：「我絕對不會辜負你對我的好。」之後，當劉備投靠袁紹時，趙雲前往拜訪劉備，兩人的關係變得更加緊密，而後趙雲決定追隨劉備。不久後劉備敗給曹操，逃往荊州之際，趙雲也一同行動。

發現！

趙雲像

《三國志》中有關趙雲的記載雖然不多，但《演義》裡的趙雲英勇，是一名在多場戰役均有表現傑出的武將。

演義名橋段

年輕武將趙雲挺身為公孫瓚解圍

《三國演義》提到在界橋之戰前，公孫瓚與文醜曾經單挑過，公孫瓚因為無法抵擋文醜的猛烈攻擊而節節敗退。正當文醜打算追擊時，年輕武將趙雲突然現身解危。這是趙雲首次登場的橋段，但事實上卻是杜撰。

趙雲

肖像

字

子龍

籍貫

幽州
常山郡
冀州
并州
青州
兗州

生日

不詳

歿日

229年（日期不詳）

享年

不詳（病逝）

能力

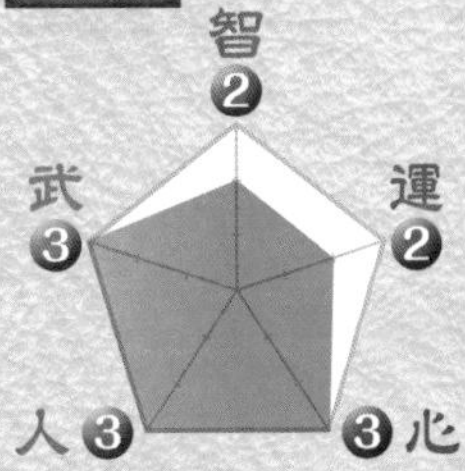
智 2
運 2
心 3
人 3
武 3

身分

蜀國武將

護衛劉備之子劉禪 終身為蜀國而戰

公元二〇八年，目標一統中國的曹操率領大軍，朝荊州進攻。當時人在荊州北部新野的劉備，雖然帶著追隨的百姓往南奔逃，但仍然在長坂被曹軍追上，劉備只好丟下妻子甘夫人與兒子劉禪（➡312頁），領著數十騎逃離戰場。這時，趙雲重返戰場，突擊敵方大軍，救出劉備的妻兒，並且懷抱劉禪孤身突圍奮戰。之後，劉備為了加強與孫權（➡158頁）之間的合作關係，迎娶孫權的妹妹孫夫人。孫夫人性情任性，讓劉備極為頭疼，為人嚴謹的趙雲於是被指派負責監視孫夫人。但孫夫人竟然打算偷偷帶著劉禪回到孫權所在的江東，這時趙雲便領兵帶回劉禪。

劉備在益州戰役中身陷危機時，趙雲也與諸葛亮一同前往救援，並且在定軍山之戰（➡226頁）擊潰曹操陣營。當劉備準備攻打吳國，為關羽報仇時，趙雲曾出面規勸劉備：「我們該進攻的對象是曹操，不是孫權。一旦雙方開戰，戰事就會沒完沒了。」但劉備卻完全聽不進去。最終當劉備進攻失敗被吳軍圍困之際，趙雲又趕緊前往救援。

通俗三國志英雄之壹人
朝櫻樓國芳画

「通俗三国志英雄之壱人」（東京都立中央圖書館特別文庫室藏）

影像資料 **趙雲懷抱劉備之子奮戰**

長坂坡之戰中，劉備丟下妻子甘夫人與兒子劉禪逃跑時，趙雲返回戰場，解救兩人。

原來如此小物語

劉備誇獎趙雲「一身是膽」!?

公元二一九年定軍山一役，曹操大軍緊逼趙雲軍營。這時趙雲打開營地柵門，偃旗息鼓。曹操擔心有伏兵而向後退卻之際，趙雲立刻追擊大破曹營。劉備對趙雲的膽量相當驚豔，並讚嘆「子龍一身是膽也」。

深受劉備信賴!!

趙雲許久未見依附袁紹的劉備。
一起睡吧！
好！
兩人感情好到會一起睡覺。
趙雲召集數百名士兵。
請允許我們一同追隨劉備大人！
謝謝！
劉備在某場戰役中戰敗時……
趙雲往北逃跑了！
啥！
子龍不是那種會棄我而去的男人！
主公，我回來了！
怎麼那麼慢！
咻
咻
咻
咻

趙雲像 發現!

矗立於趙雲的故鄉——常山郡（現在的河北省正定縣）的雕像。雕像附近還有趙雲廟。

劉備病逝後，趙雲與諸葛亮一同參與北伐行動，負責率領誘敵部隊。雖然過程中遭魏營大軍攻擊而敗北，但是在趙雲的精銳指揮下，使得蜀國的受害程度得以降到最低。戰後諸葛亮贈送趙雲絹布作為獎賞，趙雲卻推辭道：「我明明打輸了，哪裡還能接受賞賜呢？請把這些絹布收入府庫，等到冬天時再賜給士兵做冬衣吧。」諸葛亮也因此對趙雲為人腳踏實地而感到相當欽佩。最終，趙雲在北伐隔年因病逝世。

發現! **趙雲廟** 供奉趙雲的廟宇。趙雲直到逝世前都指揮蜀國軍隊。（河北省）

戰役檔案

12

208年

長坂坡之戰

張飛

勝 戰力 15萬以上？

曹操

曹操軍

VS

劉備軍

張飛

敗 戰力 約1萬人？

劉備命懸一線 張飛與趙雲大為活躍

劉備從汝南逃往荊州，前去投靠劉表，並被委任防守新野。劉備也是在同一時期請來諸葛亮出山擔任軍師。

公元二〇八年，中國北方霸者的曹操開始率領大軍南下，進攻荊州。不久後劉表病逝，諸葛亮雖然建議劉備「搶下荊州」，但劉備並未採用諸葛亮的提案，決定逃往江陵。這時，數十萬名仰慕劉備的老百姓也跟隨而來，由於劉備不願捨棄百姓不顧，使得行軍速度非常緩慢。最終，劉備一行人在長坂被曹操軍追上，雙

張飛單槍匹馬大嚇就讓曹軍心生膽怯！

張飛抵擋曹操軍隊

為了讓劉備逃過曹營的追擊，張飛只率領20騎，背對河川，破壞橋梁，並高喊：「我就是張益德，你們可以過來決一死戰！」

演義名橋段

張飛叉腰站立於橋上，大聲怒叱曹操軍隊!!

《演義》中，張飛瞪大眼立於橋上，高喊「誰要過來決一死戰！」曹營追兵心生恐懼，無人敢前進，士兵開始跟著撤退。張飛見狀後，便破壞橋梁，趕回劉備身邊。

張飛在橋上高喊。

長坂之戰的事件地圖

曹操軍的路線
劉備軍的路線
許都
曹操
宛城
新野
樊城
襄陽
劉備
關羽
諸葛亮
趙雲
張飛
荊州
漢津
長坂
江陵
漢水
樊口
赤壁
1 曹操南下
曹操率領大軍進攻荊州。
2 劉備逃走
劉備打算撤退至江陵。
3 關羽南下
關羽率領另一支部隊前往漢津。
4 長坂坡之戰
曹軍追上並擊潰劉備陣營。
5 逃至樊口
與關羽會合後，劉備南下漢水，抵達樊口。

方陷入混戰，劉備只好丟下妻兒逃跑。此時，負責殿後的張飛鎮壓曹營的追擊，趙雲則返回戰場救出劉備妻兒，讓劉備一行人得以化險為夷。

為何劉備陣營能夠人才濟濟!?

劉備究竟有什麼魅力，

能讓優秀的臣子如此支持？

劉備像（河北省）

視覺超享受！

三國新聞

第三刊

發行處：益州新報社

非常重視男人間的情誼！

劉備年輕時，個性謙虛誠懇，不會輕易流露感情。他非常重視男人之間的情誼，據說比他年少的男子都爭相想結交劉備。

對待關羽與張飛情同手足！

劉備與關羽、張飛桃園三結義的故事，雖然是《三國演義》編撰的情節，但其實正史記載中也有三人情如兄弟的紀錄。劉關張三人關係緊密，情感深厚到甚至能夠共享同一張睡榻。

位於劉備籍貫的三人像。（河北省）

不在意身分與年齡!?

劉備請來諸葛亮擔任軍師時，年紀四十七歲，且早已揚名天下。反觀當時諸葛亮年僅二十七歲，不過是個默默無名之人。即便兩人的社會地位如此懸殊，劉備還是親自拜會諸葛亮，這在當時社會風氣中是非常不可思議的高規格禮遇。諸葛亮也曾坦承：「沒想到劉皇叔竟然願意紆尊降貴，三度前來拜訪像我這般身分地位如此低下之人。」

用人不疑的大膽領袖 重要職務就派給能臣！

公元二一四年，劉備取得由劉璋（➡206頁）治理的益州。這時，劉備不僅找來劉璋底下的重臣以及未被劉璋重用之人，同時接納自己過去厭惡的人士，賦予這些人重要職務。這也是劉備能得到許多人支持的原因。

劉皇叔の獨家專訪

問題 為何會當上皇帝呢？

曹操兒子曹丕把漢室搞得一塌塗地！我的臣子不斷跟我說，要我當上皇帝，好好懲罰一下曹丕，老百姓也都央求我登基。我自己雖然不是當皇帝的料子，但想到漢室可能因此滅亡，便決意登上皇位！

蜀國皇帝 劉備

擔心的事果然發生了！

某一次，張飛對部下施加體罰。
要說幾次你才會懂！
你別把體罰過的士兵放在自己身邊啦。
大哥，不用擔心啦！
劉備擔心的事果然發生了，張飛慘遭部下殺害。
總算一吐怨氣了！
稟告！
啊，張飛死了嗎……
據說劉備聽完稟告的內容之前，就知道張飛已死。

劉備的心情 只有諸葛亮才能理解!?

關羽被吳國擒拿斬殺之際，劉備為了報仇，決意進攻吳國。諸葛亮雖然明知可能失敗，卻沒有制止劉備。據說正是因為他非常理解劉備與關羽兩人之間的緊密羈絆，才沒有出面阻擋劉備的決定。

諸葛亮像（甘肅省）

吳

孫權

赤壁之戰與劉備聯盟，吳國的開國皇帝

孫權

肖像

字

仲謀

籍貫

豫州
徐州
吳郡
揚州

生日

182年（日期不詳）

歿日

252年5月21日

享年

70歲（病逝）

能力

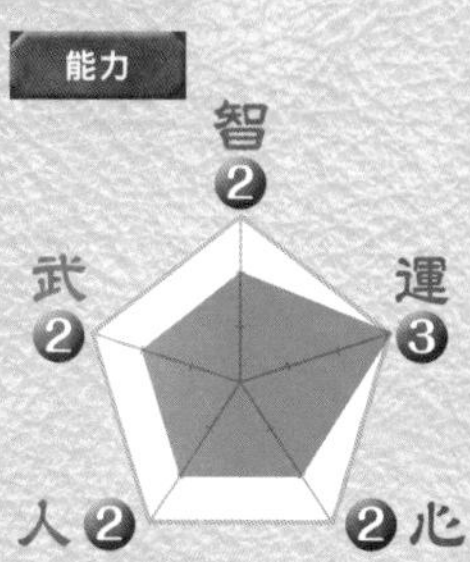
智 2
運 3
心 2
人 2
武 2

身分

吳國開國皇帝

得周瑜與魯肅輔佐 麾下擁有多位優秀臣子

孫權為孫堅之子，同時也是孫策的弟弟，據說從小相貌便相當斯文。自從父親孫堅戰死後，孫權便跟著兄長孫策征戰江東（長江下游流域）各地，並以十五歲的年少之姿受任陽羨縣長。十九歲時孫策過世，孫權雖然繼承其位，卻總是感嘆兄長之死。臣子張昭（⬇169頁）見狀，便對孫權提出忠告：「您再如此悲傷下去，怎能保住國家！」並建議孫權外出視察軍務。當時的江東地區仍然有尚未對孫氏一族完全服從的豪族勢力，但張昭與周瑜（⬇162頁）皆十分相信孫權的能力，選擇追隨在側。孫權同樣信任這群臣子們，更延攬魯肅（⬇164頁）及諸葛瑾（⬇166頁）等能人名士，壯大聲望。

孫權在鞏固統治的基礎後，多次率兵討伐劉表陣營的黃祖，最後終於在二十七歲這年擊潰並斬殺黃祖，成功為父親報仇。

同年，曹操帶領大軍進攻荊州。眾多臣子認為就算與曹操開戰也毫無勝算，紛紛主張投降，然而周瑜與魯肅卻認為應該挺身迎戰，再加上劉備派諸葛亮前來遊說，提倡「雙方應共同合作對抗曹操」，也使得孫權做出開戰的決定。

演義名橋段 以劍劈石向天問卦!!

當劉備準備迎娶孫權之妹時，曾向庭院裡的一塊大石頭求卦。他向天祈求「若能取得天下，就讓我劈開石頭吧」，同時揮劍，石頭果真被切開。

孫權見狀也許願「若能奪回荊州，也讓我劈開石頭吧」並往同一塊石頭劈去，也同樣切開了石頭。這塊留下十字狀切痕的石頭便被命名為恨石。

恨石的紀念雕像（江蘇省）

意欲奪取荊州 不斷與劉備對立

孫權任命周瑜為司令官，並且在赤壁之戰（⬇170頁）擊潰曹操大軍。赤壁戰後，劉備在荊州的勢力不斷擴大，但是孫權卻出面主張「荊州是屬於自己的領地」，多次與劉備對談，最終雙方做出「暫時將荊州南部借給劉備」的約定。

孫權在三十三歲時，劉備取得益州，於是孫權要求劉備歸還荊州。但劉備卻推託：「我取得涼州時，自然就會歸還荊州。」並未答應孫權的要求。對此相當憤怒的孫權於是發兵荊州，雖然雙方戰火一觸即發，卻恰逢曹操進攻漢中地區（益州北部），於是劉備提議言歸和好，並將荊州部分歸還孫權。與劉備堅守同一陣線的孫權，則是在合肥及濡須等地和曹操對戰，戰役愈趨激烈。

當孫權三十八歲時，這一年，鎮守荊州的關羽正準備攻擊曹操陣營的樊城，可是孫權卻選擇與曹操結盟，派呂蒙（⬇238頁）及陸遜（⬇246頁）進攻荊州，設計擄獲並處死關羽。隔年，曹操過世，其子曹丕（⬇242頁）即位並建立魏國。這時孫權選擇降伏

吴主孫權

影像資料 **孫權肖像畫**

據說孫權下巴方正，嘴巴很大，眼神犀利，個性開朗，充滿同情心，也具備決斷力。

原來如此小物語

自知酒品太差 宴席命令一律無效!?

孫權的酒品很差，據說有名臣子曾在宴席上裝醉，想要藉此躲掉孫權勸酒。孫權對此非常生氣，下令處以刑罰，但還是在周圍人的勸說下平息怒火。等到酒醒後，孫權對自己的行為相當懊悔，並當眾宣告：「以後只要是我在宴席上說的命令都不算數。」

宣示開戰決心!!

孫權收到不斷逼近的曹操的來信，
率領八十萬大軍與我相會!?
信中要求孫權投降。
究竟該迎戰，還是該投降，臣子意見不一。
我們應該奮力抗戰！
不可能會贏，不如投降吧！
此時，諸葛亮出面說服孫權。
曹操軍隊不習慣水上作戰，
只要與我家主公合作，就能獲勝。
好，與曹操開戰！
孫權招來臣子們，並這麼說——
喀！
今後若還有人要投降，下場就會跟這張桌子一樣！

發現! **孫權墓前的孫權像**

孫權在晚年時引發繼位之爭，導致吳國國力衰退。（江蘇省）

魏國，獲封吳王。另一方面，建立蜀國的劉備為了替關羽報仇，決定進攻吳國。孫權則是派陸遜擔任司令官迎戰，最後獲勝並完全取得荊州的掌控權。劉備死後，孫權又與蜀國重修舊好，再次對魏國開戰。

孫權在四十八歲時登基稱帝，建立吳國。可是在他晚年時卻發生了繼位之爭，甚至將捲入其中的陸遜逼上死路，做出許多典型暴君才有的冷酷行為。最後，孫權命最小的兒子孫亮繼位，並於七十歲病逝。

原來如此小物語

鼎鼎大名的黃鶴樓其實是吳的軍事設施!?

位於湖北省的黃鶴樓，其實原是孫權為了軍事目的所建造的瞭望台。後來成了觀光勝地，多首詩作中皆曾提及黃鶴樓。

現今的黃鶴樓為1985年重建。

吳
周瑜
水軍總指揮官，赤壁之戰獲勝的關鍵領袖

周瑜

肖像

字

公瑾

籍貫

豫州
徐州
盧江郡
揚州

生日

175年（日期不詳）

歿日

210年（日期不詳）

享年

36歲（病逝）

能力

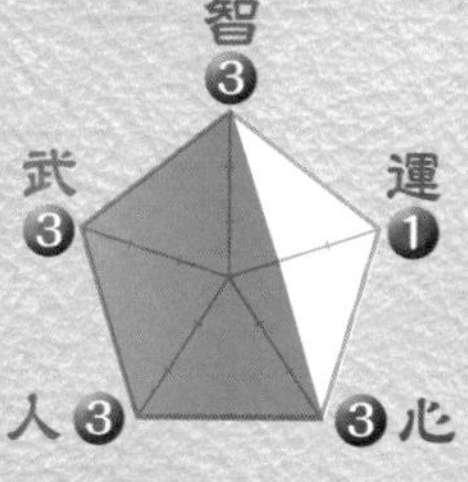
智 3
運 1
心 3
人 3
武 3

身分

孫策、孫權的武將

精準分析勝敗關鍵 主動向君主請命破曹

周瑜是輔佐孫策與孫權兄弟的東吳名將。年輕時，由於摯友孫策尋求協助，於是周瑜率兵前往依附孫策。孫策對此大悅，高興說道：「既然公瑾能來，那就一定會成功！」而後果真接連擊潰周邊其他勢力，鞏固江東地區的統治權。當孫策在周瑜二十六歲時遭到暗殺，周瑜仍然繼續輔佐繼任的孫權。

三十四歲那年，曹操率領大軍逼近江東。周瑜主張開戰，並向孫權請命：「只要能給我三萬兵力，我一定會攻破曹操軍隊。」從孫權手中取得兵力的周瑜在赤壁之戰（↓170頁）中以火攻曹軍，大獲全勝。

赤壁之戰後，周瑜與鎮守荊州南郡的曹仁（↓232頁）對戰，雖然在此戰中中箭負傷，卻仍順利獲勝。之後周瑜更策畫進攻益州，然而卻在備戰途中病逝。

發現!

周瑜像

佇立於赤壁古戰場遺跡的周瑜像。（湖北省）

演義名橋段

屢次暗殺諸葛亮失敗 結果氣急身亡!!

小說中周瑜非常嫉妒諸葛亮的才能，曾多次策劃暗殺行動，卻屢屢失敗。諸葛亮早已洞悉周瑜的想法，故意寄了封內容挑釁的信給他，周瑜看了信後感嘆「既生瑜，何生亮！」最終氣到吐血身亡。

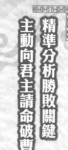

吳
魯肅
與周瑜一同主張對抗曹操

領導吳國眾將 力主孫劉同盟抗曹

魯肅是追隨孫權的武將，出生於富裕人家，每當遇到貧困卻充滿志氣的人才時，甚至還會賣掉自己的田地給予援助。魯肅年輕時與周瑜相遇，成為摯友，並且在周瑜的引薦下與孫權見面。魯肅向孫權建言：「想要再復興漢室已不可能，大人您應當消滅劉表，鞏固整條長江的掌控權，並登基為帝，拿下天下。」在此番對話後，孫權便給予魯肅極高的評價，魯肅也因而出人頭地。

赤壁之戰（⬇170頁）開打前夕，魯肅主張：「孫權大人一旦投降，就會頓失棲身之所。」因此與周瑜二人皆認為必須與曹操一戰，也使得孫權下定決心開戰。赤壁之戰後，魯肅也依循周瑜的遺言，接任東吳軍隊的總指揮官。

當劉備與孫權為了爭奪荊州而對立之際，魯肅則秉持「雙方相爭只會讓曹操得利」為前提，努力維持兩邊的友好關係。但是就在魯肅四十六歲病逝後，劉備與孫權的同盟關係也隨之瓦解了。

發現! 魯肅墓

魯肅的葬禮是由孫權舉辦。（湖南省）

魯肅

肖像

字

子敬

籍貫

并州
青州
兗州
徐州
豫州
臨淮郡
荊州
揚州

生日

172年（日期不詳）

歿日

217年（日期不詳）

享年

46歲（病逝）

能力

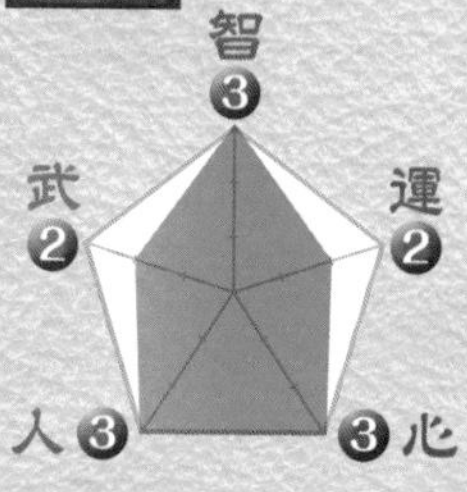
智 3
運 2
心 3
人 3
武 2

身分

孫權的武將

原來如此小物語

以堂正威嚴的態度與關羽議談!?

劉備向孫權暫借荊州三郡，卻有借無還，於是孫權派兵前往奪回，接著劉備又派出關羽，再次搶回借地。這時，魯肅請關羽會面議談。議談中魯肅的態度堂正威嚴，並以和平未戰的方式拿回三郡。

吳

諸葛瑾

諸葛亮的兄長，深受孫權信賴

牢牢掌握孫權的心 最終官至吳國大將軍

諸葛瑾是孫權麾下的政治家，同時也是諸葛亮的兄長。諸葛瑾為了躲避戰亂遷往江東（長江下游流域），途中與諸葛亮失散。據說諸葛瑾個性誠懇，心胸寬大，為人堂堂正正。當孫策死後，孫權繼任，隨即邀請諸葛瑾前來，終於讓諸葛瑾允諾追隨。據說諸葛瑾向孫權表達意見時，會觀察對方的臉色與態度，搭配各種比喻充分說明，因此孫權也會非常認真地聽取諸葛瑾的意見。

由於弟弟諸葛亮為劉備的重臣，因此諸葛瑾多次被選派為與劉備交涉的使者。當諸葛瑾四十九歲時，孫權與魏國對立，江陵情勢岌岌可危，諸葛瑾率領軍隊前往救援，並採取穩紮穩打的作戰策略，順利逼退魏軍，也使兵力損失降至最低。而後在五十六歲這年，孫權登基為帝，諸葛瑾被任命為大將軍，最後於六十八歲病逝。

諸葛瑾會見諸葛亮

諸葛瑾曾以東吳使者身分多次與諸葛亮對談，但兩人私底下未曾碰面。

諸葛瑾

肖像

字

子瑜

籍貫

冀州
并州
青州
琅邪郡
兗州
豫州
徐州

生日

174年（日期不詳）

歿日

241年（日期不詳）

享年

68歲（病逝）

能力

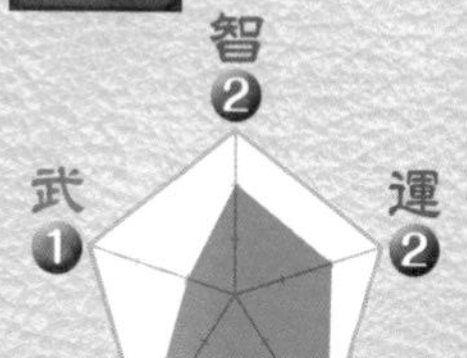
智 2
運 2
心 3
人 3
武 1

身分

吳國政治家、武將

原來如此小物語：與主公孫權有著極深的信賴關係!?

孫權非常信任個性謹慎沉穩的諸葛瑾。據說曾有人搬弄是非，懷疑諸葛瑾私通諸葛亮，與蜀國串聯。孫權對此則回應：「諸葛瑾不會背叛我，我當然也不會背叛他。」絲毫不曾懷疑諸葛瑾。

赤壁之戰提議採火攻

黃蓋

趁曹操疏忽之際放火燒船突擊

黃蓋是侍奉孫堅、孫策、孫權三代的武將。從孫堅舉兵之際便追隨於側，也參與了孫堅與董卓軍之間的戰役。據說黃蓋會幫助弱者，也時常照顧麾下士兵。

赤壁之戰（↓170頁）時，黃蓋被編派為周瑜的部下，並提議「使曹操陣營的船隻全靠在一起，趁敵營無法動彈之際，採取火攻策略」。接著向曹操發出假意投降的詐降信，趁曹操不留神放火燒船加以突擊，一舉擊潰曹軍。儘管黃蓋在混亂中箭落船，卻順利被同伴救起，之後也參與了多場平定叛亂的戰爭，表現非凡，一路升任為將軍，但是最終仍因病逝世。

籍貫	荊州零陵郡
生日	不詳
歿日	215年？
享年	不詳（病逝？）
身分	孫堅、孫策、孫權的武將

肖像

演義名橋段

施展「苦肉計」使曹操深信黃蓋投降!!

赤壁之戰開打前，黃蓋向周瑜提議要向曹操詐降，周瑜認為：「如果不受點皮肉之苦，曹操應該不會相信吧。」於是黃蓋回答：「受點皮肉苦也沒關係！」隔天，黃蓋刻意當眾忤逆周瑜，並被杖罰打到滿身是血。隨後，曹操收到黃蓋想要投降的信，同時也從密探口中聽到黃蓋遭杖罰一事，便深信不然。

小說中的「苦肉計」雖然是杜撰的內容，但史實上黃蓋確實有寄信給曹操「詐降」呢！

吳

即使與孫權對立也要闡述想法

張昭

籍貫	徐州彭城國
生日	156年（日期不詳）
歿日	236年（日期不詳）
享年	81歲（病逝）
身分	吳國政治家

肖像

君主過度傷悲之際 當面予以斥責的剛烈臣子

張昭是輔佐孫策與孫權兄弟的政治家。當年為了躲避戰亂移居江南（長江南岸），被孫策延攬，負責所有有關政治與軍事的事務。孫策死後，繼任者孫權對孫策之死感到悲傷，在政事上開始怠惰之際，張昭便出面斥責孫權：「現在應是努力治理國家的時刻，你這是在幹什麼呢！」

赤壁之戰（⬇170頁）時，張昭與周瑜、魯肅的意見相左，認為孫權應該向曹操投誠。孫權登基為帝後，張昭雖然歸還官位及領地，但孫權又再次任命他為將軍，並賞賜領地。張昭總能無畏地對孫權闡述意見想法，最後於八十一歲時病逝。

原來如此小物語

門戶著火也不肯逃出

公元二三二年，幽州的公孫淵想投降吳國，張昭認為這是「詐降」，因此極力反對。孫權卻並未採納張昭的建言，接受了公孫淵。然而公孫淵事後果真如張昭所料，出賣吳國。

孫權多次登門張昭住處致歉，但張昭氣到不肯出戶。對此也開始感到憤怒的孫權便火燒張昭家屋大門，但即便如此張昭也不肯現身，孫權只好將火撲滅。據說在那之後，張昭的兒子們強硬地將父親帶出門，孫權接著將張昭帶至宮中致歉，張昭也只好原諒孫權。

戰役檔案 13

208年

赤壁之戰

孫權軍
長江
曹操軍

勝 戰力 4萬人以上？

孫權

周瑜

劉備

孫權、劉備聯軍

VS

曹操軍

曹操

敗 戰力 20萬人以上？

諸葛亮與周瑜勸說孫權下定決心開戰

劉備一行人逃過曹操的追擊之後，諸葛亮前去東吳，試圖說服孫權與曹操對戰。這時，曹操寄了恐嚇信給孫權，信中寫道「今治水軍八十萬眾，方與將軍會獵於吳。」（我如今已備好八十萬水軍，想找孫將軍您圍獵）孫權麾下臣子幾乎都勸孫權投降，唯有周瑜與魯肅主張開戰。最終孫權決定與曹操正面對戰。

曹操率數千艘軍船從北方直下長江，周瑜則率領三萬名水軍沿著長江往北方移動。雙方在赤壁相遇，分別駐紮北岸及南岸。曹

發現!

赤壁古戰場的周瑜像

後世認為此地正是赤壁之戰的發生地點。(湖北省)

孫權與曹操兩軍隔著長江對峙！

曹操陣營與孫權陣營

曹營的龐大軍船停靠於長江北岸，形成鐵壁般的防禦。周瑜多次率領軍隊發動攻勢，卻很快就遭擊退。

赤壁之戰的事件地圖

荊州
揚州
1 諸葛亮與孫權會談
諸葛亮晉見孫權，說服孫權迎戰曹操。
2 曹操進軍
曹操帶領數千艘軍船，駐紮烏林。
3 周瑜進軍
周瑜率領3萬名水軍抵達赤壁。
4 赤壁之戰
黃蓋的火攻策略順利瓦解曹軍。曹操戰敗逃亡。
曹仁
夏侯淵
曹操
黃蓋
劉備
諸葛亮
周瑜
孫權
江陵
夏口
樊口
長江
赤壁
烏林
陸口
柴桑
孫權軍的路線
曹操軍的路線

操陣營並排滿滿的軍船，防禦陣容堅實，即使周瑜發動突擊，也很快就被擊退。

孫權軍
曹操軍

黃蓋建議火攻策略 曹操陣營全面瓦解

周瑜對遲遲無法攻破曹營感到厭煩之際，黃蓋此時提出火攻的想法。為了讓曹操疏忽戒備，黃蓋寄出意欲投降的詐降信。曹操收到信後，對黃蓋承諾：「若將軍投誠於我，我將賞賜你莫大的恩惠。」

黃蓋在數十艘蒙衝（⬇175頁）上堆疊乾草並澆上油，接著覆蓋帷幕。當強風吹起時，這些蒙衝便同時出發，士兵們一致高喊：「黃蓋投降了！」曹操陣營的士兵心裡毫不懷疑黃蓋必定前來投降，因此未發動攻擊。直到黃蓋靠近曹營時，立刻火燒蒙衝，接著衝撞曹營的船隻。動彈不得的船隻就這麼一艘又一艘地被火焰吞噬，形成一片火海。當火焰蔓延至陸上的陣地時，周瑜便率領精銳部隊登陸，對曹軍展開猛烈攻擊。這一場戰役也使曹營軍隊整個瓦解，曹操則是勉強從戰場逃脫。這次的慘敗，更是打消了曹操想一統中國的野心。

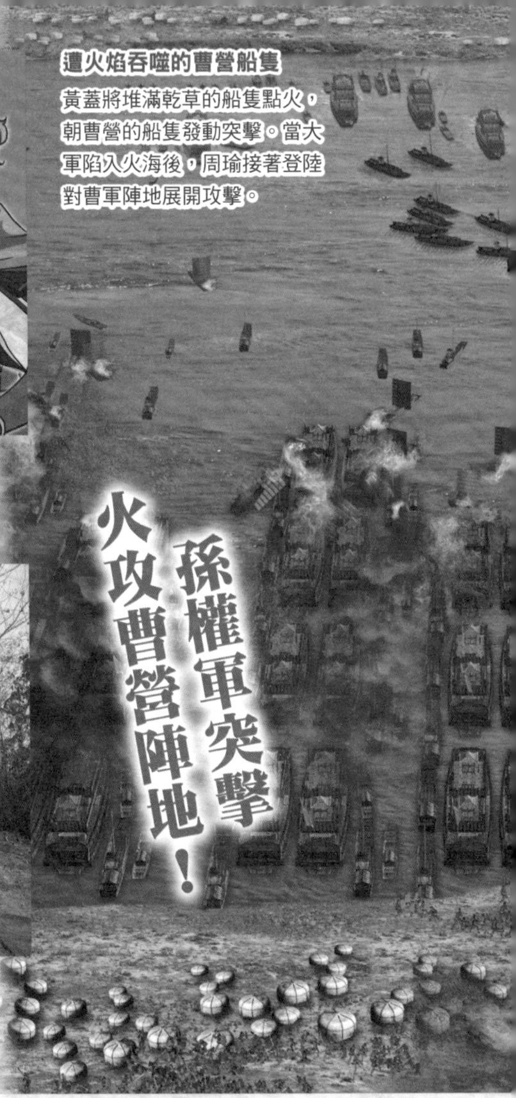

孫權軍突擊 火攻曹營陣地！

遭火焰吞噬的曹營船隻

黃蓋將堆滿乾草的船隻點火，朝曹營的船隻發動突擊。當大軍陷入火海後，周瑜接著登陸對曹軍陣地展開攻擊。

周瑜進攻曹營陣地

黃蓋火燒船隻，當火勢蔓延到曹軍陸上的陣地時，周瑜便領軍登陸，擊鼓進攻突擊。

發現!

華容古道

曹操甩開敵軍追擊，逃至江陵。目前華容當地仍保有據說當時曹操逃跑時所經過的道路。（湖北省）

演義名橋段 草船借箭!!

正當赤壁之戰打得如火如荼之際，周瑜請諸葛亮協助準備十萬支箭，諸葛亮回答三天就能準備好。第三天夜晚，諸葛亮命人備船，趁起霧時駛近曹營。曹營士兵誤以為是夜襲而遠遠地大量射箭。船上草束插滿無數箭，諸葛亮也順利湊到所需的箭矢數量。

三國時代的軍船！

崗哨
船錨
射擊孔

樓船

司令官搭乘的主力戰艦。樓船由兩艘船相連而成，全長約60公尺，可乘載超過百名的士兵。同時還可以從屏障上的射擊孔以箭或矛進行攻擊。

走舸

可乘載大量船員與少數士兵的小型船隻。可高速前進，相當適合作為偵查或奇襲用。

三國時代的主要軍船

這裡所介紹的船隻，是根據17世紀的百科全書《三才圖會》想像描繪而成。

軍船形態各異 擔負不同的使命

關於三國時代戰役中所使用的軍船，雖然目前沒有留下詳細的資料，但透過《三才圖會》這本十七世紀的百科全書，我們還是可以想像當時的軍船模樣。

水軍司令官通常會搭乘巨大戰艦「樓船」，速度雖然不快，卻有著極佳的攻擊力與防禦力。堪稱擁有最強攻擊力的船艦則是「鬥艦」，士兵可站立於左右船舷，手持弓箭等武器進行遠距離攻擊。「蒙衝」是撞擊敵軍主力戰艦的船隻，船身破裂後，船員便逃到同陣營的其他船隻上。「走舸」則是可高速移動的快船，可充分發揮奇襲等戰略。

鬥艦

擁有強大戰鬥力的軍艦，大小僅次於樓船。左右兩側的屏障比樓船的屏障稍低。

屏障
船首

蒙衝

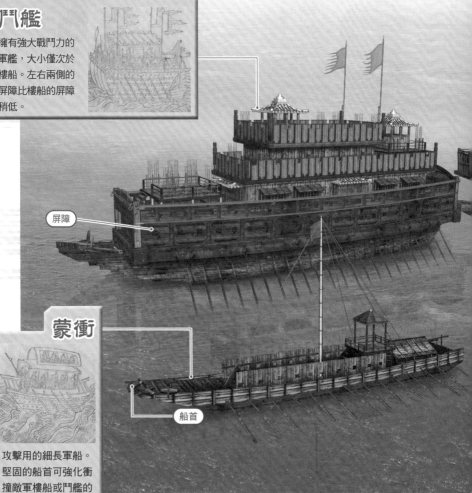

攻擊用的細長軍船。堅固的船首可強化衝撞敵軍樓船或鬥艦的攻擊力。

※本書的軍船圖，全根據《三才圖會》描述繪成。

雖然針對三國時代水軍的作戰方式仍有許多尚未釐清的部分，但目前普遍認為水戰會先以蒙衝發動突擊，接著走舸加入，樓船及鬥艦部隊隨後投入攻擊。

黃蓋搭乘走舸逃脫

赤壁之戰時，黃蓋將蒙衝點火並衝撞敵營，接著趕緊從船尾登上相連的走舸逃脫。

三國 趣味專欄

三國成語典故②

曹操

「雞肋」

解釋

比喻雖然沒什麼價值，丟了卻又覺得可惜的事物。

由來

曹操與劉備相爭漢中（益州北部）時，曾下了一道名為「雞肋」的命令，意指「雞肋（雞肋骨）食之無味，棄之可惜。就像漢中這塊土地一樣」，言下之意便是下令全軍撤退。

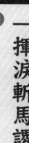

諸葛亮

馬謖

「揮淚斬馬謖」

解釋

即便是自己喜愛之人，違反規定就必須懲處。

由來

街亭之戰（⬇276頁）時，馬謖（⬇268頁）因違背諸葛亮的指令，導致蜀軍慘敗。諸葛亮雖然非常賞識馬謖的才能，卻仍依照軍規，揮淚下令處刑。

曹叡

「畫餅充飢」

解釋

比喻徒具虛名而無益於實際。

由來

對於聲勢不斷高漲的諸葛誕，魏國第二任皇帝曹叡（⬇278頁）就批評「名聲就像在地上畫的餅，只能看不能吃」。

曹丕

曹植

「七步之才」

解釋

文學才能出眾（特別是指詩）。

由來

曹操之子曹丕（⬇242頁）登基為魏國皇帝後，一心想要殺死弟弟曹植，於是命令曹植「要在七步以內完成一首詩，否則就判你死罪」。曹植便以豆子及豆梗來比喻兄弟之情，以詩句傳達手足相殘的悲傷。據說曹丕事後為了自己所下的命令感到羞愧不已（⬇245頁）。

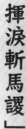

3 章

三國鼎立

劉備在赤壁大勝曹操，接著奪回荊州西部。
而後又在二一五年拿下益州。
益州
荊州
劉
劉
二一九年，掌管荊州的關羽進軍曹操統領的樊城。
曹操領地
樊城
荊州
劉備領地
孫權領地
這時，曹操已經成為魏王*。
關羽…
他果真成了一名相當厲害的武將呢。
曹操
我們應該讓吳國孫權出兵攻擊，
孫權對荊州的關羽已經沒什麼好感了。
司馬懿
好！派使者前往吳國！派援軍前往樊城！
是。

*東漢朝廷封曹操為魏王，允許其建國稱王。

吳・建業
若與曹操聯手，看來就能夾擊關羽呢。
不過，正如你所言，關羽不容小覷。
我應該要利用這個機會擊垮他，對吧？
孫權
是……只要陸遜的計畫成功，這的確是個好時機。
呂蒙
此時，陸遜赴任荊州陸口。
陸口
荊州
把這封書信交給關羽將軍。
拜託你了。
陸遜
*喀…
ジャラ…

你有沒有聽過東吳一個名叫陸遜的人？
信簡上寫著「自己還必須多多學習，所以非常開心有這個機會能在關羽將軍附近赴任」……
關羽
沒聽過此人。
東吳會把這麼資淺的人配置在荊州，表示對關羽大人您沒有防備吧？
的確……
這樣似乎就不用太擔心吳國進攻了…
關羽放下戒心，甚至把防守江陵本營的士兵全都調配進攻樊城。
樊城
陸口
江陵
趁現在！
奪下江陵！

樊城
什麼！
東吳發動攻勢！？
沒錯！江陵被吳軍給占領了！
……難不成我被算計了……
關羽雖然火速奔往江陵，但大勢已去。
最後，就連關羽自己也被吳軍擄獲。
關羽，好久不見了。
孫權大人。

殺了你很可惜，
不過，你是狼，養不得啊。
唰
請原諒我。
低頭
就這樣，關羽遭到處刑。

關羽的首級送至曹操手中。
摸……
……關羽。
多麼希望你能活著回到我身邊……
將關羽予以厚葬。
是！
數日後，曹操也因病身亡。

二二〇年，曹操之子曹丕登基，建立魏國。
曹丕
魏
吳
蜀
隔年，劉備登基為帝，建立蜀國。
這時，劉備滿心想對吳國復仇。
我要為雲長報仇！
打倒孫權！
主公，請您三思啊！
我們的敵人是魏國，不是吳國！
趙雲
孫權殺了雲長，就是我的敵人！
如果你們反對，就由我自己領兵！
立刻出兵！

憤怒無比的劉備進攻吳國領地，並在夷陵與吳軍正面交鋒。
夷陵
荊州
劉
劉
此時，吳國與魏國結為同盟。
如此一來，暫時不用擔心遭受魏國攻擊，劉備那邊又該怎麼處理呢？
是。
以目前的情況來看，劉備就算輕啟戰端也沒有勝算。
陸遜
我們應該採持久戰，等劉備耗盡糧草。
怎能如此懦弱！
應該先發制人！
陸遜是總司令！
務必遵從！

半年後
為什麼！
為什麼無論我怎麼勸誘，吳國都毫無動靜！
已經半年了，士兵們早已到了極限，
是否該考慮與吳國和解⋯
你們都忘了嗎！這場戰役可是為雲長報仇啊！
怎麼可能和解！
吳國陣營
陸遜大人，您找我嗎？
劉備已經開始慌了，
士氣低迷，

就趁現在，
準備今晚攻打劉備軍營！
當天晚上
吳軍朝蜀軍陣營放火，一舉攻陷。
快撤退！
劉
劉
劉
劉

劉備逃至蜀國白帝城，在這裡接受由孫權提出的和解。
白帝城
夷陵
數個月後，劉備因病倒下。
……孔明，原諒我……
我打了場糊塗仗。
陛下，您萬萬不可這麼說。
那麼……
……能不能幫我一件事？
陛下請說。
我活不久了，
我死後，就由你領導國家，一統天下吧。
您這是在說什麼呢！

還有……我希望你能輔佐我兒劉禪即位。
不過…如果劉禪沒有才能……
就由你繼任皇帝吧。
啪答…
緊握
……萬萬不可，
我會以臣子身分守護劉禪殿下。
即使豁出性命也在所不惜。
…孔明
不久後，劉備便離開人世。

二一九年勢力版圖

公孫康
幽州
冀州
青州
兗州
徐州
豫州
黃海
東海
曹操
(➡P24)
張遼
(➡P210)
孫權
(➡P158)
呂蒙
(➡P238)
合肥
建業
濡須口
濡須塢
戰役檔案 20 ➡P240 樊城之戰
戰役檔案 17 ➡P218 合肥之戰
戰役檔案 22 ➡P254 濡須口之戰（第三次）
戰役檔案 18 ➡P220 濡須口之戰（第二次）

※勢力範圍皆為推定。

戰役檔案
19
➡P226
定軍山之戰
涼州
并州
戰役檔案
16
➡P208
陽平關之戰
夏侯淵
(➡P222)
司隸
潼關
洛陽
長安
陽平關
定軍山
戰役檔案
14
➡P198
潼關之戰
曹仁
(➡P232)
益州
成都
樊城
戰役檔案
15
➡P204
進圍成都
劉備
(➡P28)
白帝城
夷陵
荊州
戰役檔案
21
➡P250
夷陵之戰
關羽
(➡P32)

蜀
馬超
率領涼州子弟，將曹操逼至走投無路

與韓遂一同起兵反曹 卻以戰敗收場

馬超為涼州武將馬騰之子。公元一九二年，董卓進洛陽時，有意拉攏馬騰與韓遂，兩人一同舉兵前進長安之際，董卓已被呂布所殺，李傕等人專權並任命馬騰為將軍。之後，馬騰雖然獨自舉兵襲擊長安，卻以戰敗收場，只好返回涼州。而後馬騰向東漢朝廷投誠，其子馬超則是被封為偏將軍，代替父親統領涼州的部隊，馬騰與其餘家眷則移居都城鄴城。

馬超三十六歲時，與韓遂結盟起兵反曹，並率領人馬進逼潼關（↓198頁）。馬超向準備穿越黃河的曹操軍隊發動突襲，可是最終還是讓曹操順利脫逃。曹操雖然派人與馬超、韓遂議和，但雙方戰事始終未能停歇。這時，曹操採用賈詡提出的策略，設法離間馬超與韓遂，使兩人心生嫌隙而交惡。此計果然令馬超懷疑韓遂，曹操便抓住時機反敗為勝。也因為馬超起兵，導致父親馬騰等所有身處鄴城的馬氏一族皆被曹操殺害。

韓遂（？～215）

涼州武將。與馬超一同起兵反曹，卻中了離間計而敗給曹操。

原來如此小物語

許褚怒目瞪視 害馬超錯失下手良機!?

潼關之戰時，雙方一度停戰企圖議和，馬超與韓遂便騎馬和曹操相會對談。馬超雖然想伺機擄獲曹操，卻因為曹操的護衛許褚（↓196頁）緊迫盯人，終究未能鼓起勇氣展開行動。

馬超

肖像

字

孟起

籍貫

涼州
并州
扶風郡
司隸

生日

176年（日期不詳）

歿日

222年（日期不詳）

享年

47歲（病逝）

能力

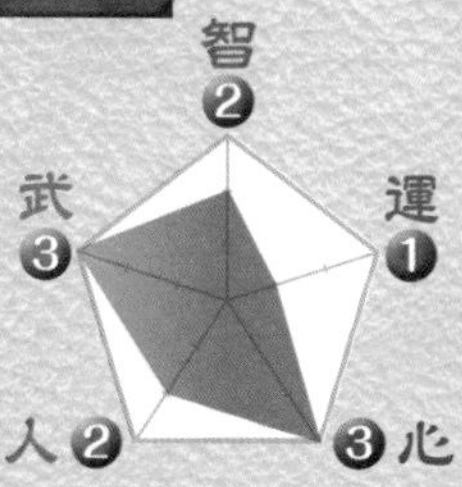
智 2
運 1
心 3
人 2
武 3

身分

蜀國武將

影像資料

馬超殺姜敘之母

姜敘的母親耳聞楊阜想要向馬超報仇時，便說服兒子協助楊阜。當楊阜與姜敘起兵反叛時，馬超便將姜敘之母作為人質並殺死。

發現!

馬超像

馬超有著異於常人的勇武特質。據說劉備得知馬超前來投靠時，高興地說：「我必能得到益州！」（四川省）

馬超逃奔張魯 最終歸降劉備

潼關之戰戰敗後，馬超隨即進攻涼州，殺死涼州刺史（首長）韋康，並以冀城作為根據地，隨即再次起兵反曹，並順利擊垮曹營的夏侯淵（⬇222頁）。然而馬超卻也在此戰中遭韋康原部屬楊阜及姜敘報復，冀城因而被奪走，馬超只好逃至漢中（益州北部）投靠張魯（⬇207頁）。

馬超跟隨張魯的時期，雖然曾請命進攻涼州，卻未能成功。期間，馬超不僅認為張魯的能力不足，還與張魯的其他部下不合。因此當馬超聽見消息，得知劉備進攻益州，包圍劉璋（⬇206頁）鎮守的成都時，便向劉備寄出投誠信件，並逃離張魯身邊前去

演義名橋段 與張飛單挑 勝負難分難解!!

馬超還是張魯的部下時，曾在葭萌關與劉備陣營的張飛單挑。雙方激戰卻未能分出勝負，一直到夜黑了，還點燃火把繼續對戰，仍無法得出結果。兩人最後雙雙撤退，接著馬超便離開張魯，投奔劉備。

馬超年輕時很弱!?
《演義》裡的馬超，能夠與許褚和張飛單挑。
但這全都是杜撰的內容。
正史中的確提到馬超在年輕時曾與人單挑過，
上啊！
對手是韓遂麾下的閻行。
馬超不僅身中長矛，還被折斷的長槍猛擊頸部，差點被殺死。
嗚啊！要死啦！
我已經不是當年的我了！
馬超之後勤練武功，成為天下眾所皆知的武將。

發現!

馬超墓 馬超死前，曾留下「我馬氏一族兩百多人皆被曹操所害，僅剩從弟馬岱一人。馬岱就拜託您（劉備）了」的書信。（陝西省）

投奔劉備，劉備也立刻接納馬超。當劉璋的部下得知馬超抵達成都時，各個驚嚇不已，還沒正式開戰就向劉備投降。然而，留在張魯身邊的馬超之子卻遭到殺害。

馬超投靠劉備後被任命為將軍，後來更是受到重用。諸葛亮也認為「馬超有著異於常人的勇武特質」，給予相當高的評價。但是馬超在劉備麾下期間，表現並沒有特別出眾，最後於四十七歲時病逝。

真的？假的?!

馬超對劉備的態度其實非常失禮!?

據說馬超對於地位比自己還高的劉備，是直接稱呼劉備的字「玄德」，這在當時可是非常失禮的行為。因為關羽和張飛對此表達強烈不滿，馬超才停止這樣不敬的舉止。

魏
許褚
抵擋馬超的猛烈攻擊，拯救曹操

曹操的忠心護衛 不斷以性命守衛曹操

許褚年輕時，便帶著自己的兵力歸順曹操。曹操看見勇猛的許褚後，開心地說：「這可是我的樊噲啊！」（樊噲乃是漢朝開國皇帝劉邦麾下的勇猛武將）並任命許褚為騎兵隊長。許褚率領曹軍攻打張繡時，擊潰一萬名以上的敵軍。從此之後，許褚便成為曹操身邊的護衛，專門斬殺忤逆曹操之人，曹操也因此更加信任許褚，兩人無時無刻都在一起。

潼關之戰（➡198頁）時，曹操遭到馬超軍隊突擊。許褚救出曹操，兩人好不容易搭上船後，許褚更親自划船，帶著曹操逃離戰場，保住性命。

個性誠實寡言的許褚，深受曹操的信任與喜愛。曹操病逝後，據說許褚過度悲傷，哭到吐血。他之後也繼續輔佐曹丕（➡242頁）與曹叡（➡278頁）兩位魏國皇帝，直到過世。

許褚救曹操

潼關之戰時，許褚乘船搭救曹操，並以左手持著馬鞍擋下弓箭。

許褚

肖像

字

仲康

籍貫

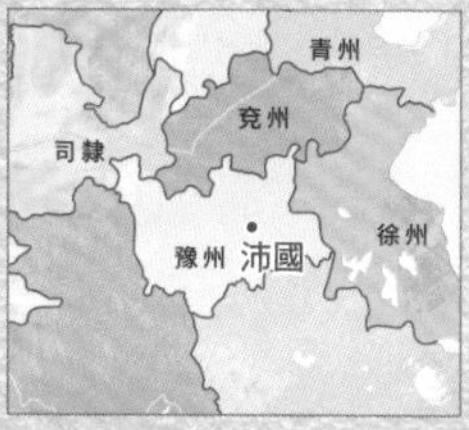
青州
兗州
司隸
徐州
豫州
沛國

生日

不詳

歿日

不詳

享年

不詳（病逝？）

能力

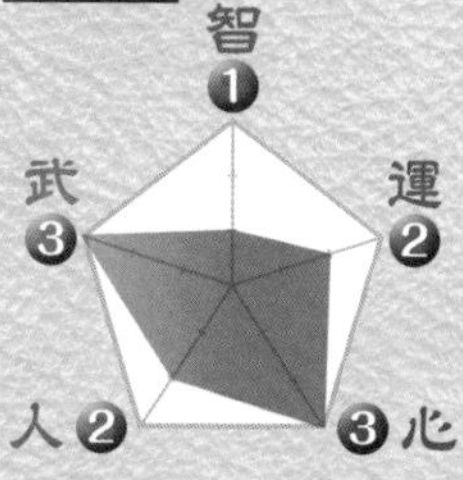
智 1
運 2
心 3
人 2
武 3

身分

魏國武將

原來如此小物語

力大無窮 甚至能拉牛倒走!?

許褚身高約184公分，腰圍約115公分，力大無窮。許褚年輕時曾用自己的牛與盜賊交換糧食，但牛到了對方手中後又逃回，於是許褚拉住牛尾將牛抓回。盜賊眼見許褚力大無窮，嚇到不敢收下牛隻就跑了。

戰役檔案 14

211年

潼關之戰

馬超出奇不意突襲 令曹軍身陷危機！

許褚
曹操

馬超軍突襲

馬超率領1萬名士兵，對準備穿越黃河的曹軍發動突擊。許褚則是拚了命地護衛曹操。

勝 戰力 不詳

曹操

曹操軍

VS

馬超、韓遂軍

馬超

韓遂

敗 戰力 約10萬人

曹操穿越黃河 遭馬超逼至走投無路

赤壁之戰後，曹操便目標攻擊漢中（益州北部）。另一方面，馬超與韓遂等人支配前往漢中之路的關中（長安一帶），兩人為聯手對抗曹操，相聚於潼關。率領大軍的曹操抵達潼關後，原本打算北渡黃河，繞至敵軍後方攻擊。然而馬超及早發現曹操的戰略，隨即向準備渡河的曹軍發動突擊。曹操雖然身陷危機，卻仍在許褚的幫助下驚險脫困。

曹操採用軍師賈詡提出的離間計，使馬超與韓遂關係交惡，趁機擊潰聯軍，大獲全勝。

原來如此小物語

離間計導致馬超大敗!?

曹操採納賈詡的提議，假裝與馬超重修舊好。與此同時，曹操也放出與韓遂關係很好的風聲，讓馬超懷疑韓遂。就在「離間計」的影響之下，馬超與韓遂兩人關係交惡，更因此敗給曹操。

馬超軍

潼關之戰的事件地圖

韓遂
馬超
2 奔逃涼州
馬超與韓遂雙雙逃至涼州。212年，馬超幾乎拿下整個涼州。
3 曹操追擊
曹操出兵追擊馬超旗下的楊秋，迫使對方投降。
1 潼關之戰
馬超與韓遂聯軍敗給曹軍。
涼州
安定
司隸
冀城
渭水
黃河
長安
潼關
4 冀城之戰
馬超雖然奪下冀城，卻遭遇叛亂，又將冀城拱手讓出。
5 逃亡漢中
馬超未能成功奪回冀城，轉而投靠張魯。
益州
南鄭
漢中郡
張魯
曹操
曹操軍的路線
馬超、韓遂聯軍的路線

蜀

龐統

與諸葛亮齊名的天才軍師

與劉備一同進攻益州 死於戰役之中

龐統是輔佐劉備的名軍師，與人稱臥龍的諸葛亮相比，龐統被時人譽為鳳雛（將來能像鳳凰一樣活躍的大人物），同樣擁有評價極高的才能。龐統年過三十時跟隨劉備，卻只被派任為縣令（地方行政官）。龐統認為工作太過簡單而感到不滿，不務縣務而丟官。當孫權的臣子魯肅得知此事後，便向劉備寄了封信，信中寫道：「如果只讓龐統擔任州或郡的副官，怎麼能發揮他的才能？」劉備實際與龐統見面後，果真發現他擁有非凡才能，於是賜予高階官職。龐統也在之後晉身為地位等同諸葛亮的軍師。

劉備進攻益州時，龐統亦跟在劉備身邊一同行動。雖然龐統建議劉備與劉璋（➡206頁）見面時應該趁機捉拿，卻遭劉備拒絕。但是龐統還是不斷向劉備獻計，助其奪取益州。最後，龐統在進攻雒城的途中不幸因中箭而身亡。

發現! **龐統墓**

位於落鳳坡附近的龐統墓。

演義名橋段

「落鳳坡」的不祥之名 龐統在此中箭身亡!!

龐統進攻益州時，收到諸葛亮的來信，信中提到「星象不吉」。但龐統卻故意向劉備解釋為「吉兆」，依計畫進軍。途中龐統借了劉備騎乘的白馬，行經落鳳坡時，遭埋伏以待劉備的敵軍射殺而死。

龐統

肖像

字

士元

籍貫

豫州
襄陽郡
荊州
揚州

生日

179年（日期不詳）

歿日

214年（日期不詳）

享年

36歲（戰死）

能力

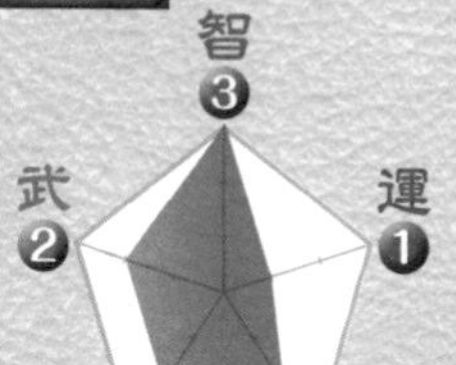
智 3
運 1
凶 2
人 2
武 2

身分

劉備的軍師

蜀
法正
背叛劉璋，迎劉備入益州

法正

肖像

字

孝直

籍貫

涼州
并州
扶風郡
司隸

生日

176年（日期不詳）

歿日

220年（日期不詳）

享年

45歲（病逝）

能力

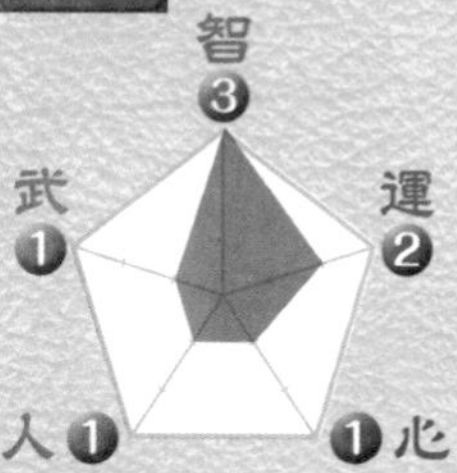
智 3
運 2
心 1
人 1
武 1

身分

劉備的參謀

與張松一同出謀劃策 迎接劉備入主益州

法正移居益州時，雖然追隨劉璋（⬇206頁），卻不受重用。法正與關係很好的張松（⬇206頁）一同向劉璋建議「應與劉備結盟」，於是被派任為拜訪劉備的使者。順利達成與劉備結盟任務的法正更與張松攜手，訂立迎劉備入益州的計畫。當曹操準備向漢中（益州北部）的張魯（⬇207頁）發動攻擊時，張松便說服劉璋「應當找來劉備，讓劉備搶在曹操之前攻擊張魯」。另一方面，法正則前去拜訪劉備，說服劉備奪取益州。

當劉備成功入主益州後，功不可沒的法正被賜予更高的官職，但他卻也藉機對過去的仇敵私下動刑。定軍山之戰（⬇226頁）時，法正向劉備提出作戰策略，使劉備軍隊得以戰勝曹軍。之後法正雖然不斷升官，卻以四十五歲的壯年之齡病逝。

法正說服劉備

曾為劉璋臣子的法正，說服劉備奪取益州。

原來如此小物語

優異的戰略令曹操心服口服!?

定軍山之戰時，法正為劉備擬定作戰方針，劉備也遵照法正的策略，派兵引誘曹營的夏侯淵部隊，同時另外派遣黃忠襲擊，大獲全勝。據說曹操事後得知此計出自法正之手時，對於法正可是相當佩服。

戰役檔案 15

214年

進圍成都

成都城
諸葛亮
劉備

劉備入成都

214年，劉備在諸葛亮與馬超等人的助陣下，包圍成都城。劉璋不願再讓老百姓受苦，於是決定投降。

勝	戰力	約10萬人

劉備

劉備軍

VS

劉璋軍

劉璋

敗	戰力	約3萬人？

劉備入主益州 伺機圍困成都

當曹操開始進攻張魯（↓207頁）握有的漢中（益州北部）一帶時，劉璋（↓206頁）便非常擔心其勢力範疇——益州會受波及而被張魯奪走。這時，劉璋身邊的法正等人提出「迎劉備入益州，擊垮張魯」的建議，劉璋也採納這項提案。

劉備便與軍師龐統率領數萬名兵力，從荊州進入益州。之後，劉備與劉璋關係直轉急下，相互對立。劉備開始進攻成都，加上諸葛亮等人來自荊州的援軍，終讓劉備順利拿下這座都城。

諸葛亮援軍加持 劉備成功攻略益州！

原來如此小物語

龐統拼命說服之下 劉備才決意進攻益州!?

劉備對於要從同為劉氏一族的劉璋手中奪取益州感到內疚，遲遲不肯出兵。這時龐統向劉備進言：「主公取得天下後，再給予劉璋領地即可。若現在不拿下益州，就會被曹操或孫權搶先一步啊！」才讓劉備下定決心。

劉備的進圍路線

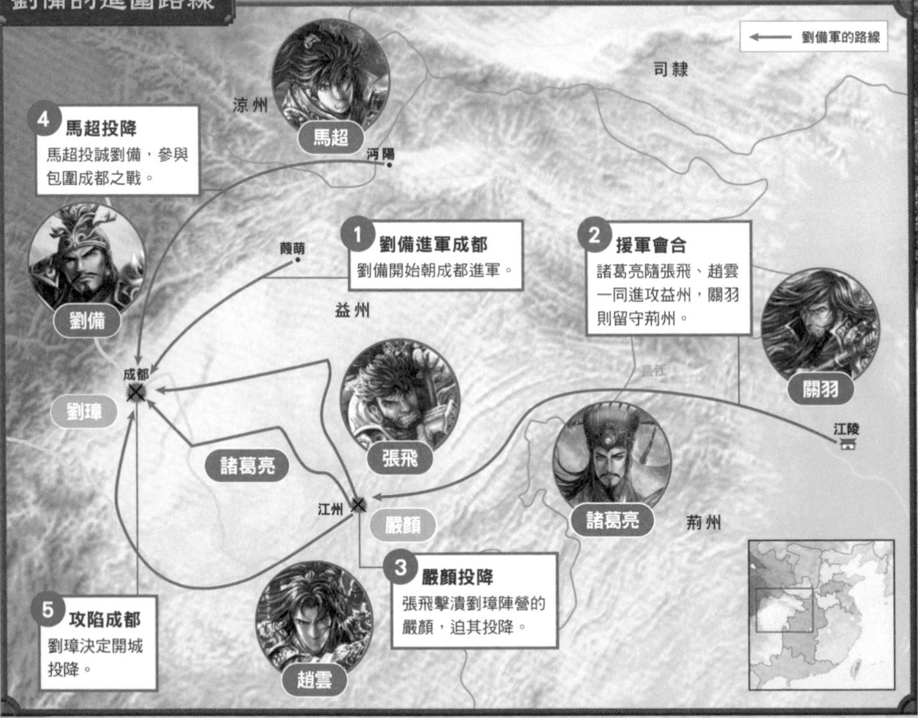

劉備軍的路線
司隸
涼州
馬超
沔陽
4 馬超投降
馬超投誠劉備，參與包圍成都之戰。
葭萌
1 劉備進軍成都
劉備開始朝成都進軍。
2 援軍會合
諸葛亮隨張飛、趙雲一同進攻益州，關羽則留守荊州。
劉備
益州
成都
劉璋
長江
關羽
江陵
張飛
諸葛亮
江州
嚴顏
諸葛亮
荊州
3 嚴顏投降
張飛擊潰劉璋陣營的嚴顏，迫其投降。
5 攻陷成都
劉璋決定開城投降。
趙雲

群雄

劉璋

引狼入室的益州之主

迎接劉備入益州 卻遭奪取勢力範疇

劉璋為益州州牧（地方首長）劉焉之子，繼承父業掌管益州。劉璋與曹操建立友好關係，但當曹操準備進攻漢中（益州北部）的張魯（➡207頁）時，張松便向劉璋建議：「應該與曹操斷絕關係，改和劉備結盟。」接受此提議的劉璋便找來劉備，並且派其攻打張魯。

然而，當劉璋得知張松等人密謀打算將益州讓給劉備時，便下令處死張松，與劉備徹底決裂。雙方經過兩年的交戰後，最終向劉備投降。劉璋之後移居荊州，在孫權攻取荊州時向其投降，並於不久後因病身亡。

籍貫	荊州江夏郡
生日	不詳
歿日	219年（日期不詳）
享年	不詳（病逝）
身分	東漢末年武將

肖像

原來如此小物語

在臣子與百姓之間 其實頗有威望!?

當劉備軍隊包圍成都時，鎮守城裡的兵力有三萬人，糧草也可足以撐上一年。無論是臣子還是老百姓都打算隨劉璋戰到最後一刻，但劉璋卻認為「不能再讓人民受苦」，決定投降。據說所有臣子聽到時皆流下眼淚。

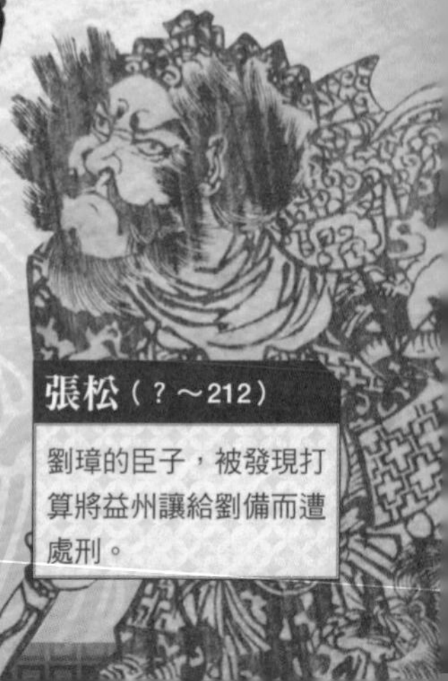

張松（？～212）

劉璋的臣子，被發現打算將益州讓給劉備而遭處刑。

張魯

繼承引領五斗米道
收容亂世中離散的百姓

群雄

五斗米道首領，對戰曹操

張魯為五斗米道的首領。所謂的五斗米道，其信仰內容是信徒捐獻五斗米，透過祈禱治癒疾病的宗教。張魯成功擊退劉璋的攻擊後，掌管漢中地區（益州北部），並將信徒捐獻的米贈予貧民，站在老百姓的角度執政。

公元二一五年，曹操進攻漢中，張魯雖然打算投降，但胞弟張衛卻主張迎戰。張衛率兵鎮守陽平關時，遭遇曹軍奇襲而戰敗。得知陽平關失守的張魯雖然逃出，最終仍選擇投降。曹操原諒張魯，並加以禮遇。張魯最終於隔年病逝。

籍貫	豫州沛國
生日	不詳
歿日	216年（日期不詳）
享年	不詳（病逝）
身分	五斗米道首領

肖像

原來如此小物語

封存庫藏寶藏 未將寶物燒毀!?

張魯得知曹操軍隊攻下陽平關的消息後，便決定逃離漢中。但是倉庫裡放有許多財寶，張魯明知財寶可能會被曹營奪走，卻並未燒毀，僅予以封存，並說：「這些寶物是國家所有。」讓曹操相當讚賞張魯的行為。

發現！

張魯之女墓

雖然沒有張魯墓，但目前保有張魯之女琪瑛的墓。（陝西省）

戰役檔案 16

215年

陽平關之戰

陽平關之戰

215年，曹操率領約10萬名士兵，進攻張魯的漢中地區（益州北部）。曹操雖然不斷攻擊堅守陽平關的張魯軍隊，卻無法順利攻陷，於是決定撤退。但張魯陣營卻自亂陣腳，貿然發動攻勢。

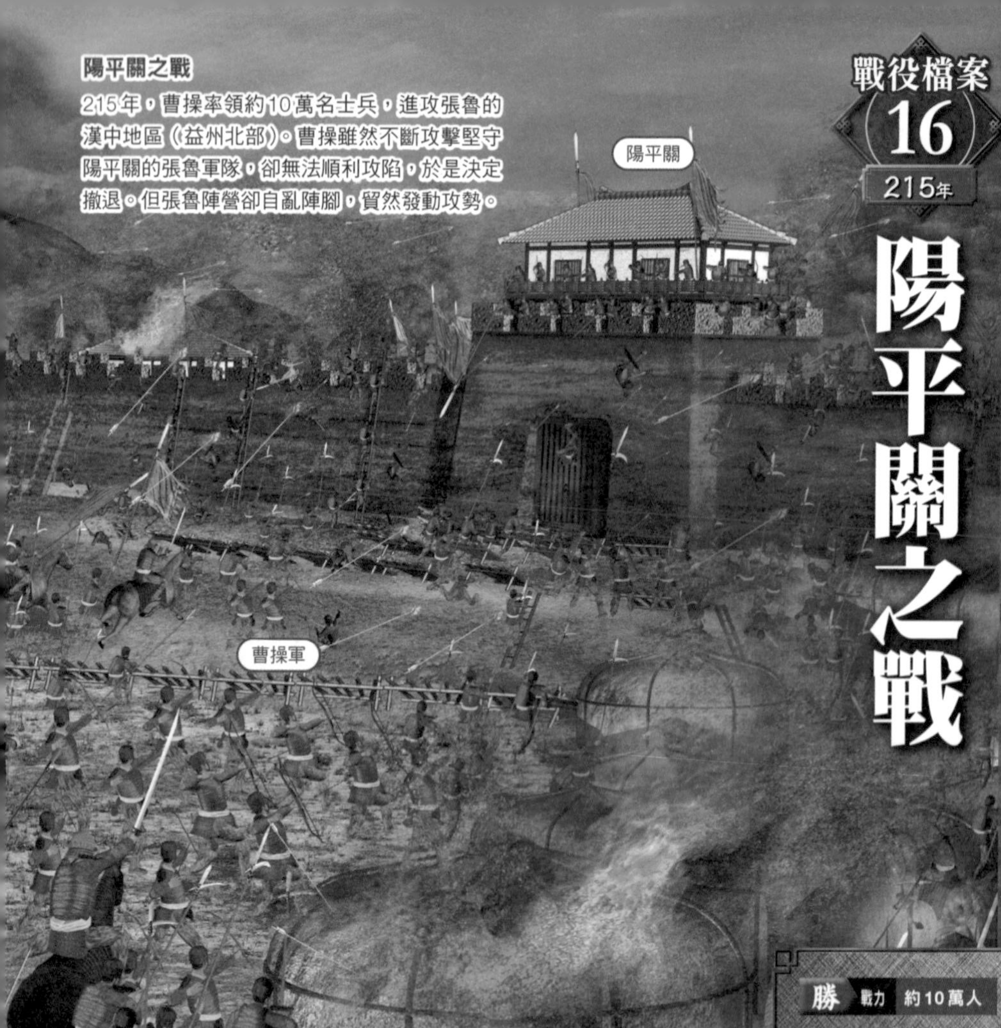

陽平關
曹操軍

勝 戰力 約10萬人

曹操

曹操軍

VS

張魯軍

張魯

敗 戰力 數萬人？

曹操襲擊張魯 將漢中劃入領內

曹操於潼關大破馬超後，接著在公元二一五年帶領十萬大軍進攻漢中（益州北部）。當時掌控漢中的軍閥，正是透過祈禱幫人治病的五斗米道首領張魯。張魯原本已經打算向曹操投降，但其胞弟張衛卻主張全力抗戰。張衛在陽平關築起長達數公里的城牆及堡壘，率領數萬名兵力等待曹軍來到。曹軍抵達陽平關後，雖然發動猛烈攻擊，卻無法成功奪關，也使得曹操陣營受到相當嚴重的損害。

曹操面對眼下的局勢，決定先

陽平關之戰的事件地圖

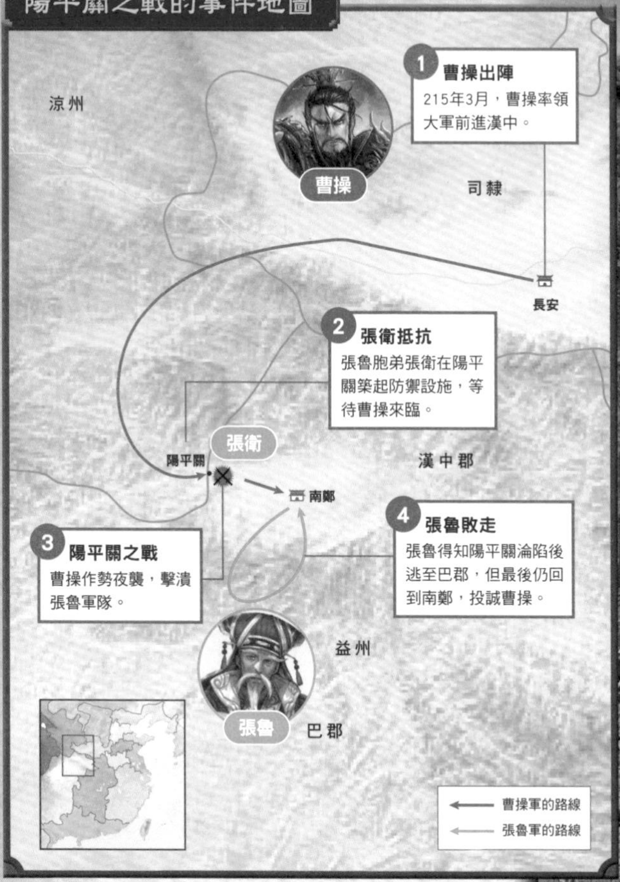

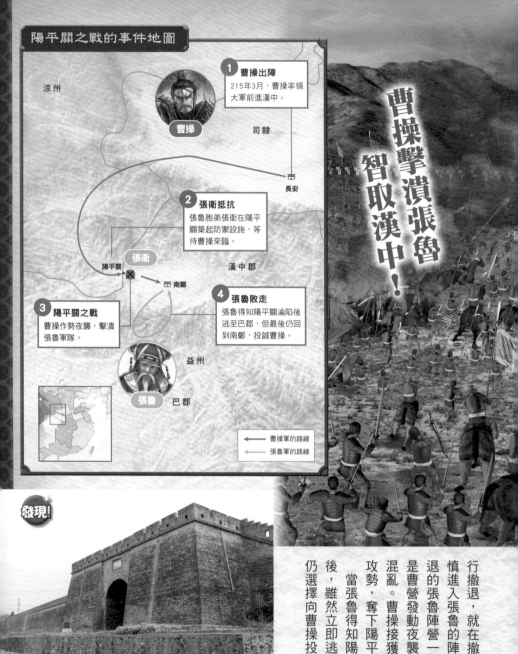

涼州
1 曹操出陣
215年3月，曹操率領大軍前進漢中。
曹操
司隸
長安
2 張衛抵抗
張魯胞弟張衛在陽平關築起防禦設施，等待曹操來臨。
張衛
陽平關
漢中郡
南鄭
3 陽平關之戰
曹操作勢夜襲，擊潰張魯軍隊。
4 張魯敗走
張魯得知陽平關淪陷後逃至巴郡，但最後仍回到南鄭，投誠曹操。
益州
張魯
巴郡
曹操軍的路線
張魯軍的路線

曹操擊潰張魯 智取漢中！

行撤退，就在撤退時，部隊卻不慎進入張魯的陣地。眼見曹軍撤退的張魯陣營一個不留神，誤判是曹營發動夜襲，城內頓時陷入混亂。曹操接獲情報後立馬展開攻勢，奪下陽平關。

當張魯得知陽平關戰敗的消息後，雖然立即逃離南鄭，最後卻仍選擇向曹操投降。

發現！

古陽平關

陽平關之戰的舞台，現今的城牆為後世修復。（陝西省）

魏

張遼

合肥之戰圍困孫權的猛將

率領八百名敢死隊 突擊孫權十萬大軍

張遼是曹操身邊的武將。年輕時雖然曾經效忠董卓與呂布，但是在曹操擊潰呂布後，張遼便帶領底下的人投誠，而後在與袁氏一族的戰役中表現優異，深受曹操信賴。

此後，張遼與李典（➡212頁）、樂進（➡213頁）等將領被派任赴往鎮守合肥，領有七千名士兵。在張遼五十一歲那年，孫權率領十萬大軍包圍合肥（➡218頁）。張遼恪守曹操留下的行軍指令，僅僅率領八百名士兵突擊敵營，使孫權陣營陷入混亂。雖然孫權日後包圍合肥長達十日，期間持續發動攻擊，但卻始終未能拿下合肥。張遼眼見孫權準備撤退，立馬向前追擊，將孫權逼到差點被擄。曹操得知戰役結果後，相當讚賞張遼的英勇表現，並任命其為將軍。

曹操病逝後，張遼接著侍奉繼位的曹丕（➡242頁），最後在五十四歲左右病逝。

發現!

張遼墓

合肥之戰的發生地點立有張遼墓。（安徽省）

原來如此小物語

面對大軍也毫無懼意!?

張遼在合肥之戰時，僅率領八百名敢死部隊突擊孫權的十萬大軍。受到驚嚇的孫權立刻脫逃，而張遼的少數兵力也遭軍隊包圍。儘管張遼順利突圍，但因為部下仍困在戰場，於是又返回戰局救出部下。

張遼

肖像

字

文遠

籍貫

雁門郡
幽州
冀州
并州
青州
兗州
司隸

生日

169年？

歿日

222年（日期不詳）

享年

54歲？（病逝）

能力

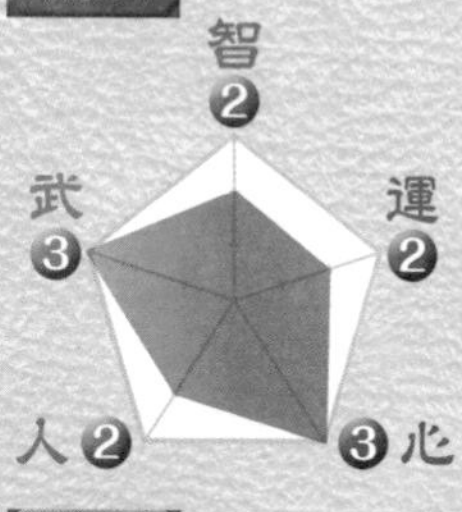
智 2
運 2
心 3
人 2
武 3

身分

魏國武將

魏

李典

與張遼協力擊退孫權軍隊

以洞悉一切的眼力識破劉備的計謀

李典是曹操身側的武將，起先於公元一九〇年率領軍隊投靠曹操，並且投入與袁術及呂布之間的戰役。

當劉備受劉表之命舉兵進攻北伐之際，李典和夏侯惇等人一同迎戰劉備。這時，李典眼見劉備陣營無預警地撤退，於是警告夏侯惇「一定會有伏兵」，但夏侯惇不聽勸，選擇繼續追擊劉備軍隊，結果慘遭敵軍伏兵包圍。李典前往救援，劉備軍見狀只好撤離戰場。二一五年，孫權大軍進攻合肥，李典與張遼一同發動突擊，擊潰孫權軍隊。

李典熱衷學問，態度謹慎，卻在三十六歲時因病而早早離世。

籍貫	兗州山陽郡
生日	不詳
歿日	不詳
享年	36歲（病逝）
身分	曹操的武將

原來如此小物語

李典擅於控制情緒 不以私情凌駕國之大事!?

李典其實與張遼、樂進不合，但是在合肥之戰時，李典還是贊成張遼所提出的策略，並表示：「這是國家大事，我怎會因私怨而不顧大局？」並且盡心協助張遼，擊潰孫權軍隊。

發現！ 逍遙津公園

合肥之戰的發生地點逍遙津，目前被整建為公園。（安徽省）

魏

每戰必率先抵達戰場，屢屢立下戰功

樂進

籍貫	兗州山陽郡
生日	不詳
歿日	218年（日期不詳）
享年	不詳（病逝？）
身分	曹操的武將

合肥一役 成功抵擋吳軍攻城

樂進是曹操身邊的武將。體型雖然嬌小，卻擁有讓曹操也認同的膽量與魄力，因此被任命為帳下吏（軍中官佐）。之後曹操下令募集士兵，樂進募得了一千名兵力，因此升任為軍假司馬（部隊長）。樂進不僅參與濮陽之戰，更投入曹操與呂布之間的兗州爭奪戰，並且在多場戰役中帶頭率先抵達戰場，屢次立下戰功。下邳之戰時，樂進斬殺呂布陣營的武將，之後也參與了與劉備之間的對戰、官渡之戰以及與袁氏一族的戰役，於戰賞上表現活躍。曹操也給予「樂進英勇出眾，與敵軍對陣時不曾做出錯誤判斷」的高度評價。

公元二一四年，曹操派遣樂進與張遼、李典等將領一同駐屯合肥。隨後在二一五年，孫權率十萬大軍襲擊合肥，樂進在此戰中負責守城，抵禦吳軍進擊。儘管戰後樂進獲封升遷，卻在三年後逝世。

演義名橋段 與凌統單挑之後 自此從演義中退場!!

在《演義》裡，樂進於濡須口之戰與東吳的凌統（⬇214頁）單挑。魏軍的箭射中凌統的馬，使凌統不慎墜馬。這時樂進雖然向前砍去，卻也因中了甘寧（⬇216頁）的箭同樣墜馬。之後，樂進就不曾再出現於小說情節當中。

吳
凌統
解救孫權於絕境之中

率領三百名部卒捨命陷敵解圍

凌統是與父親一同跟隨孫權的武將。他在十五歲時參與攻堅黃祖的行動中，父親遭黃祖陣營的甘寧（➡216頁）射殺。父親戰亡後，凌統繼承旗下兵力，日後投入赤壁之戰、荊州南郡包圍戰等多場戰事。每當孫權征戰時，凌統總是站在陣營的最前方。

公元二一五年，孫權進攻曹操陣營的據點合肥。正當孫權撤軍卻被張遼追擊，陷入窮途末路的危機時，凌統率領三百名部下捨命救出孫權。孫權成功逃脫後，凌統再度回到戰場抗戰，接連砍殺十多人。當全身負傷歸返的凌統因為失去太多部下而悲傷地流下淚來時，孫權便是用自己的衣袖幫凌統拭淚，給予安慰。

之後，凌統在與山岳民族的戰役中獲勝，募得眾多精兵。除此之外，凌統最為人津津樂道的事蹟便是遵守約定，珍惜優秀人才，因此廣泛受到眾人景仰。然而這樣優秀的人才，卻在四十九歲時因病過世。

冒死救孫權

合肥之戰時，凌統為了讓孫權逃脫，率領300名士兵與魏軍對戰。

演義名橋段

打算趁朝中宴會伺機殺甘寧為父報仇!?

孫權成功斬殺黃祖為父報仇，就在朝中舉辦宴會慶祝勝利時，凌統突然從座位上站起，朝向殺父仇人甘寧砍去，孫權趕緊從中制止。孫權眼見凌統盛怒難平，便要求甘寧必須離凌統遠一點。

凌統

肖像

字

公績

籍貫

豫州
徐州
吳郡
揚州

生日

189年（日期不詳）

歿日

237年？

享年

49歲（病逝）

能力

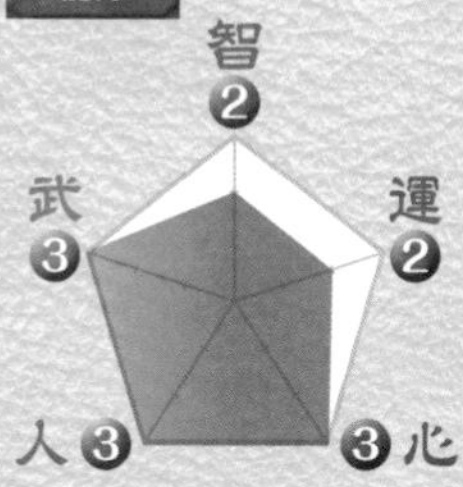
智 2
運 2
心 3
人 3
武 3

身分

孫權的武將

吳
甘寧
濡須口一役奇襲成名

不畏敵軍奮勇當先 英勇攀牆立下大功

甘寧是追隨孫權的武將，他在年輕時集結不良少年組成軍團，甚至還會逮捕犯罪者私自處刑。之後甘寧雖然跟隨黃祖，與孫權陣營對戰，卻從未受到重用。於是甘寧離開黃祖，投靠孫權。

甘寧在赤壁之戰時表現優異，與荊州南郡的曹仁（⬇232頁）對戰。戰間曹仁率領大軍圍城，但甘寧沉著鎮守，直到援軍到來。甘寧還在第一次濡須口之戰（⬇220頁）時組成敢死隊，成功夜襲曹操陣營。孫權眼見甘寧表現如此優異，便稱讚他：「曹操有張遼，我有甘寧。」除此之外，當甘寧進攻曹軍領地的皖城時，甚至自己攀爬城牆，率先破城。

甘寧雖然為人粗魯，也時常動手殺人，但是個性相當率直。至於其歿日與死因目前仍未有定論。

甘寧攀爬城牆

當吳軍攻擊曹軍領地的皖城時，甘寧爬上城牆，為破城立下大功。

原來如此小物語

鼓舞士兵，成功夜襲!?

濡須口之戰時，曹軍不斷逼近，於是甘寧找來一百名優秀士兵，以酒饌款待他們，並告知眾人組成敢死隊夜襲。對於不想參與的士兵，甘寧則是鼓舞說：「身為將軍的我都已經抱著一死的覺悟，你又有什麼好怕的！」

甘寧

肖像

字

興霸

籍貫

巴郡
荊州
益州

生日

不詳

歿日

215年？

享年

不詳（病逝？）

能力

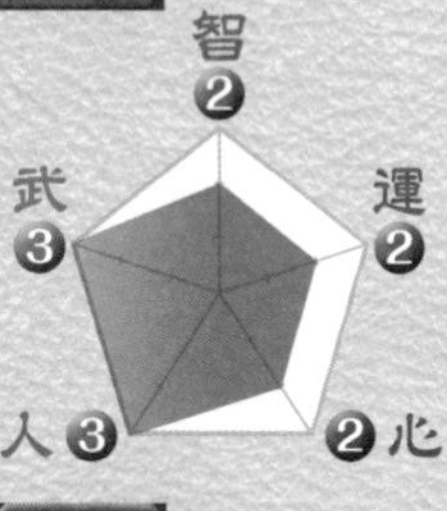
智 2
運 2
心 2
人 3
武 3

身分

孫權的武將

戰役檔案 17

215年

合肥之戰

合肥城
孫權
張遼
谷利
孫權的臣子。鞭策馬匹，使馬飛越斷橋，順利逃離。
逍遙津

合肥之戰

孫權得知曹軍朝陽平關移動後，率領10萬名兵力包圍合肥，卻在張遼的猛烈攻擊下敗退。張遼趁勢攻擊正準備穿越逍遙津的孫權，孫權則乘馬飛越斷橋，順利脫逃。

勝 戰力 約7千人

張遼

曹操軍

VS

孫權軍

孫權

敗 戰力 約10萬人

張遼大圍活躍 成功擊退圍城大軍

劉備取得益州後，孫權便要求劉備歸還荊州，但是卻遭劉備拒絕，於是雙方頓時轉為對立的情勢。由於當時曹操進攻漢中（益州北部），劉備決定與孫權重修舊好，便分割荊州，由雙方各自掌管。

之後，孫權率領十萬大軍包圍曹操的領地合肥。鎮守合肥城的張遼則帶著敢死部隊突擊孫權陣營，使營中大為混亂。孫權圍城十天後，決定從合肥撤退，卻遭到張遼猛烈追擊，好不容易才順利脫逃。

張遼追擊孫權 千鈞一髮之際獲救！

發現！

張遼像

合肥之戰的地點所立的張遼像。據說曹操聽聞張遼在合肥之戰的優異表現曾給予讚揚。（安徽省）

合肥之戰的事件地圖

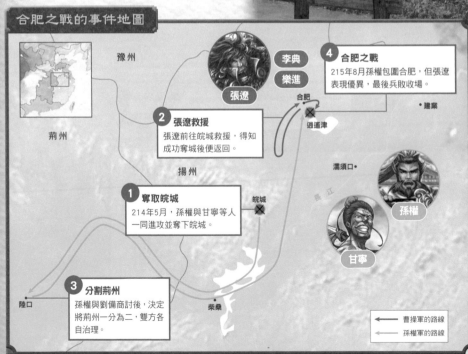

豫州
荊州
揚州
李典
樂進
張遼
合肥
逍遙津
建業
濡須口
長江
皖城
陸口
柴桑
孫權
甘寧
4 合肥之戰
215年8月孫權包圍合肥，但張遼表現優異，最後兵敗收場。
2 張遼救援
張遼前往皖城救援，得知成功奪城後便返回。
1 奪取皖城
214年5月，孫權與甘寧等人一同進攻並奪下皖城。
3 分割荊州
孫權與劉備商討後，決定將荊州一分為二，雙方各自治理。
曹操軍的路線
孫權軍的路線

長江

戰役檔案 18

217年

濡須口之戰（第二次）

即將翻覆的樓船

孫權派董襲守住濡須口，抵擋曹軍進攻。但董襲卻遭遇強烈的暴風雨，樓船幾乎就要翻覆。董襲命令部下趕緊脫逃，自己則留在樓船上，最後不幸溺死（另有一說為董襲是在第一次濡須口之戰溺死）。

勝 戰力 不詳

呂蒙

孫權軍

VS

曹操軍

曹操

敗 戰力 數十萬人

孫權堅守濡須口 抵禦曹軍進攻

公元二一二年，曹操為了奪取水上交通要地的濡須口，於是率領四十萬大軍發動攻擊。孫權陣營極力抗戰，在甘寧夜襲等策略之下，曹操只好暫且撤退（濡須口之戰（第一次））。

五年後，曹操組織數十萬兵力，包含自己親手訓練的精銳部隊，再次率領大軍直下，進逼濡須口。孫權陣營的董襲鎮守濡須口，但暴風雨卻突然來襲，導致樓船翻覆，董襲溺水身亡。同樣在樓船上的徐盛（⬇252頁）帶領士兵上岸，突擊曹軍陣地，擊

吳國良將成功抵禦曹軍陣營的侵襲！

濡須塢發動攻擊

呂蒙在濡須塢的城牆上配置了1萬具強弩，向曹軍施放箭雨，成功擊退敵襲。

濡須口之戰（第二次）的事件地圖

1 曹操再次出兵
曹操親自率領大軍出兵濡須口。
4 曹操撤退
曹操命夏侯惇為總指揮，留張遼等人殿後，撤退至許都。
徐州
豫州
張遼
夏侯惇
曹操
合肥
逍遙津
濡須塢
濡須口
3 濡須口之戰
呂蒙鎮守濡須塢，擊退曹軍。
揚州
2 董襲溺死
董襲在濡須口指揮水軍，遇暴風雨而溺死。
呂蒙
孫權軍的路線
曹操軍的路線

退敵方。另一方面，呂蒙也從濡須塢的城牆上朝曹操軍隊施放箭雨，逼曹軍撤退。最終孫權不希望戰事拉長，於是向曹操提出議和。曹操接受孫權的投降，雙方終戰撤兵，孫權也歸順曹操。

魏
夏侯淵
於定軍山之戰遭蜀軍斬殺

夏侯淵

肖像

字

妙才

籍貫

青州
司隸
兗州
徐州
豫州
沛國
荊州

生日

不詳

歿日

219年（日期不詳）

享年

不詳（戰死）

能力

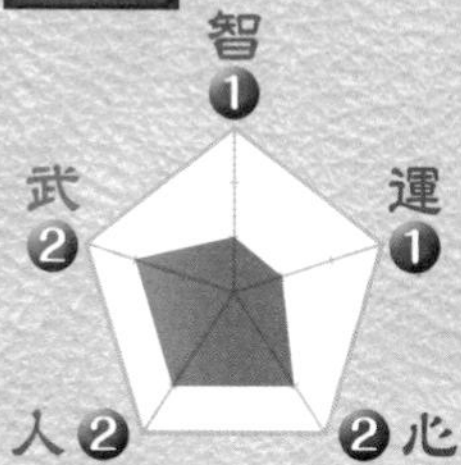
智 1
運 1
心 2
人 2
武 2

身分

曹操的武將

一如曹操所料 輕敵而中計戰亡

夏侯淵為夏侯惇的親信。年輕時曾為犯下重罪的曹操頂罪被捕，最後被曹操救出；而後參與曹操舉兵，並且擔任騎兵隊長。

曹操在官渡之戰戰勝袁紹後，夏侯淵便負責管理兗州、豫州及徐州的糧草，不斷地向曹軍輸糧。夏侯淵身為武將，相當擅長突襲，也曾多次平反領地內所發生的叛亂。當馬超被涼州刺史（首長）韋康包圍時，夏侯淵雖然趕往救援，卻為時已晚，自己也遭馬超擊敗。之後，韋康的原部下姜敘向夏侯淵尋求救援，夏侯淵遂當機立斷，立刻領軍遣將趕赴戰場，擊潰馬超與韓遂。

定軍山之戰（➡226頁）時，夏侯淵撥出一半士兵，趕赴救援苦戰的張郃（➡270頁）。正當陣地兵力短缺之際，遭到劉備軍隊猛烈攻擊，不幸戰亡。曹操雖然曾經告誡夏侯淵：「行動時不可恃勇，要運用智謀。」但是曹操的擔憂最終還是成真。

影像資料

黃忠
夏侯淵

黃忠斬殺夏侯淵

《演義》裡提到夏侯淵是遭黃忠突襲斬殺。

原來如此小物語

當機立斷 成功擊潰馬超軍隊!?

公元二一四年，涼州武將姜敘被馬超的軍隊包圍，於是向夏侯淵求援。雖然許多將領認為應該等待曹操的命令，但夏侯淵卻持反對意見，認為屆時姜敘必定早已戰敗，因此立刻派出援軍，擊潰馬超。

蜀
黃忠
定軍山戰役獲勝的關鍵老將

深受劉備肯定 蜀軍地位等同關羽

黃忠是侍奉劉備的武將，起初追隨荊州刺史劉表，自赤壁之戰後便轉而跟隨劉備，之後更聽從劉備的指令進攻益州，與劉璋陣營對戰。每當出征時，黃忠總是在前頭領軍突擊敵方陣地，其英勇行徑在劉備軍隊間可以說是眾所皆知。因此當劉備入主益州之後，立下無數戰功的黃忠自然也隨之提拔高升。

公元二一九年爆發的定軍山之戰（➡226頁），黃忠不僅猛攻並擊潰夏侯淵的部隊，更成功斬殺夏侯淵。劉備對黃忠的評價非常高，於是打算任命他為將軍，與關羽同位階，但是諸葛亮卻出面提醒劉備，認為：「張飛及馬超都親眼看見黃忠的功勞，必定不會有意見。但關羽遠在荊州，肯定會不服氣。」於是劉備回答會直接向關羽說明。最後，黃忠和關羽一同被任命為將軍，可是就在隔年，黃忠便因病離世。

發現! 黃忠故里

位於黃忠的故鄉南陽，用以憑弔黃忠。

原來如此小物語

關羽曾怒斥黃忠為老兵!?

定軍山之戰後，劉備任命黃忠為將軍，地位等同關羽。關羽對此安排則抱以「大丈夫終不與老兵同列」的憤懣。雖然不清楚黃忠的實際年齡，但他應該比關羽年老，才會讓不曾見識其優異表現的關羽這麼憤怒。

黃忠

肖像

字

漢升

籍貫

青州
司隸
兗州
徐州
南陽郡
豫州
荊州

生日

不詳

歿日

220年（日期不詳）

享年

不詳（病逝）

能力

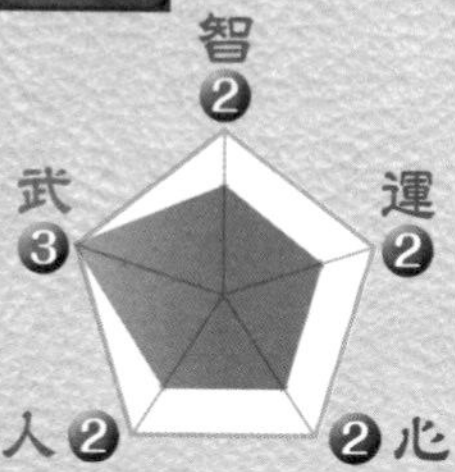
智 2
運 2
心 2
人 2
武 3

身分

劉備的武將

戰役檔案
19
219年

定軍山之戰

黃忠
夏侯淵

定軍山之戰

217年，劉備挺進曹操掌控的漢中（益州北部）。對峙一年多後，劉備採納法正的策略，屯駐定軍山山腳，發動奇襲。劉備陣營的黃忠也順利斬殺夏侯淵。

勝 戰力 不詳

劉備

黃忠

劉備軍

VS

曹操軍

夏侯淵

敗 戰力 不詳

劉備軍狠擊曹軍 鞏固漢中主導權

劉備在公元二一七年挺進曹操掌控的漢中（益州北部），卻無法突破曹營鎮守的陽平關，雙方對峙長達一年之久。劉備為突破局面，轉移部隊至定軍山，在山腳立營屯駐。曹營的夏侯淵與張郃（➡270頁）則率兵打算包圍定軍山，但是張郃部隊卻遭劉備夜襲，夏侯淵見狀立刻派出一半的兵力前往援助。就在這時，黃忠發動突擊，斬殺夏侯淵。雖然之後曹操挺進漢中，但劉備加強防禦，曹操最終只好撤退。

原來如此小物語

黃忠拚死奮戰!?

定軍山之戰時，躲在山中的黃忠接到劉備要求進攻的命令後，便打鼓高喊發動突擊，氣勢驚人，彷彿撼動了天際與山谷。黃忠本人也拚死奮戰，成功斬殺夏侯淵。

黃忠斬殺夏侯淵 劉備戰勝曹操！

發現! **定軍山**

定軍山海拔高度約800公尺，山腳還留有諸葛亮之墓。（陝西省）

定軍山之戰的事件地圖

劉備軍的路線
曹操軍的路線
長安
夏侯淵
張郃
曹操
法正
劉備
黃忠
陽平關
定軍山
南鄭
沔水
漢中郡
益州
葭萌

1 挺進陽平關
217年冬，劉備軍隊挺進陽平關，與曹操陣營對峙一年多。

2 定軍山之戰
219年春，劉備軍隊以奇襲獲勝。

3 曹操出擊
曹操率援軍進入漢中，但劉備加強防禦，曹操只好撤退。

三國時代的攻城戰!!

中國古代的攻城兵器(復原品)

陽關博物館展有雲梯等古代攻城兵器的復原品。(甘肅省)

即使具備兵器設施 攻城仍屬戰略下策

攻城行動中最大的關卡就在於又高又厚的堅固城牆。想要入城，就必須穿越城牆、突破城門，或是挖鑿地道，但每個方法都不是那麼簡單。

有記錄提到，諸葛亮在陳倉之戰（➡282頁）中曾經使用雲梯及撞車（衝車）等攻城兵器，然而諸葛亮生平唯一的一場敗仗卻也正是陳倉戰役。由此不難得知攻城是件多麼困難的作戰手段了。

井闌

移動式城櫓，據說是諸葛亮在陳倉之戰時發明。有些城櫓的高度可達28公尺，能夠高於城牆發動攻擊。

幔

為了協助戰友靠近城牆，用來抵擋敵軍施箭及投石的兵器。除了有木板製成的木幔外，還有以布料製成的布幔。

鎚
撞車

撞車攻擊

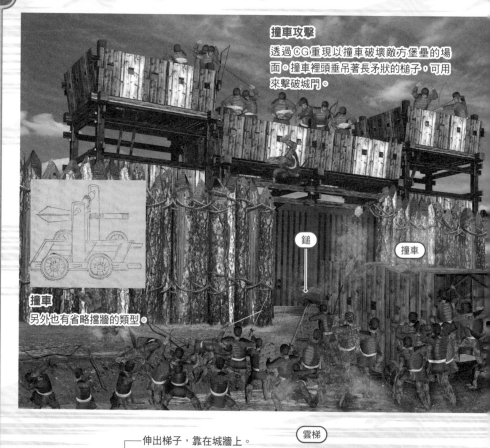

透過CG重現以撞車破壞敵方堡壘的場面。撞車裡頭垂吊著長矛狀的槌子，可用來擊破城門。

撞車

另外也有省略擋牆的類型。

雲梯

協助兵卒穿越城牆的折疊梯。有車輪，能夠移動，也能夠用來偵查城牆內的情況。

伸出梯子，靠在城牆上。
前端為鉤狀，可勾住城牆。

士兵藏在雲梯下方。

魏

龐德

對曹操忠心不二，遭關羽處刑

龐德

肖像

字

令明

籍貫

涼州
并州
南安郡
司隸

生日

不詳

歿日

219年（日期不詳）

享年

不詳（處刑）

能力

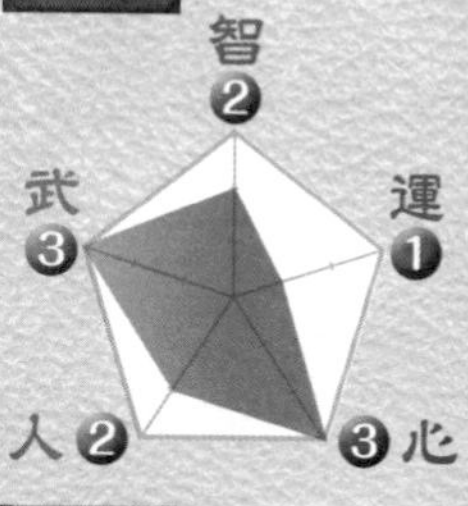
智 2
運 1
心 3
人 2
武 3

身分

曹操的武將

平定漢中跟隨曹操 於樊城與關羽激戰

龐德是曹操麾下的武將。他原本是馬騰的部下，與周邊民族對戰後，被譽為馬騰旗下最強的武將。之後雖然成為馬騰之子馬超的部將，但是曹操擊敗馬超，平定漢中（益州北部），龐德便帶著自己的兵力投誠曹操。而曹操事前就知道龐德相當英勇，於是立刻提拔龐德為將軍。

樊城之戰（⬇240頁）開打後，龐德和曹仁（⬇232頁）一同屯駐樊城，討伐關羽。龐德不僅曾誓言斬殺關羽，他的實力甚至足以使關羽中箭受傷，因此令關羽陣營的士兵相當恐懼。曹仁命令龐德屯駐樊城北側，然而卻適逢漢水氾濫，陣地遭淹沒。龐德等人爬上堤防，戰到箭矢用盡為止。之後雖然勉強乘船對抗，仍戰敗被捕。關羽說服龐德投誠，卻遭拒絕，於是只得將其處刑。

龐德抗關羽

樊城之戰時，即使部下一個接一個投降，龐德仍是與關羽軍隊戰到最後。

原來如此小物語

即使遊說投降仍對曹操忠心不二

龐德在樊城之戰遭捕後，被拖到關羽面前。關羽向龐德坦言：「我想提拔你為大將。」試圖說服龐德投降，但龐德卻斥責關羽：「要我投降？我是不可能做賊將！」最終龐德仍遭處刑。曹操聽聞龐德最後所說的話，不禁悲傷地流下眼淚。

魏
曹仁
在關羽攻勢之下頑強堅守樊城

舉兵之際即跟隨在側 同曹操參與多場戰役

曹仁是曹操的親信。當曹操舉兵之際，曹仁即號召超過一千名的青年投靠曹操，之後更參與曹操與袁術、呂布、張繡等人的戰役，接連立下許多功績。官渡之戰時，當時隸屬袁紹陣營的劉備攻至許都附近，曹仁便率領軍隊擊潰劉備的部隊。

後來曹仁受命負責鎮守荊州的樊城。當關羽進攻包圍樊城時，漢水正好氾濫，水勢即將淹沒城牆，但是曹仁卻不斷鼓舞身旁的士兵，成功守住樊城。淹水退去後，徐晃（➡234頁）的援軍及時擊破關羽的部隊，曹仁也從樊城發動突擊，迫使關羽撤退。

曹操死後，曹仁繼續侍奉曹操之子曹丕（➡242頁），並且被任命為最高司令官。之後為了對抗吳國，曹仁被派往屯駐合肥，卻在五十六歲時因病逝世。

曹仁挺住關羽的攻擊

曹仁鎮守樊城時，即使遭遇大雨，漢水氾濫，仍挺住奮戰至援軍到來。

原來如此小物語

勇猛過人 被譽為「真天人」!?

公元二〇九年，曹仁鎮守荊州南郡時，旗下武將遭周瑜軍隊包圍。準備前往救援的曹仁遭到制止，但他卻不理，仍率領數十騎突擊周瑜軍隊。事後成功救出部下的曹仁也因此被盛讚為「天人」。

曹仁

肖像

字

子孝

籍貫

青州
司隸
兗州
徐州
豫州
沛國
荊州

生日

168年（日期不詳）

歿日

223年5月6日

享年

56歲（病逝）

能力

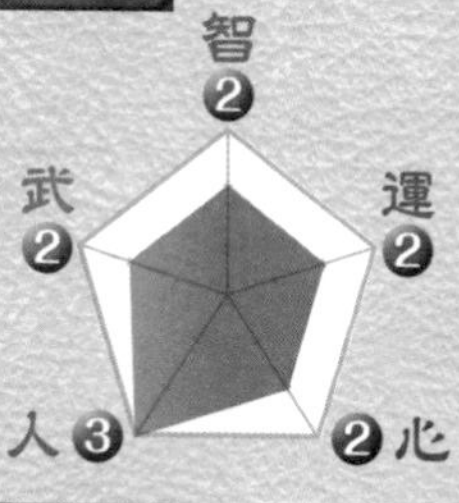
智 2
運 2
心 2
人 3
武 2

身分

魏國武將

魏

成功突破關羽包圍網的傑出將領

徐晃

以巧妙的作戰策略 帶領曹軍邁向勝利

徐晃原先是東漢朝廷的官員，由於朝政動盪不安，便轉投靠曹操。

徐晃被任命為將軍後，不僅在曹操與呂布的對戰中表現優異，當曹操與袁紹相爭北方霸主地位時，徐晃更擊潰文醜、劉備等人，燒盡袁紹的運糧部隊。袁紹死後，徐晃在消滅袁氏一族的戰役中同樣表現非凡。潼關之戰時，徐晃則是擊退馬超軍隊，讓曹操順利穿越黃河。

樊城之戰（⬇240頁），徐晃帶領援軍前往樊城，解救遭關羽軍隊包圍的曹仁。事後更等待後援到來，引誘並擊破關羽。曹操死後，徐晃仍持續活躍，最後於二二七年逝世。

籍貫	司隸河東郡
生日	不詳
歿日	227年（日期不詳）
享年	不詳（病逝）
身分	魏國武將

肖像

原來如此小物語

嚴格訓練自己的部隊！

徐晃於樊城之戰獲勝後，帶領軍隊返回時，曹操親自到城外迎接，慰勞士兵。其他部隊爭相一睹曹操，隊形變得相當混亂，唯獨徐晃的部隊仍整齊一致。據說曹操也因此事稱讚徐晃「有周亞夫之風」。

發現！ 徐晃墓

曹操死後，徐晃接續侍奉曹丕及曹叡。（河南省）

魏

敗給關羽後投誠蜀營

于禁

籍貫	兗州泰山郡
生日	不詳
歿日	221年（日期不詳）
享年	不詳（病逝）
身分	曹操的武將

雖受曹操讚賞 卻在樊城之戰投降

曹操擔任兗州州牧（地方首長）的時候，于禁便和同伴前來投靠，曹操也提拔于禁為部隊長，而後于禁也在與呂布的戰役中表現優異。

宛城之戰時，張繡背叛曹操，發動奇襲，造成曹營陷入嚴重混亂，但是在于禁部隊且戰且撤的策略之下，得以將損害降至最低。

此外，當曹操的直屬部隊青州兵對其他部隊胡作非為時，于禁率兵討伐青州兵。周圍的人都勸于禁：「應該要先向曹操大人報備才對。」但于禁認為：「敵人就要追來，我必須先抗敵。」並在完成屯駐後向曹操解釋，曹操也因此事誇獎于禁有古時名將之風。

樊城之戰（⬇240頁）時，于禁領軍前往樊城，救援負責鎮守的曹仁，卻敗給關羽而遭捕。之後關羽戰敗，于禁被送回魏國，曹丕（⬇242頁）對於于禁投誠關羽一事百般羞辱，于禁最終因病逝世。

原來如此小物語

因為太過羞愧而病逝!?

于禁遭擄並投誠關羽，兩年後被送回曹丕身邊。曹丕命令于禁去祭拜曹操之墓，于禁到了陵墓後，卻看見牆上畫有自己投誠關羽的壁畫，最後因不堪羞憤而病逝。

演義

周倉

水中擄獲龐德的蜀國勇將

跟隨關羽至最後一刻 關羽死後亦自刎而死

周倉是僅在《三國演義》中登場的虛構人物，作為關羽的隨從活躍於多處情節中。周倉出身涼州，體壯且臂力強，原本跟隨黃巾之亂的主導者張寶，戰亂結束後，關羽正好行經，於是周倉便改投靠關羽。日後周倉更與關羽一起行動，為劉備及關羽盡心盡力。當劉備進攻益州時，周倉隨關羽一同留守防護荊州。

當關羽和魯肅會面，討論如何分配荊州時，周倉高喊：「天下的土地，就應該讓有德者來管理！」關羽則斥責：「國家大事你哪懂什麼！」命周倉退下。《三國志》記載相關事件時，也提到當時有一人大喊相同的話，同樣被關羽要求退下，可以想見此事件便被小說家挪用至周倉這名人物的塑造上。當關羽水攻曹軍所在的襄陽城時，龐德搭上小船，決意力抗到最後；周倉則以木筏衝撞，讓小船翻覆，並趁龐德落水時擒獲。而當荊州被呂蒙（⬇238頁）奪走後，關羽安排周倉留守城內，自行逃往麥城尋求援兵，可是最終還是被逮補並遭處刑。呂蒙軍隊讓周倉看一眼關羽的首級，希望他能投降，但最後周倉卻選擇自刎而死。

「通俗三国志英雄之壱人」（東京都立中央圖書館特別文庫室藏）

影像資料 **周倉水中擒龐德**

樊城之戰時，周倉用計使龐德的小船翻覆，並擒獲落水的龐德。

真的？假的？!

虛構人物也有墳墓!?

英勇過人、忠心不二的周倉在中國民間相當受歡迎，雖然周倉只是虛構人物，後人卻也為他造墓。在各地的關帝廟中，據說周倉也會以關羽隨從的身分受人祭拜。

麥城附近的周倉墓

發現!

關羽像與周倉像

洛陽市關林廟的關羽像（中）與周倉像（左）。

吳
呂蒙
令關羽失去戒心，逼上身亡之路

呂蒙

肖像

字

子明

籍貫

青州
司隸
兗州
徐州
豫州
荊州
汝南郡

生日

178年（日期不詳）

歿日

219年（日期不詳）

享年

42歲（病逝）

能力

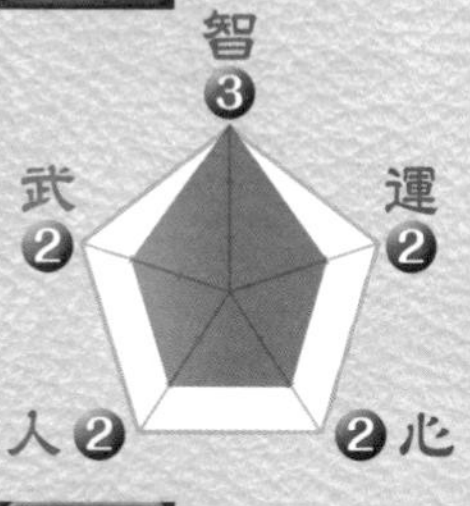

智 3
武 2
運 2
人 2
2 心

身分

孫權的武將

受到孫權與魯肅認可 負責指揮吳國軍隊

呂蒙年輕時，曾殺了一位看不起自己的官員，並勇敢自首。孫策與呂蒙見面後，發現他極具武勇，於是收為部下。孫策死後，呂蒙的才能也受到孫權肯定，他也在與黃祖的戰役中斬殺敵將，表現優異。赤壁之戰時，呂蒙跟隨周瑜擊破曹軍，接著更在南郡與鎮守的曹仁對戰中，以巧妙的策略逼退曹仁。第二次濡須口之戰時，呂蒙在堡壘上配置了一萬具強弩（裝有機關的武器弓），逼退曹操。

原本只懂武藝的呂蒙，中年後發憤向學，就連最高司令的魯肅也驚訝地說：「你已經不是當年的呂蒙了！」魯肅死後，孫權命呂蒙繼任軍督，呂蒙假意作勢離開荊州，讓關羽失去戒心。就在關羽離開荊州進攻樊城之際，呂蒙向荊州發動突襲，迫使關羽的部下投降。呂蒙雖然擒獲並處刑關羽，但自己不久之後也病逝了。

發現! 關陵

關羽被呂蒙擄獲並遭處刑。他的首級送往曹操，身軀則葬在關陵。（湖北省）

原來如此小物語

矢志修習教養 形象轉變令魯肅大為吃驚!?

呂蒙少時不通文墨，直到中年才勤奮向學。許久未與呂蒙見面的魯肅前往造訪時，卻發現對方變得學識英博，不禁訝然：「已非當日的吳下阿蒙。」而這也是成語「吳下阿蒙」的典故由來。

戰役檔案 20

219年

樊城之戰

水淹樊城與襄陽

219年，關羽攻擊樊城與襄陽。當時大雨不斷，漢水氾濫，樊城與襄陽成了一片汪洋。關羽組織水軍持續採取有利的策略，卻仍敗給曹營救援的徐晃。當關羽得知東吳的呂蒙攻陷荊州大本營後，便開始節節敗退。

漢水
關羽軍
襄陽

勝　戰力　不詳

曹仁

于禁　徐晃

呂蒙

曹操、孫權軍

VS

劉備軍

關羽

敗　戰力　不詳

關羽中呂蒙之計 大意失荊州

公元二一九年，鎮守荊州的關羽出兵攻擊曹仁所在的樊城。當時正好下起大雨，淹沒樊城，曹操派出于禁與龐德救援，兩路援軍卻也接連敗給關羽。曹操甚至恐懼到考慮遷都，但卻遭到司馬懿（➡286頁）反對，他向曹操建議：「應該與孫權合作，讓東吳從關羽背後偷襲。」曹操接受了司馬懿的提案，與孫權結盟，於是孫權命令人在荊州的呂蒙進攻蜀國的荊州領地。

呂蒙於是裝病，假裝要離開荊州，上當的關羽便將駐守江陵的

發現!

荊州古城

位於江陵的古城，即關羽負責鎮守的荊州據點。(湖北省)

樊城

關羽大意中了陷阱 遭孫吳擒拿處決！

樊城之戰的事件地圖

曹操軍的路線
劉備軍的路線
孫權軍的路線
龐德
于禁
徐晃
樊城
襄陽
曹仁
關羽
荊州
蜀漢與東吳領地的邊界
江陵
陸口
呂蒙
2 援軍抵達
前來救援的于禁、龐德敗給關羽。
5 關羽敗退
關羽敗給徐晃後趕緊撤退，卻仍遭呂蒙擒獲處決。
1 關羽進攻
關羽從江陵出兵，進攻襄陽與樊城。
4 呂蒙進擊
呂蒙轉向江陵，迫使關羽部下投降，奪取江陵。
3 呂蒙返回
呂蒙為了欺騙關羽，假裝返回建業。

士兵派往樊城。這時呂蒙火速進擊，並成功占領江陵。包圍樊城的關羽敗給曹營援軍的徐晃，只好開始撤退，但最終仍被呂蒙軍隊擒獲，遭到處刑。

魏
曹丕
曹操的後繼者，建立曹魏政權

魏國的開國皇帝 充實國力奠定基礎

曹丕是曹操的第三個兒子，年僅八歲就能寫出好文章。當兄長曹昂戰死於宛城之戰，外界都認為會由曹丕繼任，但其實曹操有意指定弟弟曹植作為繼承人，據說還因此發生了繼位之爭。曹丕在三十一歲時被正式指名為繼任者，三十四歲時曹操過世，曹丕承襲丞相（朝中最高職務）與魏王的頭銜。同年，曹丕逼獻帝讓位，改國號為魏，定都洛陽。

曹丕封前來投誠的孫權為吳王，並盡可能地避免戰事，此舉也有助於魏國奠定良好的經濟基礎。為了讓地方的優秀人才能夠聚集到中央政府，曹丕制定九品官人法（➡245頁），積極延攬人才。此外，若看到百姓受飢餓所苦，更會提供糧食。

曹丕三十六歲時，適逢孫權舉並反叛，於是率領大軍進攻吳國，發動濡須口之戰（第三次，➡254頁），可惜戰敗而歸。最終在四年後病逝，死後諡文帝。

發現!

漢魏故城

曹丕定都洛陽，圖為洛陽遺址。（河南省）

曹丕

肖像

字

子桓

籍貫

青州
司隸
兗州
豫州
沛國
徐州
荊州

生日

187年（日期不詳）

歿日

226年6月29日

享年

40歲（病逝）

能力

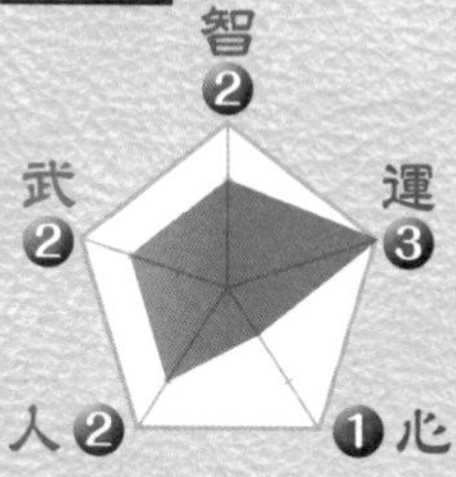
智 2
運 3
心 1
人 2
武 2

身分

魏國開國皇帝

原來如此小物語

僅聽聞軍隊布局就預測劉備會戰敗!?

夷陵之戰（➡250頁）時，曹丕接獲報告，得知劉備紮營，陣地綿延約三百公里，於是說：「劉備這人不懂作戰，只要吳軍反擊，蜀軍馬上就完了。」果真七天後就接獲孫權獲勝的消息。

視覺超享受！三國新聞

第四刊

發行處：漢魏報社

魏國是個什麼樣的國家？

曹丕建立的魏國究竟施行如何的政策呢？

魏國開國皇帝 曹丕

因為獻帝禪讓 曹丕才能建立魏國!?

曹操逝世後，漢獻帝將皇帝之位讓給曹丕。這個讓位之舉又稱為「禪讓」。禪讓制度被視為改朝換代的理想模式，有一說認為禪讓制度應始於曹丕。

極力避免戰爭 奠定國家根基!?

孫權向魏國投誠後，曹丕賜予孫權吳王的頭銜，也同意他繼續治理吳國，極力避免兩國發生戰事，用心維持國內財政穩定。這樣的決策使魏國國政得以平穩，也令諸葛亮在曹丕在世時無法達成北伐的心願。

信賴並提拔司馬懿!?

曹操曾提醒曹丕：「司馬懿可能會奪走我們的江山，要小心！」但曹丕卻相當欣賞司馬懿，任命他為祕書官與宰相職務。據說司馬懿最初拒絕時，曹丕還對他說：「我因為日夜繁忙，這樣的安排不是要讓你出人頭地，而是希望你能幫我分憂解勞。」

司馬懿（➡P286）

制定全新的選才機制 確保地方優秀人才!?

曹丕為了延攬人才為中央效命，制定了九品官人法。這個制度是由中正官依據每個人的能力，將地方人才分為九品，並根據排名擔任朝廷官員。雖然這個制度原先立意是讓地方優秀人才可以出人頭地，但後來卻逐漸淪為地方有力人士鞏固世襲權力的制度。

曹丕與曹叡早逝曹家因此失勢!?

曹丕於四十歲病逝，繼任的皇帝曹叡同樣早早在三十四歲病逝。之後的皇帝雖然也是曹氏一族，但魏國實權卻早已掌握在司馬氏手中。

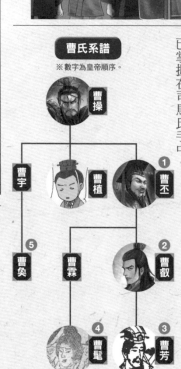

曹氏系譜

※數字為皇帝順序。

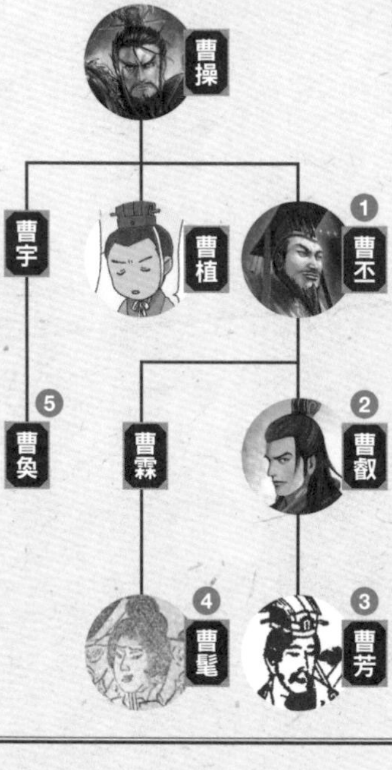
曹操
1 曹丕
曹植
曹宇
2 曹叡
曹霖
5 曹奐
3 曹芳
4 曹髦

曹植的「七步詩」

對曹丕而言，弟弟曹植的存在十分礙眼。
在七步以內完成一首詩，否則就判你死罪。
煮豆（曹植）燃豆萁（曹丕），
豆在釜中泣。
本是同根生，
相煎何太急。
抱歉……我收回命令。
謝恩。
曹植所吟的詩，被後世稱為「七步詩」*。

＊在七步詩中，曹植將自己與曹丕比喻為同根生出的豆子與豆梗，對於被手足殘酷迫害感到悲傷。

位於曹操故里，祭祀曹操的魏武祠。（安徽省）

吳
陸遜
夷陵之戰大破劉備軍

陸遜

肖像

字

伯言

籍貫

豫州
徐州
吳郡
揚州

生日

183年（日期不詳）

歿日

245年3月19日

享年

63歲（羞憤而死）

能力

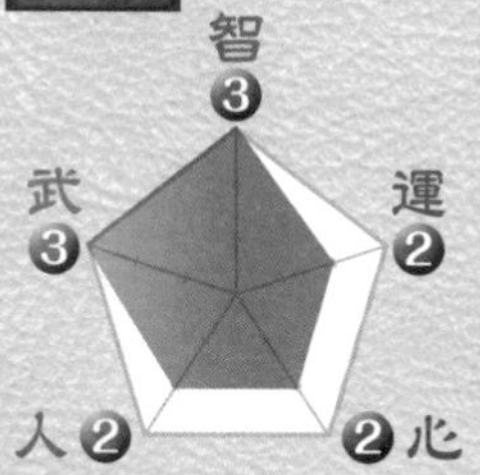
智 3
運 2
心 2
人 2
武 3

身分

吳國武將

與呂蒙協力夾擊將關羽逼入死角

陸遜出身自江東（長江下游流域）望族，孫權相當賞識他的才能，時常與陸遜商量政務，也促成他與兄長孫策之女的婚事。

當呂蒙意欲用計從關羽手中奪取荊州，稱病返回建業後，便是推薦陸遜代替自己前往荊州。陸遜更寫了封吹捧的信給關羽，假意示弱讓關羽失去戒心。關羽也果然放心離開荊州，率軍出城進攻曹營的樊城。陸遜與呂蒙兩人趁機攻入，接著擒獲從樊城撤退的關羽並將其處刑。

三十九歲這一年，蜀國皇帝劉備為了幫關羽報仇，出兵進攻吳國。陸遜被孫權任命為總指揮，兩軍在夷陵開戰（➡250頁）。陸遜在此戰採火攻，成功擊破劉備陣營。

之後陸遜不僅負責軍事，也受命處理政治及外交事務。他雖然在六十二歲時升任吳國丞相（最高職務），卻因繼位之爭而與孫權對立，多次遭孫權興師問罪，最後憂憤而死。

發現！夷陵古戰場

陸遜擊破劉備駐紮長江沿岸的營地。（湖北省）

演義名橋段 諸葛亮布石兵八陣將陸遜逼到走投無路!!

《三國演義》裡提到，陸遜追擊劉備至白帝城附近，來到岸邊時感覺此地氣氛詭譎，原來這裡有諸葛亮布下的巨石陣「石兵八陣」。陸遜身陷其中，九死一生，好不容易才逃出。

蜀

馬良

最良白眉，喪命於夷陵之戰

馬良

肖像

字

季常

籍貫

豫州
襄陽郡
荊州
揚州

生日

187年（日期不詳）

歿日

222年（日期不詳）

享年

36歲（戰死）

能力

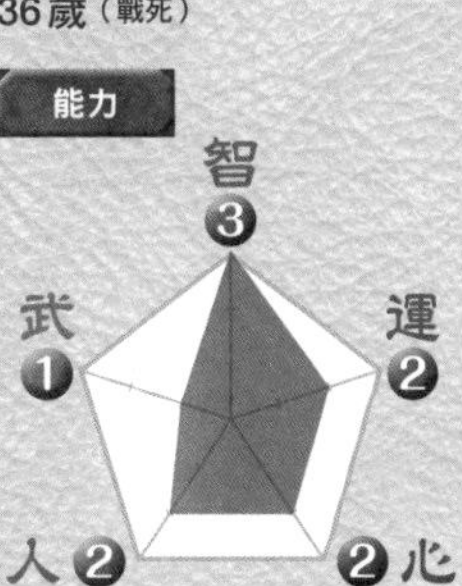
智 3
運 2
心 2
人 2
武 1

身分

蜀國政治家、武將

輔佐劉備招納蠻夷 卻命喪夷陵

馬良是為劉備效力的政治家及武將，同時也是才能出眾的馬氏五常之一，著名武將馬謖（⬇268頁）即是馬良的五弟。當劉備占據荊州時，馬良投入他的旗下；後來劉備進攻益州時，馬良也奉命留守荊州。當馬良得知劉備軍隊攻陷雒城後，特意寫了封祝賀信給諸葛亮，函中不僅尊稱諸葛亮為兄長，更讚美他：「尊兄（諸葛亮）應期贊世，配業光國。」（大哥參與改革之業，使國家無限光輝）

馬良被選為出使東吳的使者時，想請諸葛亮幫他寫推薦函，但諸葛亮反而鼓勵馬良自己寫。結果馬良成功寫了自薦函，得到孫權禮遇相待。

劉備登基為帝後，任命馬良為侍中（侍奉於皇帝身邊的官職）。而後當夷陵之戰（⬇250頁）展開，蜀軍開始進攻吳國，馬良便被派遣至荊州武陵郡，負責拉攏當地的少數民族。可是蜀軍最終仍然大敗，馬良也在逃亡途中戰死。

馬良敗退

馬良在夷陵之戰撤退時遭敵方殺害。

演義名橋段 馬氏五兄弟最優秀的是「白眉」!?

馬氏五兄弟都是當時非常知名的人才，其中又以馬良最優秀。由於馬良的眉毛裡有白毛，因此時人讚譽「馬氏五常（五人字號均有「常」字），白眉最良」。這也是特別傑出的人物會被譽為「白眉」的由來。

戰役檔案 21

222年

夷陵之戰

為報關羽被殺之仇 劉備向孫權宣戰！

長江
孫權軍

孫權軍採取火攻

221年，劉備為了替關羽報仇，出兵吳國，並於長江沿岸屯駐。東吳一方則由陸遜率軍，採持久戰策略，雙方對峙超過半年。陸遜以逸待勞，等劉備陣營開始疲態盡顯時，便發動火攻，成功擊破劉備的連營。

勝 戰力 約5萬人

陸遜

孫權軍

VS

劉備軍

劉備

敗 戰力 不詳

劉備進攻江東 遭陸遜火燒連營

公元二二〇年，曹操逝世，曹丕登基為帝，建立魏國。劉備為了抗魏，也於隔年稱帝，國號為漢（後世慣稱蜀漢）。同時為了報關羽之仇，劉備也向孫權正式宣戰。雖然以趙雲為首的多名臣子紛紛出面勸阻，但劉備心意已決，親自率領大軍出征。

另一方面，孫權則命陸遜為總司令，迎擊劉備。劉備陣營雖然深入東吳領地，但陸遜採持久戰策略，雙方對峙超過半年。劉備為了補給糧食及武器，不得不延長補給線。陸遜眼見蜀國士兵漸

劉備軍

顯疲累，戰鬥意願下降，便發動總攻擊放火燒營，火勢接連燒毀劉備軍的陣地。最終蜀軍全軍覆沒，劉備狼狽逃至白帝城。

原來如此小物語

劉備渾身顫抖只能悲嘆慘敗!?

夷陵之戰失利，參戰身亡的士兵超過一萬人，險些喪命的劉備逃往白帝城。據說他一邊顫抖著身子，一邊悲嘆地說：「我竟然敗在陸遜手裡，這是天意嗎？」

發現!

白帝城遺跡

劉備在夷陵戰敗後逃亡的地點。劉備病逝前，就是在此城交代諸葛亮身後事。（重慶市）

劉備的逃亡路線
① 陸遜發動總攻擊
222年6月，陸遜下令出擊，火攻劉備陣營。
② 劉備軍全面瓦解
劉備雖然試著重整士氣，但仍在敵軍追擊下全軍覆滅。
③ 逃往白帝城
劉備逃往白帝城。
白帝城
巫縣
秭歸
馬鞍山
夷陵
猇亭
夷道
長江
荊州
陸遜
劉備
孫權軍的路線
劉備軍的路線

於夷陵一戰立下大功

徐盛

憑藉過人膽量 戰勝曹操與劉備

徐盛是侍奉孫權的武將。當年他為了躲避戰禍而遷至江東（長江下游流域）時，恰巧與孫權相遇。孫權委派徐盛對抗其殺父仇人黃祖，當黃祖之子黃射帶領數千名士兵攻來時，徐盛僅以兩百人的兵力擊退黃射，也因為這項功績而被提拔為部隊司令官。

在第二次濡須口之戰中，當東吳的司令戰艦受到暴風雨影響，被吹到對岸的曹操陣地時，船上諸位武將因為膽怯而不敢出擊，只有徐盛率領精銳部隊奮勇上岸，擊退曹軍。此外，在夷陵之戰中，徐盛也在陸遜的指揮下擊破蜀軍。他雖然主張：「應該繼續追擊，擄獲逃到白帝城的劉備。」這項提議卻並未被陸遜採納。之後徐盛在與曹休（⬇279頁）的戰役中立下功績，升任將軍。二二四年，徐盛更在曹魏大軍進逼吳國時，在建業城牆打造圍牆與假箭樓，逼退曹軍，但在那不久後便身亡。

籍貫	徐州琅邪郡
生日	不詳
歿日	不詳
享年	不詳（病逝？）
身分	孫權的武將

肖像

原來如此小物語

假城牆逼退曹丕!?

公元二二四年，曹丕親自率領大軍進攻吳國。這時，徐盛不顧周遭反對，在長江沿岸築起假城牆。曹丕見狀後非常驚訝，感嘆：「看來吳國還是有許多優秀的人才。」接著就帶兵撤退。

吳

擊退劉備，卻放棄乘勝追擊

朱然

籍貫	揚州丹陽郡
生日	182年（日期不詳）
歿日	249年（日期不詳）
享年	68歲（病逝）
身分	吳國武將

孫權旗下重要武將 長年始終表現活躍

朱然是侍奉孫權的武將，自幼便與孫權一同讀書，並且建立起特別深厚的情誼。朱然在十九歲時成為孫權的部下，委以縣長之職，接著晉升為郡太守（地方首長），在平定山岳民族叛亂時表現優異。

朱然在三十八歲時隨呂蒙一同討伐關羽，並依指示率領另一支隊伍，成功生擒關羽。而當呂蒙病逝後，朱然便被派任鎮守江陵。

劉備為了報關羽被殺之仇進攻吳國時，朱然聽從總司令陸遜的指揮，攻破劉備陣營。徐盛等人皆表示應追擊劉備，但朱然認為曹丕可能會趁機攻吳，主張放棄追擊，陸遜與孫權也同意朱然的想法。後來當曹丕進攻吳國時，朱然不僅成功守住江陵，之後的表現也非常優異。孫權對於朱然這名依然健在的名將相當禮遇，最後他在六十八歲時病逝。

演義名橋段 追擊劉備，卻遭趙雲殺害!!

《演義》裡提到，劉備在夷陵之戰大敗後，雖然準備逃往白帝城，但朱然出兵追擊劉備，斷了他的去路。正當劉備心想必死無疑時，趙雲及時率領部隊前來救援。趙雲在敵軍裡橫衝直撞，竟然就正好斬殺朱然。

戰役檔案 22

223年

濡須口之戰（第三次）

濡須塢
孫權軍
曹丕軍

濡須口之戰

吳軍的朱桓領5千名士兵鎮守在濡須口附近的濡須塢，不掛軍旗、不鳴軍鼓，使魏營的曹仁失去戒心。曹仁離開濡須塢後，朱桓便出兵攻擊，成功擊退魏軍。

曹丕三面夾攻孫吳 最終卻全軍覆沒

孫權原本已經投誠魏國，可是就在夷陵之戰獲勝後，又宣布吳國乃是獨立於魏國。大感憤怒的曹丕決意出兵討伐吳國，並且調動數萬大軍，分別派往洞口、江陵、濡須口三處。

洞口一戰，孫權軍因暴雨陷入危機，曹休（↓279頁）趁勢追擊卻反遭擊退。在江陵，大雨導致長江暴漲，曹軍只好撤退。而在濡須口，曹仁故意放出「要攻打羨溪」的假消息，吳軍朱桓將一半的兵力派往羨溪，在濡須塢擊退曹軍，魏國作戰全面失敗。

勝 戰力 不詳

孫權

吳軍

VS

魏軍

曹丕

敗 戰力 數萬人？

曹丕登基魏國皇帝 兵分三路進攻吳國！

影像資料
魏文帝曹丕

曹丕建魏

曹操死後，其子曹丕逼漢獻帝讓位。曹丕登基為帝，改國號為魏。

曹丕策畫的三方夾擊

1 曹丕出陣
曹丕兵分三路進攻吳國，自己也親自出征。
2 洞口之戰
曹休軍隊攻擊洞口。吳軍因暴風雨影響，大受打擊。
3 江陵之戰
曹真等人包圍江陵，吳國諸葛瑾前往救援。因長江水量暴增，魏軍只好撤退。
4 濡須口之戰（第三次）
朱桓派半數兵力前往羨溪，剩餘兵力則鎮守濡須塢，擊退曹仁軍隊。
宛城
豫州
魏
壽春
曹丕
張遼
曹休
曹仁
合肥
建業
孫權
洞口
濡須塢
羨溪
濡須口
朱桓
樊城
荊州
襄陽
徐晃
張郃
曹真
江陵
朱然
徐盛
諸葛瑾
吳
荊州
魏吳邊界
揚州
長
江
孫權軍的路線
曹丕軍的路線

三國趣味專欄

三國時代的醫學

漢方名醫張仲景與手術名醫華佗

現代漢醫學的聖經、同時也是奠定中醫基礎的《傷寒論》，正是由三國時代的荊州長沙郡太守張仲景（一五〇？～二一九？）所撰寫的醫學用書。在此之前，傳統醫療多是以祈禱或唸咒治療，但張仲景卻以邏輯角度說明治療法。

華佗則是《三國志》正史中也有提到的傳奇名醫，據說他還會使用麻醉藥施行外科手術。小說中曹操因為頭痛下令華佗治療，但華佗不從，因此被殺。

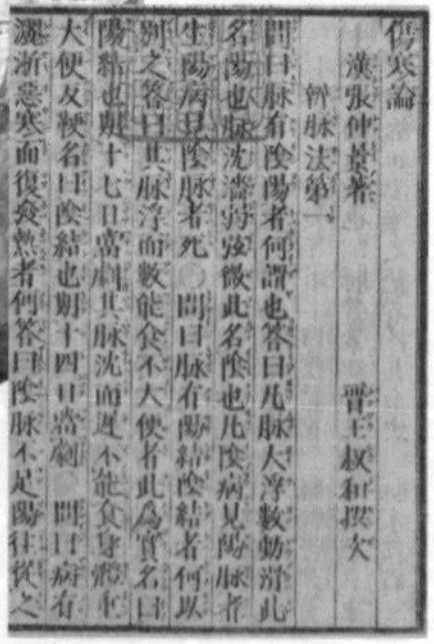

傷寒論
漢張仲景著　晉王叔和撰次
辨脉法第一
問曰脉有陰陽者何謂也答曰凡脉大浮數動滑此
名陽也脉沈濇弱弦微此名陰也凡陰病見陽脉者
生陽病見陰脉者死　問曰脉有陽結陰結者何以
別之答曰其脉浮而數能食不大便者此為實名曰
陽結也期十七日當劇其脉沈而遲不能食身體重
大便反鞕名曰陰結也期十四日當劇　問曰病有
灑淅惡寒而復發熱者何答曰陰脉不足陽往從之

《傷寒論》

記有傷寒（傳染病）的症狀與治療法，奠定現代漢方醫學的基礎。

華佗（？～208？）

精通藥學與針灸，據說會使用麻沸散（即麻醉藥）施行手術。正史也有提到華佗醫術精湛，治療了許多患者。

華佗為關羽刮骨療傷　《三國演義》提到，華佗為關羽中毒箭的右臂施行手術，需要刮骨取出毒液。手術時，關羽還能一邊喝酒，一邊與馬良下棋。這則故事正是從《三國志》正史中衍生而來。

4章 五丈原之戰

劉備死後，諸葛亮與吳國重修舊好。
接著平定益州南部的叛亂，穩住蜀國情勢。

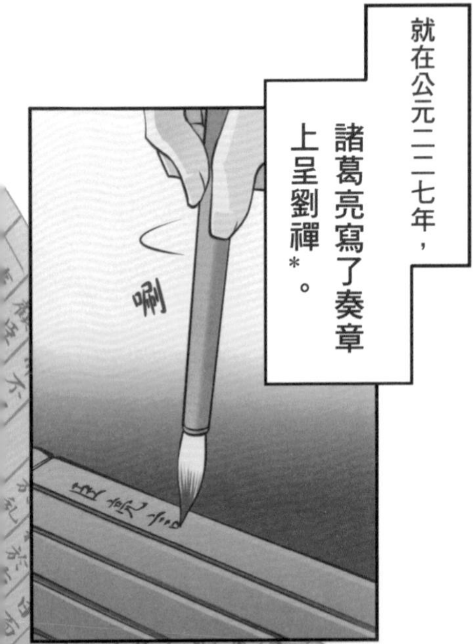
就在公元二二七年，諸葛亮寫了奏章上呈劉禪*。
唰

臣諸葛亮上奏，
先帝一統天下的志業還未完成，便抱憾而去。
現今天下三分，蜀漢正值生死存亡的時刻。
先帝死前囑託我完成志業，

現在南方已平定，兵員裝備已充足，正是討伐曹魏的時刻，
請陛下將此任務交付臣下。
如果此去無成，就治臣下的罪，以慰先帝在天之靈。
…孔明，
我已經充分理解你的想法了，就由你指揮全軍，討伐魏國吧。
蜀國第二代皇帝 劉禪
謝皇上。
諸葛亮為了實現劉備的遺志，開始出兵魏國。

諸葛亮不斷展開北伐＊，
魏
陳倉
街亭
祁山
武都
蜀
但曹魏實力堅強，雙方持續一進一退的攻防戰。
公元二三四年，諸葛亮第五次北伐，在五丈原與魏軍對戰。
魏
魏
諸葛亮那傢伙……
竟然送來女裝和髮飾！
魏國大都督
司馬懿
他是嘲諷我就像女人一樣柔弱，不會攻擊嗎……
有去調查諸葛亮現在的生活作息嗎？
是。
他從早工作到晚，吃得不多……
據說每天都是這樣。

＊出兵征討北方的魏國。

如果是這樣……
看來諸葛亮再活也活不久了……
蜀國陣地
司馬懿那邊都沒有動靜。
姜維
這就表示他沒打算讓我軍戰到筋疲力盡，
如果不是這樣，早就發動攻擊了……
但是，再這樣拖下去……
丞相*！
丞相！
丞相！
終於，諸葛亮的身體已經到達極限。

*蜀國的最高官職。

*咳咳咳

諸葛亮的病情始終不見好轉。
聽好了……等我死後，就用我教你們的方式撤退……
是……
閉目
那麼，就永別了。
我見到主公時……
還必須…跟他謝罪……
丞相！
丞相！
公元二三四年，諸葛亮於北伐期間過世。
蜀軍撤退的消息也立刻傳到魏軍耳裡。
諸葛亮真的死了！
快發動追擊！
魏
魏

魏軍來了！趕緊鳴鼓！
糟了！
這是諸葛亮設的圈套！
全軍撤退！
快退！
太好了！魏軍撤退了，趁現在快逃！
諸葛亮的策略讓蜀軍平安撤退。
待全軍撤退後，蜀國才正式公布諸葛亮已死的消息。
我竟然會被死人的策略蒙騙……
諸葛亮……
真的是天才啊……
隨後，司馬懿在魏國不斷壯大權勢。

二二五年勢力版圖

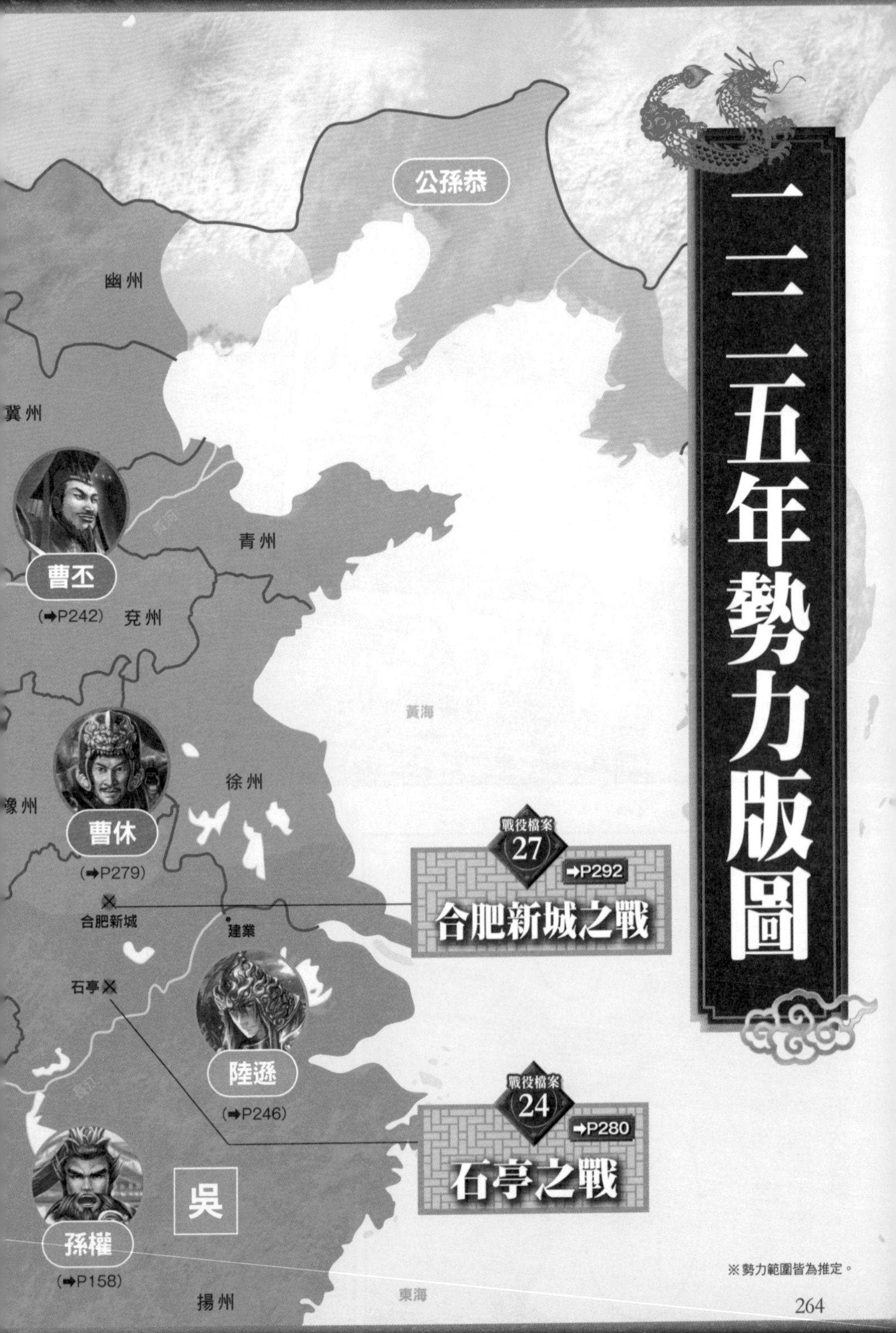
公孫恭
幽州
冀州
黃河
青州
曹丕
(➡P242)
兗州
黃海
徐州
豫州
曹休
(➡P279)
合肥新城
建業
戰役檔案
27
➡P292
合肥新城之戰
石亭
陸遜
(➡P246)
長江
戰役檔案
24
➡P280
石亭之戰
吳
孫權
(➡P158)
揚州
東海

※勢力範圍皆為推定。

戰役檔案 23
➡P276
街亭之戰
（第一次北伐）
戰役檔案 25
➡P282
陳倉之戰
（第二次北伐）
戰役檔案 26
➡P290
祁山攻略戰
（第四次北伐）
戰役檔案 28
➡P298
五丈原之戰
（第五次北伐）
黃河
并州
涼州
雍州
街亭
司州
祁山
陳倉
洛陽
長安
五丈原
諸葛亮
（➡P146）
司馬懿
（➡P286）
劉禪
（➡P312）
魏
成都
蜀
益州
荊州
孟獲
（➡P266）
味縣
※194年，涼州東部另設「雍州」，220年司隸西部併入。
司隸亦改稱「司州」。此外，并州西部不再是魏國領地。

群雄
孟獲
七擒七縱，最終向諸葛亮投誠

南中豪強發起叛亂 諸葛亮南征後終臣服

孟獲是蜀國南中（益州南部）當地相當有勢力的豪強。當劉備死後，孟獲便率領南中同夥發動起義抗蜀。諸葛亮認為，就算打倒孟獲，他還是會繼續在南中作亂，於是想辦法要讓孟獲心服口服。

孟獲敗給諸葛亮率領的蜀軍，六度遭擒獲，卻又被釋放。就在第七次被釋放時，他發誓會打從心底歸順諸葛亮。孟獲投誠後，便被招攬為蜀國官員，據說還一路升遷至御史中丞（負責監察官吏的御史副官）。

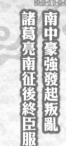

孟獲
諸葛亮
七擒孟獲

發現! 重現「七擒七縱」橋段的雕刻。（臺灣）

原來如此小物語
孟獲多次征戰諸葛亮!?

孟獲被蜀軍擒獲後，諸葛亮帶著他走訪陣地，並問：「你覺得我軍如何？」孟獲回答：「我是因為不知道你們的實力才會失敗，下次一定贏給你看！」諸葛亮聞言後只是笑笑地釋放孟獲，但之後又再次生擒對方。就這樣一擒一縱，直到第七次被抓時，孟獲發誓：「您就像是神一般，我們南中人不會再反叛了。」誠心投降蜀漢。這也是「七擒七縱」（展現實力，使對方誠服）的典故由來。

孟獲

肖像

字

不詳

籍貫

益州
建寧郡
交州

生日

不詳

歿日

不詳

享年

不詳（病逝？）

能力

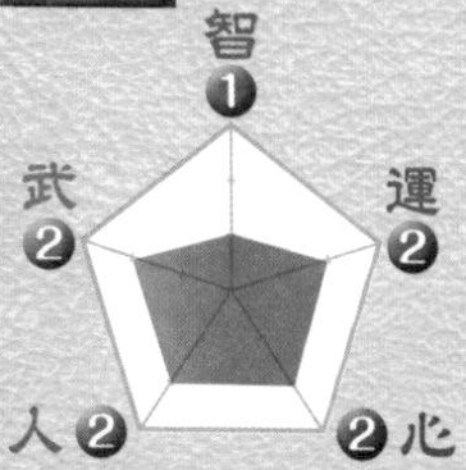
智 1
運 2
心 2
人 2
武 2

身分

南中豪強

蜀
馬謖
違背諸葛亮命令，致使蜀營全軍覆沒

馬謖

肖像

字

幼常

籍貫

豫州
襄陽郡
荊州
揚州

生日

190年（日期不詳）

歿日

228年（日期不詳）

享年

39歲（處死）

能力

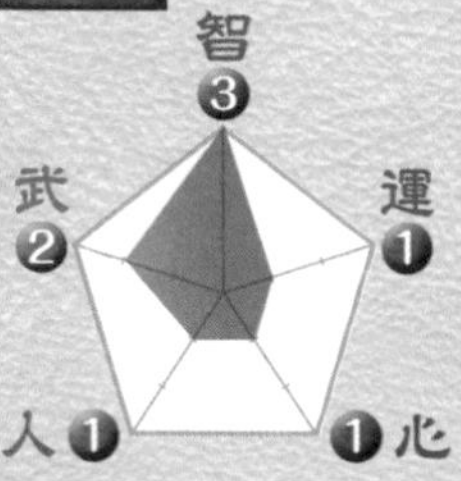
智 3
運 1
心 1
人 1
武 2

身分

蜀國武將

劉備料中馬謖為人 不聽諫言輕率失街亭

馬謖是蜀國武將，同時也是馬良的弟弟，才華洋溢，相當受到諸葛亮器重。可是劉備臨終前卻特意告誡諸葛亮：「馬謖這人言過其實，絕不可委以重任。」但諸葛亮卻無視劉備的忠告，依然任命馬謖為參謀，兩人經常一起商討戰術。當諸葛亮前往南中平定叛亂時，馬謖提出「攻心為上，攻城為下」（降伏叛軍的最好辦法不是武器，而是讓他們打從心裡臣服）的建議。諸葛亮採納此策略，順利平息當地的叛亂。

馬謖三十九歲時，諸葛亮為了攻打曹魏出兵祁山。諸葛亮獨排眾議，不用魏延（⬇294頁）等優秀將領，反而提拔馬謖為先發部隊。但是馬謖卻違背諸葛亮的命令，意欲居高臨下而在街亭山上屯駐（⬇276頁），最終慘敗給魏國的張郃（⬇270頁）。這也使蜀軍頓失前線基地，只好撤退。最後諸葛亮依照軍法，下令將馬謖處死。

馬謖
王平

影像資料

馬謖無視王平諫言

副將王平雖然多次給予忠告，但馬謖還是堅持在山上屯駐。

原來如此小物語

馬謖臨死之際 不怨恨諸葛亮判以死罪!?

馬謖在街亭之戰違背命令，遭諸葛亮下令處死。馬謖在臨死前寫信道：「您視馬謖如同自己的孩子，希望我們之間的緊密情誼不會受到影響，這樣馬謖雖死，也無恨於黃泉。」

魏

張郃

防堵北伐行動，諸葛亮忌憚的魏國猛將

張郃

肖像

字

儁乂

籍貫

幽州
河間郡
冀州
并州
青州
兗州

生日

不詳

歿日

231年（日期不詳）

享年

不詳（戰死）

能力

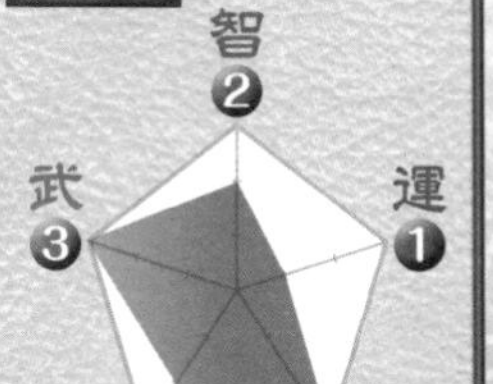
智 2
運 1
心 3
人 2
武 3

身分

魏國武將

曹操讚譽為漢時韓信 成功阻撓諸葛亮北伐

張郃年輕時是袁紹的手下，曾在與公孫瓚的對戰中立下功績。官渡之戰時，烏巢糧倉遭襲，張郃主張「應當派遣精銳部隊前往救援」，但不被袁紹採納；再加上與同一陣線的武將彼此敵視，於是選擇投誠曹操。曹操得到張郃後為之大悅，立刻提拔他為將軍，接著更擔任曹軍的先發部隊，與馬超及張魯等人對戰，立下功績，於是被派任駐守漢中（益州北部）。當夏侯淵在定軍山之戰戰死後，張郃接下主帥一職，穩定軍心。曹魏建國後，張郃受封將軍。街亭之戰（➡276頁）時，張郃擊破蜀軍的馬謖；陳倉之戰（➡282頁）中，則是率領援軍挺進陳倉，成功阻擋諸葛亮的北伐行動。而在之後的祁山攻略戰（➡290頁）中，司馬懿（➡286頁）命令張郃追擊撤退的蜀軍，卻在過程中中箭，不治而亡。

張郃戰死

祁山攻略戰時，張郃雖然追擊蜀軍，卻遭遇伏兵，中箭身亡。

演義名橋段

趙雲有如神靈附體 奇蹟般地脫逃!!

長坂坡之戰時，張郃把抱著劉禪（➡312頁）的趙雲逼到掉進土坑裡。張郃雖然想用長矛朝裡頭刺去，但土坑卻射出不可思議的紅光，接著趙雲抱著劉禪一躍而出。趁張郃還在驚嚇之際，趙雲趕緊逃脫成功。

趙雲躍出土坑，從張郃手中逃脫。

「通俗三国志英雄之壱人」（東京都立中央圖書館特別文庫室藏）

魏
曹真
於街亭與陳倉兩役接連擊退蜀軍

阻擋諸葛亮北伐 將蜀國逼向滅亡之路

曹真是曹操的親信。曹真的父親為曹操的摯友，在曹真年幼時為救曹操而喪命，曹操感念其父的忠義便領養曹真，當成親生兒子般養育。曹真英勇無比，甚至能射殺老虎，他聽從曹操的指示征戰各地，立下功績。

曹操死後，曹真接著出仕曹丕。曹丕死時，更委任曹真輔佐繼任的曹叡（➡278頁）。曹叡登基即位後，曹真也受封為大將軍。

公元二二八年，諸葛亮率軍挺進祁山，時任總指揮的曹真便派張郃等人前往街亭，獲得勝利（➡276頁）。之後，他推測諸葛亮會進攻陳倉，於是命人修理陳倉城，加強防守。諸葛亮果真如曹真所料攻來，卻未能攻陷陳倉，接著曹真派出援軍，逼迫蜀軍撤退（➡282頁）。兩年後，曹真雖然出兵攻蜀，卻因雨勢綿延逾三十日，令軍隊無法進軍，最後只能撤退。隔年曹真便因病逝世。

久雨逼退曹真

曹真計畫攻蜀，卻遭遇天雨，只好撤退。

演義名橋段

讀了諸葛亮的信結果氣急身亡!!

《三國演義》裡的曹真是個接連敗給諸葛亮的無能將軍。二三〇年，因久雨只好撤退的曹真遭蜀軍追擊，司馬懿（➡286頁）及時援救。羞愧到生病的曹真收到諸葛亮的來信，信中取笑曹真的失敗，使曹真氣急身亡。

曹真

肖像

字

子丹

籍貫

并州
青州
司隸
兗州
徐州
豫州
沛國
荊州

生日

不詳

歿日

231年（日期不詳）

享年

不詳（病逝）

能力

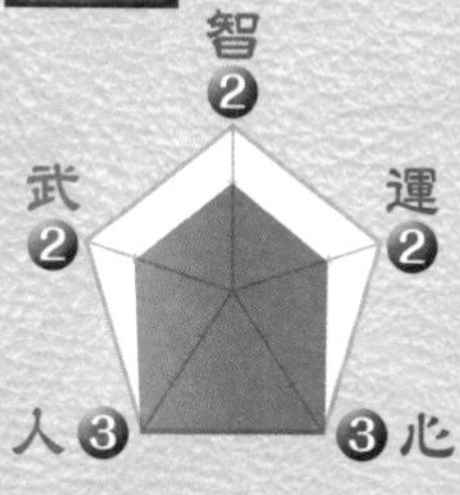
智 2
運 2
心 3
人 3
武 2

身分

魏國武將

蜀
姜維
繼承諸葛亮遺志，持續北伐

曹魏將領後降蜀漢 深得諸葛亮的賞識

姜維原先擔任魏國涼州天水郡的武官，二十七歲那年，諸葛亮領軍挺進祁山，姜維和天水郡太守馬遵前去巡視。沒想到馬遵卻懷疑姜維打算背叛他，趁夜逃跑並驅逐姜維，無處可去的姜維只好投誠諸葛亮。

諸葛亮對姜維的才能極為賞識，提拔他為將軍。之後，姜維跟隨諸葛亮北伐，五丈原之戰（➡298頁）時，蜀軍雖然節節敗退，但姜維展現出過人的反擊氣勢，逼魏軍撤退。諸葛亮死後，姜維雖然想繼續北伐事業，卻遭費禕（➡318頁）制止。

費禕死後，姜維不斷出兵北伐，卻接連失敗。直到六十二歲那年，劉禪（➡312頁）面對魏國的入侵時選擇投降，姜維也只好跟著一起投降。之後，他慫恿魏國鍾會（➡319頁）密謀叛變，卻因計畫失敗，最後與鍾會兩人雙雙被魏軍兵士所殺。

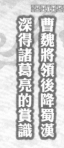

發現!
姜維墓

姜維墓

位於姜維故里，為衣冠塚。（甘肅省）

姜維

肖像

字

伯約

籍貫

涼州
并州
天水郡
司隸

生日

202年（日期不詳）

歿日

264年3月3日

享年

63歲（戰死）

能力

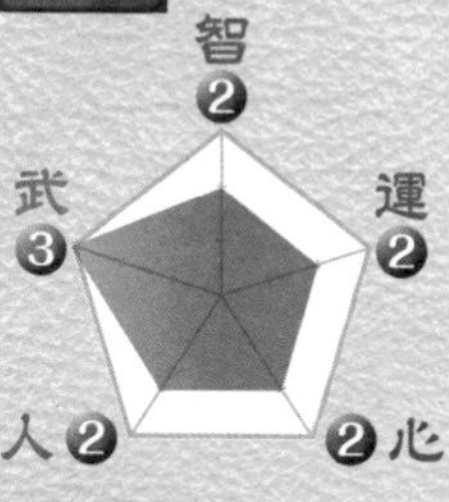
智 2
運 2
心 2
人 2
武 3

身分

蜀國武將

原來如此小物語

認為自己必須繼承諸葛亮的志業!?

姜維其實想繼任諸葛亮遺志，繼續北伐。朝中主事費禕卻說：「就連諸葛亮北伐都沒辦法成功。」總是持反對意見，派給姜維的兵力甚至不足一萬。費禕死後，姜維得以開始率領數萬大軍出征北伐。

街亭之戰
馬謖率領先發部隊前往街亭，卻違背諸葛亮指示選在山上屯駐，導致水源被張郃截斷。馬謖不得以只好突擊張郃陣營，卻慘遭擊破。
馬謖軍
王平軍
副將王平並未屯駐山上，得以阻擋張郃的追擊。

戰役檔案 23

228年

街亭之戰（第一次北伐）

勝 戰力 不詳

張郃

魏軍

VS

蜀軍

馬謖

敗 戰力 不詳

馬謖戰略失敗 諸葛亮被迫撤軍

夷陵之戰後，諸葛亮與吳國結盟，平定南中（益州南部）的叛亂後，便向蜀國第二代皇帝劉禪（↓312頁）上呈《出師表》，宣誓北伐。

公元二二八年，諸葛亮率領大軍挺進漢中（益州北部），屯駐於祁山，接著派出先發部隊，由馬謖擔任指揮官，前往街亭。但是馬謖卻沒有聽從諸葛亮事前的指示，選擇在山上屯駐。

另一方面，魏國曹叡（↓278頁）命曹真為主帥，並派張郃前往街亭。張郃截斷馬謖陣營的水

發現! **出師表**

諸葛亮北伐前上呈劉禪的文章。供奉諸葛亮的武侯祠中，即掛著刻有《出師表》的石板。（四川省）

諸葛亮揮淚斬馬謖

諸葛亮雖然賞識馬謖，卻仍恪守「違反者須處死」的軍規，流淚將馬謖賜死。他也負起戰敗責任，自貶三級。

馬謖圍困街亭山上 慘敗魏國名將張郃！

張郃

街亭之戰的事件地圖

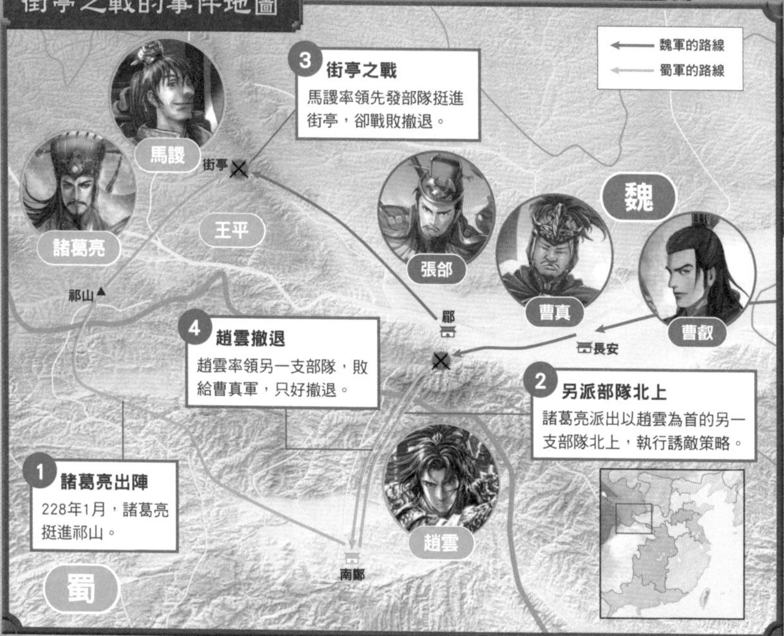
魏軍的路線
蜀軍的路線
3 街亭之戰
馬謖率領先發部隊挺進街亭，卻戰敗撤退。
馬謖
諸葛亮
街亭
王平
張郃
魏
曹真
曹叡
郿
長安
祁山
4 趙雲撤退
趙雲率領另一支部隊，敗給曹真軍，只好撤退。
2 另派部隊北上
諸葛亮派出以趙雲為首的另一支部隊北上，執行誘敵策略。
1 諸葛亮出陣
228年1月，諸葛亮挺進祁山。
趙雲
南鄭
蜀

源，大舉進擊，成功擊破馬謖部隊，迫使諸葛亮不得不撤退。

魏

繼曹丕之後的魏國皇帝

曹叡

籍貫	豫州沛國
生日	205年？
歿日	239年1月22日
享年	35歲？（病逝）
身分	魏國第二代皇帝

肖像

守護魏國 抵禦蜀吳攻擊

曹叡是曹丕的長子，從小就倍受祖父曹操疼愛。十六歲時，由於生母甄皇后觸怒曹丕而遭處刑。之後，曹丕帶曹叡一同外出狩獵時，曹丕射殺了母鹿，並要求曹叡射殺小鹿，但曹叡卻哭著說：「您已經殺死了母親，我不忍心再殺牠的孩子。」據說曹丕正是欣賞曹叡的堅定意志與仁慈，於是決定安排他繼承皇位。曹丕死後，曹叡以二十二歲的年紀登基為魏國第二任皇帝。

二十四歲那年，諸葛亮率軍進攻魏國，而曹叡派出曹真，於街亭擊破蜀軍。同年，諸葛亮又攻擊陳倉，也是慘遭擊退。兩年後，曹叡命曹真進攻蜀國，卻適逢久雨，未能成功。另一方面，當吳國攻來時，曹叡更親上戰場，逼退孫權。接著當諸葛亮挺進五丈原時，曹叡又命司馬懿（➡286頁）採「持久戰策略」，成功守住曹魏邊境，最後在三十五歲左右病逝。

原來如此小物語

心腹大患諸葛亮死後便熱衷於建造宮殿!?

諸葛亮死後，曹叡認為無須再擔心遭到蜀國攻擊，於是開始打造一座又一座的豪華宮殿，甚至動員農民參與建設，使百姓無法務農。底下的臣子雖然紛紛勸阻曹叡建設新宮，他卻始終無動於衷。

曹休

以曹操族子身分活躍 最終卻因戰敗而病逝

魏
於石亭之戰敗給吳國

籍貫	豫州沛國
生日	不詳
歿日	228年（日期不詳）
享年	不詳（病逝）
身分	魏國武將

肖像

曹休為曹操的親信，年輕時為了躲避戰亂，移居揚州吳郡，聽聞曹操舉兵的消息後，便投奔曹操，成為其部下。曹操得知曹休僅憑短短的時間就從遠方趕來，非常驚喜地說：「此吾家千里駒也。」（這可是我家一天能跑千里的良馬）不僅安排他和曹丕一起生活，並且當成自己的孩子般養育成人。曹休長大後，更與曹操一同四處征戰。

曹操與劉備相爭漢中（益州北部）時，曹休識破對方的策略，成功擊潰劉備陣營的武將，逼退張飛。曹操死後，曹丕兵分三路進攻吳國，即任命曹休為大將軍，負責攻擊位於洞口的吳軍，之後更主掌對吳國的防守。在曹丕逝世後，曹休接著侍奉曹叡。公元二二八年，曹休在石亭之戰（↓280頁）中因誤信吳國將領周魴的投誠之詞，深入吳軍陣營而遭慘敗。曹休深感羞愧，最後因病身亡

演義名橋段 輕信周魴斷髮 致使輸掉戰事!!

《三國演義》裡提到，在石亭之戰前，吳國的周魴曾試著詐降曹休。但曹休不信，於是周魴作勢要自刎，雖被曹休制止，他還是切下髮髻，強調自己是真心投降，以這樣的戲劇性演出來蒙騙曹休。

戰役檔案 24

228年

石亭之戰

陸遜軍夜襲

曹休因誤信周魴會背叛吳國，於是深入吳營。沒想到周魴並未現身，這時曹休意識到自己被騙，卻仍繼續前進，最終於石亭遭陸遜軍隊夜襲，全軍慘敗。

勝	戰力	6萬人以上

陸遜

吳軍

VS

魏軍

曹休

敗	戰力	約10萬人

中計深入仍繼續進軍 最後遭致命性的慘敗

孫權為了奪取魏國所屬的淮南一地（揚州北部），下令周魴負責誘引鎮守淮南的曹休。周魴向曹休寫了七封詐降信，據說甚至還在官府前自行割斷髮髻，做足相當犧牲的演出。這番表現終於讓曹休相信周魴真心投降，於是率領十萬大軍深入吳國境內。

但是當曹休抵達雙方事先約定的接應地點時，理當前來會合的周魴卻不見身影。此時曹休雖然已經意識到自己被騙，但為了保全顏面，只好繼續前進。曹休軍隊抵達石亭後，遭到吳軍總司令

周魴設陷引誘 曹休受騙慘敗孫吳！

曹休

陸遜發動夜襲，導致軍隊整個瓦解。曹休身陷危機，最後被援軍救出。

原來如此小物語

雖然得到救援 卻斥責援軍來得太慢!?

賈逵得知曹休在石亭慘敗後，趕緊前往曹休軍隊所在處解圍。據說曹休在面對救命恩人的賈逵時，竟然怒罵「你來救我的速度太慢了」。曹休返回魏國不久，便因為這場敗仗而心生羞憤，最後因此病亡。

石亭之戰的事件地圖

1 周魴詐降
周魴向曹休寫了7封詐降信。
2 曹休出陣
曹休相信周魴投誠的說詞，出兵進攻。
3 賈逵出擊
賈逵率部隊朝吳國進擊。
4 石亭之戰
陸遜軍隊於石亭擊破曹休。
5 賈逵救援
得知曹休戰敗，賈逵前往夾石逼退陸遜軍隊。
魏
吳
西陽
壽春
建業
濡須塢
濡須口
夾石
石亭
皖縣
鄱陽
揚州
荊州
長
江
賈逵
曹休
陸遜
周魴
吳軍的路線
魏軍的路線

戰役檔案 25

228年

陳倉之戰（第二次北伐）

陳倉城
投石車

陳倉之戰

228年，諸葛亮率領數萬大軍包圍郝昭鎮守的陳倉城。諸葛亮使用雲梯、投石車等武器，進行超過20天的猛烈攻擊，卻未能順利攻城。

勝 戰力 約1千人

郝昭

魏軍

VS

蜀軍

諸葛亮

敗 戰力 數萬人

動用各色攻城利器 仍舊未能攻下陳倉

魏軍於石亭慘敗後，諸葛亮隨即展開第二次北伐，目標攻擊陳倉城。另一方面，已經猜到諸葛亮會如何行動的曹真，便派遣郝昭修補陳倉城。

諸葛亮使用雲梯、投石車、撞車等最新的攻城武器，朝郝昭率領約一千名兵力鎮守的陳倉發動全面攻擊。但是郝昭以火箭燒毀雲梯、投石擊壞撞車，持續抵擋猛烈的攻勢。經過二十天以上的激戰後，魏國派出張郃等人前往救援，迫使諸葛亮撤退。

陳倉固若金湯 諸葛亮強攻終未陷城！

發現！ **諸葛亮北伐像**

諸葛亮花了6年時間展開5次北伐。照片是位於陝西省的立像。

雲梯

郝昭（生歿年不詳）

魏國武將，於陳倉之戰時率領約1千名士兵守城，成功守住諸葛亮的攻擊。之後諸葛亮就不曾再進攻陳倉。

陳倉之戰的事件地圖

3 陳倉之戰
諸葛亮進攻陳倉，卻未能順利攻城。
郝昭
張郃
4 張郃救援
張郃率援軍前往陳倉，但抵達前諸葛亮便已撤退。
魏
祁山
陳倉
諸葛亮
長安
曹真
1 曹真策謀
曹真命郝昭前去修補陳倉城。
南鄭
2 諸葛亮出陣
228年12月，諸葛亮北上。
魏軍的路線
蜀軍的路線
蜀

吳的國都「建業」臨水而建？

地圖位置
許都
下邳
徐州
豫州
建業
長江
揚州
石頭城
長江
清涼山
太初宮
玄武湖
建春門

吳國首都建業的想像圖

229年春，孫權登基為帝。9月將國都從武昌遷至建業。建業位於長江河畔，城牆長約9公里。

孫權稱帝後首都遷至建業

公元二二九年，孫吳的臣子共同提出請求，希望孫權登基稱帝。孫權接受提議，定武昌為國都並在此登基，正式建立吳國。蜀國則派出使者，祝賀孫權即位皇帝，維持兩國的結盟關係。魏、蜀、吳三國鼎立的時代也就此正式展開。

孫權成為皇帝約半年後，便將國都遷至建業。據說位在建業的宮殿太初宮，便是將武昌宮殿所使用的木材搬運至建業重建而成。

建業即現今的南京市，位處長江河畔。建業北方的清涼山建造有水軍基地的石頭城。此

石頭城城跡

212年，孫權於建業北方造城，作為水軍基地。現在仍保留部分當時的城牆。（江蘇省）

西明門

外，建業附近亦造有專門訓練水軍的人工湖「玄武湖」。

孫權

孫權登基為帝

229年春，48歲的孫權於吳的國都武昌登基為帝。

原來如此小物語

為了確保結盟關係才認同孫權稱帝!?

孫權登基後，冀望蜀國能認同他的地位。蜀國的臣子們雖然都表態不應認同，但諸葛亮認為眼下不是指責孫權即位的時刻，並說服眾臣若要夾擊魏國，就必須與孫權結盟。

魏
司馬懿
與諸葛亮鬥智五丈原，堅守疆土

應曹操延攬拜入帳下 將關羽逼上戰敗一途

司馬懿出身自司隸河內郡名門的司馬氏一族，年輕時就因優異的才能備受肯定。他在二十三歲時，得到郡中推舉為計掾（負責統計戶口、財政的官職）。曹操在荀彧的推薦下打算延攬司馬懿，但司馬懿不從，以裝病的方式拒絕。但是在他三十歲時，又被曹操強行延攬，在無法拒絕的情況下只好服從，歷任數職。

司馬懿三十七歲時，曹操拿下漢中（益州北部），他建議曹操：「應該乘勝追擊，拿下劉備掌控的蜀地（益州）。」卻不被曹操採納。而當關羽包圍曹操領內的樊城時，司馬懿提出與孫權結盟的策略，成功將關羽逼上戰敗一途。

曹操對於如此有能力的司馬懿充滿戒心，認為他總有一天會背叛曹氏政權，但曹操的繼任者曹丕卻非常信任司馬懿，十分器重他。

司

影像資料 **司馬懿對決諸葛亮**

《三國演義》中，司馬懿雖然與諸葛亮擺陣較勁，卻屢屢失敗。

司馬懿

肖像

字

仲達

籍貫

冀州
并州
青州
司隸
河內郡
兗州
徐州
豫州

生日

179年（日期不詳）

歿日

251年9月7日

享年

73歲（病逝）

能力

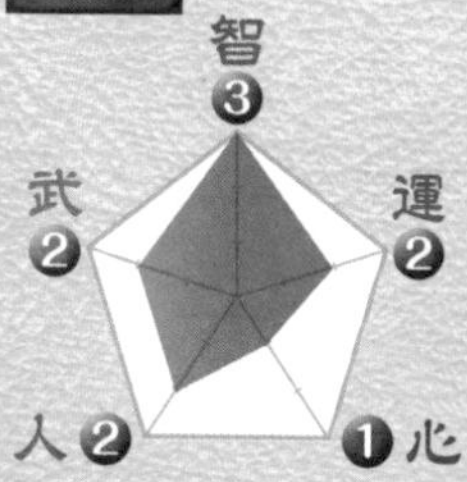
智 3
運 2
心 1
人 2
武 2

身分

魏國武將

原來如此小物語：安撫慌亂的曹操 成功追逼關羽

樊城之戰時，曹操因為援軍敗給關羽，於是心生恐懼，甚至打算將都城北移。但司馬懿反對，認為「遷都是向敵方示弱，也會引來眾人不安」，並提議「與孫權結盟，從後方攻擊關羽」，關羽也因此策略戰敗。

誅殺曹爽一族 成為魏國最高權力者

當曹丕因病臥榻不起時，他請託司馬懿與曹真等人一同輔佐曹叡。曹丕死後，曹叡登基為帝，此時孫權趁機率兵攻魏，司馬懿沉著指揮軍隊，擊破吳軍。

四十九歲這一年，孟達在諸葛亮的慫恿下背叛魏國，於是司馬懿率領軍隊，將原本要花一個月才能抵達的長遠路程僅憑八天就走完，成功擄獲並處刑孟達。

而後司馬懿升任為大將軍，在曹真死後掌握魏國軍隊。

五十三歲時，司馬懿為了營救遭諸葛亮包圍的祁山，擔任總指揮舉兵出擊，卻不斷閃躲與蜀軍正面交鋒。帳下將領紛紛斥責司馬懿：「你會成為天下的笑柄！」司馬懿只好下令出擊，卻兵敗收場，張郃也因此戰死（➡290頁）。五十六歲時，諸葛亮出兵五丈原，於是司馬懿屯駐於鄰近蜀軍的地點，更下定決心要採取持久戰策略，就算諸葛亮挑釁對戰也不為所動。對峙期間，司馬懿預測諸葛亮即將重病死去。諸葛亮病逝後，蜀軍開始撤退。司馬懿雖然出兵追擊，卻因蜀軍作勢反擊而不敢輕易妄動，最終蜀軍成功撤退。此戰也在百姓間流傳一句諺語「死諸葛驚走生仲達*」（諸葛亮死後餘威尚在，居然能嚇走活著的司馬懿）。司馬懿聽聞此傳聞後，只回應：「吾能料生，不便料死也。」（我能預料他活著的時候想做什麼，不能預料他死後想怎麼做）

司馬懿五十八歲時，曹叡臨死前委請他與曹爽（曹真之子）協力輔佐曹

影像資料

司馬懿像

司馬懿與諸葛亮有過兩次的正面對決，並於五丈原之戰獲勝。而《三國演義》裡的司馬懿總會中諸葛亮的計。

發現！

司馬懿拜將台

位於被認為是司馬懿於五丈原屯駐的地點。（陝西省）

＊現今則是用來比喻已死之人還是會對在世之人造成影響。

強逼司馬懿為臣!?
曹操想延攬司馬懿，司馬懿卻以生病為由拒絕。
「病到沒辦法站立？」是騙人的吧！
派刺客去襲擊司馬懿，如果他逃跑的話就把他殺了。
刺客在夜裡入侵司馬懿的寢室。
殺了你！
司馬懿並未逃跑，於是逃過一死。
之後，曹操再次延攬司馬懿。
就算硬拉也要把人給我帶來！
是！
司馬懿只好成為曹操的部下。
你總算來啦。
您也太強硬了吧！
是！

司馬懿裝病

司馬懿為了讓關係不合的曹爽掉以輕心，便在曹爽部下李勝的面前佯裝重病。

芳為帝。曹叡死後，司馬懿與曹爽不合，於是裝病在家。他佯裝重病其實是為了讓曹爽失去戒心，並趁曹爽離開洛陽之際，占領洛陽的兵庫，控制京師。曹爽雖然投降，還是被判以誣陷之罪處刑。司馬懿就這樣成為魏國最高權力者，但兩年後即以七十三歲的年紀病逝。

之後，司馬懿之子司馬師、司馬昭（➡322頁）等司馬一族，持續握有魏國實權。

真的？假的？!

脖子能一百八十度向後轉!?

曹操聽聞司馬懿的脖子能往後轉一百八十度看著正後方後，便試著從後方呼喊司馬懿，據說司馬懿還真的把頭轉到正後方。

戰役檔案 26

231年

祁山攻略戰（第四次北伐）

祁山城
蜀軍

祁山攻略戰

231年，諸葛亮包圍魏軍的祁山城。司馬懿雖然前往救援，卻極力避免與蜀軍正面交鋒。最後派出張部進攻，卻慘敗給蜀軍。

勝　戰力　約10萬人

諸葛亮

蜀軍

VS

魏軍

司馬懿

敗　戰力　不詳

蜀軍迎擊司馬懿軍隊　因糧食不足只能撤退

公元二二九年，諸葛亮攻陷魏屬領地的陰平郡與武都郡（第三次北伐）。曹真雖然出兵攻蜀，卻因久雨影響而無法進攻，最後只好撤軍。

二三一年，諸葛亮率領十萬大軍進擊祁山，包圍祁山城，魏國的司馬懿親自率領張部等將領從長安出發。途中派遣費曜前往上邽，自己則繼續前往祁山。諸葛亮隨即出兵進擊上邽，擊潰費曜的軍隊。司馬懿原本打算採取持久戰消耗蜀軍，但部下皆希望正面對決，於是只得出兵攻擊。諸

諸葛亮擊破司馬懿軍隊 卻因糧盡而自退！

魏軍

葛亮迎擊魏軍，大獲全勝，最後卻因糧食不足，只好撤退。

原來如此小物語

被部下逼得只好出擊!?

司馬懿不斷閃躲與諸葛亮正面交鋒，麾下諸多將領因此譏笑：「公畏蜀如虎，奈天下笑何。」（將軍就像深怕老虎似地畏懼蜀軍，使自己成為天下的笑柄）眾將一再請命出兵。司馬懿不得已之下只好發兵出擊，卻因諸葛亮的策略而慘敗。

祁山攻略戰的事件地圖

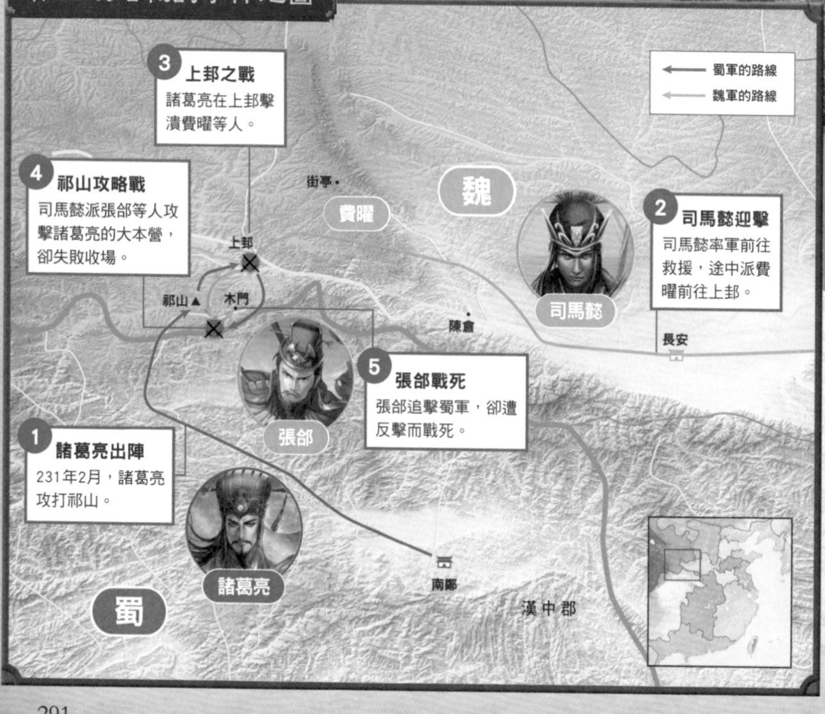

蜀軍的路線
魏軍的路線
1 諸葛亮出陣
231年2月，諸葛亮攻打祁山。
2 司馬懿迎擊
司馬懿率軍前往救援，途中派費曜前往上邽。
3 上邽之戰
諸葛亮在上邽擊潰費曜等人。
4 祁山攻略戰
司馬懿派張郃等人攻擊諸葛亮的大本營，卻失敗收場。
5 張郃戰死
張郃追擊蜀軍，卻遭反擊而戰死。
魏
蜀
街亭
費曜
上邽
祁山
木門
陳倉
長安
南鄭
漢中郡
司馬懿
張郃
諸葛亮

戰役檔案

27

234年

合肥新城之戰

魏軍以火攻策略擊潰包圍新城的吳軍！

肥水
滿寵軍
孫權軍

合肥新城之戰

233年，魏國武將滿寵建造合肥新城。隔年，孫權率領10萬大軍包圍合肥新城。魏國曹叡親自出擊，滿寵也前往救援，以火攻擊退圍城的孫權軍隊。

勝 戰力 不詳

曹叡

魏軍

VS

吳軍

孫權

敗 戰力 約10萬人

吳軍包圍合肥新城 滿寵採取火攻退敵

公元二三三年，魏國武將滿寵向曹叡建議「應該在吳國水軍較不容易攻擊的地點建造新城」，並獲得許可。孫權得知魏國建造新城後，率領軍隊渡河，於新城附近上岸，卻遭滿寵布署的伏兵擊退。

隔年，孫權再次開始攻擊新城，率領約十萬軍隊圍城。曹叡收到消息後便親自率領大軍南下。滿寵同樣朝新城前進，燒毀吳軍的武器。孫權得知曹叡出陣後，便立刻撤兵。

發現！

合肥新城遺址的魏國武將像

由於滿寵等人表現優異，魏軍成功擊潰吳軍，迫使孫權撤退。合肥新城遺址即立有紀念活躍於此役的將領立像。（安徽省）

合肥新城

合肥新城之戰的事件地圖

1 打造合肥新城
233年，滿寵建造合肥新城。
2 攻擊合肥新城
孫權進攻合肥新城，卻遭擊退。
3 吳軍進攻魏國
孫權命陸遜、諸葛瑾等人進攻江夏，自己則親自出兵合肥新城。
4 曹叡出擊
曹叡率領大軍迎擊吳軍。
5 合肥新城之戰
滿寵採取火攻，擊退包圍合肥新城的孫權軍。
曹叡
滿寵
孫權
陸遜
諸葛瑾
魏
吳
豫州
徐州
荊州
揚州
壽春
合肥新城
合肥
肥水
建業
濡須塢
濡須口
長江
江夏
武昌
魏軍的路線
吳軍的路線

蜀
魏延
無視撤退命令，遭馬岱斬殺

自願領兵直取長安 卻未被諸葛亮採納

魏延是在劉備進攻益州時，成為其麾下的將領。當他被任命為漢中（益州北部）太守（首長）後，曾向劉備誇下豪語說：「就算曹操率領全軍攻來，我也守得住。」劉備死後，魏延相當受到諸葛亮器重，北伐時也往往被指派重要任務。第一次北伐時，魏延非常有自信地向諸葛亮自薦：「請給我一萬兵力，我必定勢如破竹，直取長安。」但諸葛亮認為此種戰法太過危險，並未採納。這件事也讓魏延抱怨：「諸葛亮太膽小，害我無法發揮實力。」

五丈原之戰（↓298頁）時，深知自己即將死去的諸葛亮下令：「全軍撤退時，由魏延殿後。」但魏延卻抗旨不從，讓蜀國軍士認為這是謀反行為，紛紛攻擊魏延。魏延原本打算逃往漢中，卻遭派遣而來的馬岱（↓296頁）斬殺。

發現!

魏延像
魏延身高約184公分，自尊心極強。（陝西省）

魏延

肖像

字
文長

籍貫

司隸
兗州
義陽郡
豫州
荊州

生日
不詳

歿日
234年（日期不詳）

享年
不詳（戰死）

能力

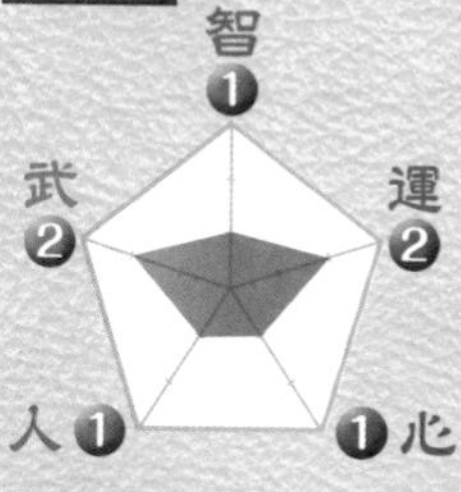
智 1
運 2
心 1
人 1
武 2

身分
蜀國武將

原來如此小物語

與同仁關係太糟 間接使自己斷送性命!?

魏延與楊儀（↓297頁）關係非常不好，他還曾經舉刀刺向楊儀，把楊儀嚇到涕泗縱流。諸葛亮在五丈原病逝後，魏延不想聽命於楊儀，拒絕撤退。此舉被視為叛國，於是楊儀下令馬岱斬殺魏延。

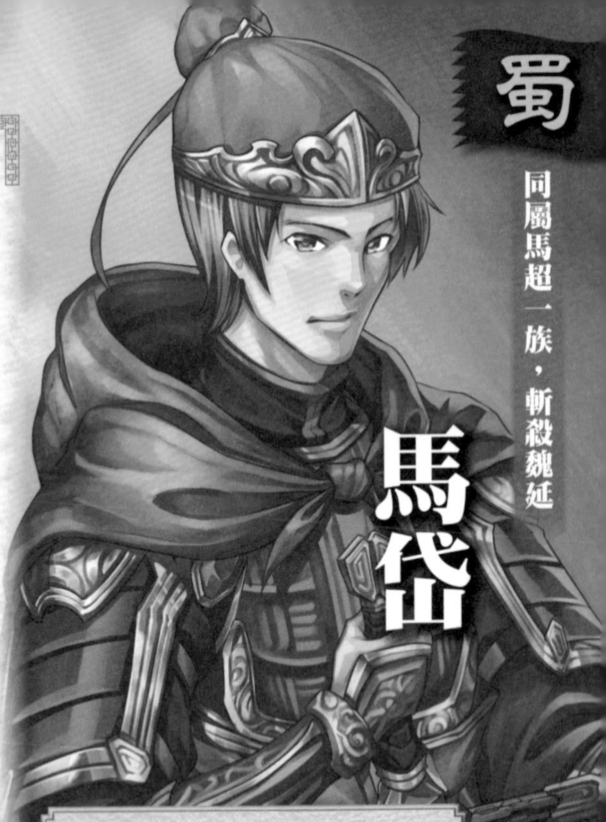

蜀

同屬馬超一族，斬殺魏延

馬岱

奉陽儀之命生擒並斬殺魏延

馬超的親族被曹操殺害後，馬岱是宗親中唯一存活下來的親族。當劉禪（⬇312頁）登基為蜀國皇帝後，馬岱便被封為將軍。

五丈原之戰（⬇298頁）時，自知無法久活的諸葛亮雖然下達「我軍撤退時，由魏延殿後」的命令，但魏延不願聽從關係不合的楊儀（⬇297頁）指揮，憤而抗命。魏延與楊儀紛紛向劉禪控訴對方叛國，蔣琬（⬇297頁）等人則在與劉禪討論後，認為魏延有罪。此時魏延雖然逃往漢中，但馬岱奉楊儀之命追捕魏延，最後生擒並斬殺魏延。

籍貫	司隸扶風郡
生日	不詳
歿日	不詳
享年	不詳
身分	蜀國武將

肖像

演義名橋段

諸葛亮獻計 馬岱成功斬殺魏延!!

《三國演義》裡提到，諸葛亮曾教導馬岱如果遇到魏延背叛時該如何應對，就是當魏延背叛時，馬岱要假裝同意成為魏延的部下。後來馬岱便是趁魏延高喊「誰敢殺我」時，從背後大喊「我來動手」，順利斬殺魏延。

發現！

馬岱像

馬岱在馬超死時被指名為繼任者。（陝西省）

蜀 蔣琬

以諸葛亮繼任者之姿主導蜀國

籍貫	荊州零陵郡
生日	不詳
歿日	246年（日期不詳）
享年	不詳（病逝）
身分	蜀國政治家

諸葛亮的後繼者致力恢復國力

蔣琬的才能從年輕時起就聞名於當時，當劉備攻入益州後，蔣琬便投入其帳下。蔣琬個性冷靜，做事腳踏實地，因此頗得諸葛亮的賞識，蔣琬的官職也一路升遷。

諸葛亮展開北伐後，蔣琬皆負責留守成都，總能及時地將糧食及士兵輸送至戰場，不使前線出現糧草或兵力短缺。諸葛亮還私底下向劉禪建議：「我死後，就讓蔣琬接任。」諸葛亮逝世後，劉禪便依照他的遺願，任命蔣琬為繼任者，掌管蜀國國政。蔣琬雖然致力恢復蜀國國力，但壯志未酬就先一步病逝了。

原來如此小物語

楊儀很不滿蔣琬成為繼任者!?

斬殺魏延的楊儀（?～235）認為自己會是諸葛亮的繼任者，但最後繼任的卻是蔣琬。對此相當不滿的楊儀更說：「早知如此，我應該在諸葛亮死後投靠魏國。」因此被驅逐成都，最後自刎身亡。

楊儀像（陝西省）

發現!

蔣琬像

諸葛亮評價蔣琬為「忠心耿耿，講求公平」。（四川省）

戰役檔案 28

234年

五丈原之戰（第五次北伐）

五丈原之戰

諸葛亮率領10萬大軍，進駐五丈原（台地），司馬懿則紮營渭水岸邊。雙方對峙超過百日後，諸葛亮病逝，蜀軍撤退。

蜀軍
五丈原
渭水

勝 戰力 不詳

司馬懿

魏軍

VS

蜀軍

諸葛亮

敗 戰力 約10萬人

司馬懿閃避正面交鋒　諸葛亮積勞成疾病逝

公元二三四年，諸葛亮展開第五次北伐，率領大軍駐紮於五丈原。魏國的司馬懿則屯營在五丈原附近的渭水岸邊，準備採持久戰略，兩軍陷入長期對峙。諸葛亮雖然多次挑釁司馬懿，但司馬懿始終維持防守，不為所動。當戰局膠著超過百日之際，諸葛亮於營中病逝。

蜀軍遵照諸葛亮的遺言開始撤退，另一方面，司馬懿篤定諸葛亮已死，於是下令出兵追擊。但是蜀軍鳴鼓作勢反擊，司馬懿因此慌張撤軍。直到蜀軍全軍撤退

蜀魏對峙百餘天 諸葛亮病逝五丈原！

諸葛亮營部
魏軍

後，司馬懿才仔細查看諸葛亮生前安營下寨之處，不禁感佩道：「天下奇才也！」

演義名橋段 憑藉仿真人木雕像嚇退司馬懿!?

《演義》裡提到諸葛亮死後，司馬懿出兵追擊蜀軍。但這時司馬懿卻在蜀軍裡頭發現了坐在四輪車上的諸葛亮，深以為「諸葛亮還活著，必定有陷阱！」於是趕緊撤退。但其實司馬懿看見的只是諸葛亮死前製作的木頭雕像。

五丈原之戰的事件地圖

魏軍的路線
蜀軍的路線
魏
蜀
2 司馬懿迎擊
司馬懿屯駐渭水岸邊，採持久戰策略。
3 五丈原之戰
司馬懿與蜀軍對峙超過百日，諸葛亮病逝。
4 司馬懿追擊
得知蜀軍撤退後，司馬懿出兵追擊，卻遭蜀軍反擊而撤軍。
1 諸葛亮出陣
234年2月，諸葛亮出兵五丈原。
渭水
陳倉
五丈原
長安
南鄭
司馬懿
諸葛亮
魏延
馬岱

木牛流馬的真面目！

蜀國棧道上的流馬（想像圖）

流馬被認為是一種用來運輸糧草的獨輪車。一般認為流馬便捷，容易操作，以便在棧道上運行。

諸葛亮發明的台車於北伐時大放異彩

諸葛亮北伐時，最辛苦的莫過於運送糧草及武器。從成都到漢中（益州北部）一路上有不少高山深谷，於是諸葛亮派軍修補棧道，以便軍隊行路。所謂的棧道，是指在斷崖挖洞崁入木頭而成的通道，建築棧道需要組織相當大的勞力，據說諸葛亮為了打通棧道，還發明一種名為「流馬」的獨輪車，其他還有四輪車「木牛」。

儘管木牛與流馬的實際形狀、大小皆已不可考，但在《三國志》的確有記載這些台車曾在北伐時運用於補給物資的運輸上。

蜀國棧道

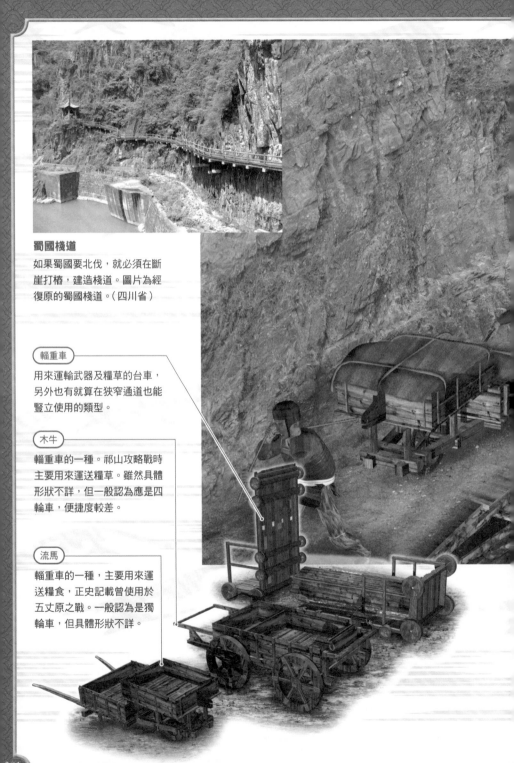

如果蜀國要北伐，就必須在斷崖打樁，建造棧道。圖片為經復原的蜀國棧道。（四川省）

輜重車

用來運輸武器及糧草的台車，另外也有就算在狹窄通道也能豎立使用的類型。

木牛

輜重車的一種。祁山攻略戰時主要用來運送糧草。雖然具體形狀不詳，但一般認為應是四輪車，便捷度較差。

流馬

輜重車的一種，主要用來運送糧食，正史記載曾使用於五丈原之戰。一般認為是獨輪車，但具體形狀不詳。

視覺超享受！

三國新聞

第五刊

發行處：丞相時報

諸葛亮究竟是什麼樣的人物？

三國時代中大名鼎鼎的諸葛亮，到底為人如何？

諸葛亮像（河北省）

躬耕隴畝 靜待理想君主現身!?

在劉備三顧茅廬之前，諸葛亮並未追隨其他人。據說諸葛亮就是在靜待能接受自己所有理想的君主出現。

古隆中

諸葛亮效力劉備前居住的「古隆中」。（湖北省）

刻意不採奇襲策略!?

諸葛亮雖然多次北伐，卻從未使用令敵軍措手不及的奇襲策略。有人認為，這證明諸葛亮缺乏軍事才能，才無法想出奇策；但也有一說認為，因為蜀軍兵力比魏軍弱，因此諸葛亮才選擇避免發動無謂的攻擊。

講求公平公正 備受眾人愛戴!?

諸葛亮秉公職守，就算是稍微有點功績的人，他也會給予讚揚；但只要出現為惡者，即便是親信，他也會予以懲罰。因此蜀國百姓對於諸葛亮是既恐懼又愛戴。

擅長發明兵器!?

諸葛亮為了解決北伐時的補給問題，因此發明出木牛流馬等運輸工具，另外也發明一次能射出十支箭的連弩（機械弓）。儘管連弩的尺寸與形狀皆不詳，但據說箭矢是以鐵鍛鑄，長度約20公分，射程長，相當具威力。

身居簡樸 身後沒留下財產!?

諸葛亮準備北伐時，曾上奏劉禪說：「我的家人已經擁有足夠的桑樹田畝，足以維繫生計，不用因為遠征再另給薪餉。」實際上，諸葛亮雖然貴為蜀國掌權者，卻身居簡樸，據說逝世後也幾乎沒有留下財產。

比起容貌，更重視才能!!
諸葛亮年輕時拜訪了在地名士黃承彥。
聽說你在找老婆啊？
是的。
我女兒雖然黃頭髮、黑皮膚，
但頭腦很好，配得上你。
那就結婚吧！
兩人立刻成婚。
請多多指教。
彼此彼此。
兩人感情很好，據說妻子還會在工作上協助諸葛亮。
需要運輸工具呢。
一起想想吧。

諸葛亮衣冠塚
諸葛亮病逝後，五丈原立有埋葬其衣物的衣冠塚。（陝西省）

司馬懿對諸葛亮其實是百般敬重!?

五丈原之戰後，司馬懿看見了諸葛亮的布陣，盛讚「天下奇才」。司馬懿在諸葛亮生前寫信給他時也提到「投誠魏國的蜀國武將都對你讚譽有加」。

諸葛亮的對手 —— 司馬懿。

三國趣味專欄

三國的詩詞與文學

曹操的名詩

短歌行

對酒當歌，人生幾何

解釋

飲酒盡情歡歌，人生能有多長呢？

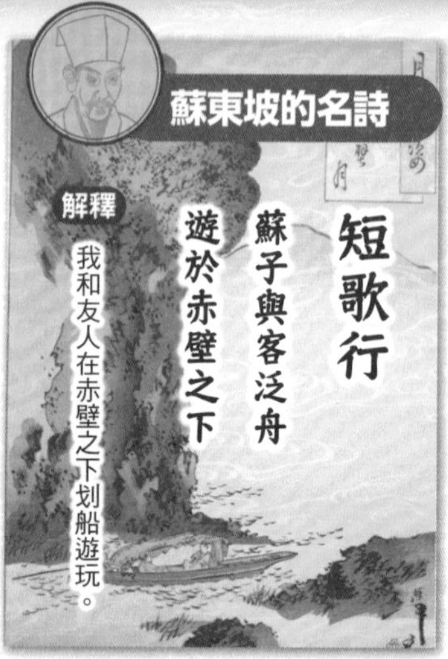

蘇東坡的名詩

短歌行

蘇子與客泛舟遊於赤壁之下

解釋

我和友人在赤壁之下划船遊玩。

圖為描繪蘇東坡搭乘小船的畫作。

杜甫的名詩

蜀相

長使英雄淚滿襟

解釋

（諸葛亮生前的表現）使古往今來的英雄不禁為他流下淚來。

李白的名詩

赤壁歌送別

赤壁樓船掃地空

解釋

赤壁一戰，曹操的樓船戰艦瞬間被橫掃一空。

※上述漢詩都是從全文擷取一部分的內容。

曹氏父子雅好詩詞 肯定文學的社會價值

曹操喜愛文學，留下了以〈短歌行〉為首的大量優秀詩篇。在曹操掌權的建安時代裡，以曹植、曹丕等政治領袖為首，同樣積極創作詩文，因此這段時期的作品又稱為「建安文學」。文學在當時中國的社會地位相當低落，但曹操肯定詩歌文學的價值，提高文學的地位。

後世的著名詩人，如唐代李白（七〇一～七六二）、杜甫（七一二～七七〇）、宋代的蘇東坡（一〇三六～一一〇一）等人，也時常感懷三國英雄豪傑的偉業，創作許多以赤壁之戰、諸葛亮為題材的篇章。

5章 三國終結

公元二五二年，吳國孫權病倒。
諸葛恪。
是。
我活不久了，
孫權
心裡唯一的牽掛，就是年幼的太子……
太子 孫亮
孫亮登基後，你一定要輔佐他。
我一定盡心盡力，
守護太子。
諸葛恪

你的父親諸葛瑾表現優異，
再加上……你的叔父就是諸葛亮，
我相信你一定不會辜負我的期望。
這一年，三國時代最後一位英雄——孫權離世。
另一方面，司馬懿的子嗣掌控魏國，握有比皇帝更大的權力。
司馬懿長子
司馬師
魏
司馬懿次子
司馬昭

就在諸葛亮
辭世三十年後，
蜀國遭魏國攻擊，
面臨危急存亡之秋。
父皇！
說什麼要投降魏國，
這是要讓先帝
蒙羞嗎！
劉禪之子
劉諶
就算只剩最後一人，
也應該要奮戰至死啊！
蜀國第二代皇帝
劉禪
…原諒我。
…我，
沒辦法像
父皇那樣。

公元二六三年，
劉禪投降魏國，
蜀漢滅亡。
兩年後，
司馬懿之孫
司馬炎稱帝，
改國號為晉。
曹魏就此結束。
晉
公元二八〇年，
司馬炎消
滅吳國，
由晉
統一中國。
就這樣，
英雄豪傑
輩出的三國時代
在此畫上句點。
晉

二三五年勢力版圖

公孫淵
幽州
冀州
曹叡
(➡P278)
青州
兗州
黃海
徐州
州
戰役檔案
30
➡P332
晉滅吳之戰
建業
吳
孫權
(➡P158)
揚州
東海

※勢力範圍皆為推定。

涼州
黃河
并州
雍州
司州
戰役檔案
29
➡P320
魏滅蜀之戰
長安
洛陽
司馬懿
(➡P286)
魏
成都
劉禪
(➡P312)
蜀
陸遜
(➡P246)
荊州
益州
蔣琬
(➡P297)

蜀

劉禪

劉備的繼任者，蜀國最後一任皇帝

寵信宦官掌朝政 令蜀國步向滅亡

劉禪為劉備之子。劉備死後，劉禪以十七歲的年紀登基為蜀國第二任皇帝，其皇后則是張飛之女。劉禪依循父親遺命，任命諸葛亮為丞相（朝中最高職務），政治軍事全委由諸葛亮處理。當諸葛亮準備北伐時，寫了篇名為《出師表》的奏章給劉禪，勸勉他：「應找可信任的臣子商量，仔細聆聽臣子所提出的忠告。」教導他如何作為才是一位皇帝應有的姿態。諸葛亮死後，蜀國政事改由蔣琬及費禕（↓318頁）等人打理。

劉禪在五十二歲左右，開始寵信宦官黃皓。但是黃皓擅權專政，使得蜀國國力衰退。五十七歲時，魏國大軍攻來，劉禪卻相信黃皓的占卜，認定敵人不會來而未加強防守。魏軍攻入蜀地，擊破姜維與諸葛瞻（↓314頁）的軍隊，進逼成都（↓320頁）。劉禪出城投降，蜀國就此滅亡。後來劉禪移居洛陽，過著怡然自得的生活，最後於六十五歲病逝。

發現!

劉禪像
魏軍兵臨成都時，劉禪不戰而降。（河北省）

原來如此小物語

少根筋的劉禪 連司馬昭都無言以對!?

劉禪移居洛陽後，某一天司馬昭（↓322頁）設宴款待他，並問：「你想念蜀國嗎？」劉禪卻回答：「在這裡很快樂，我怎麼會想念蜀國呢。」司馬昭不禁詫異地說：「即使諸葛亮在世，也沒辦法長久扶持這種人。」

劉禪

肖像

字

公嗣

籍貫

青州
司隸
兗州
徐州
南陽郡
豫州
荊州

生日

207年（日期不詳）

歿日

271年（日期不詳）

享年

65歲（病逝）

能力

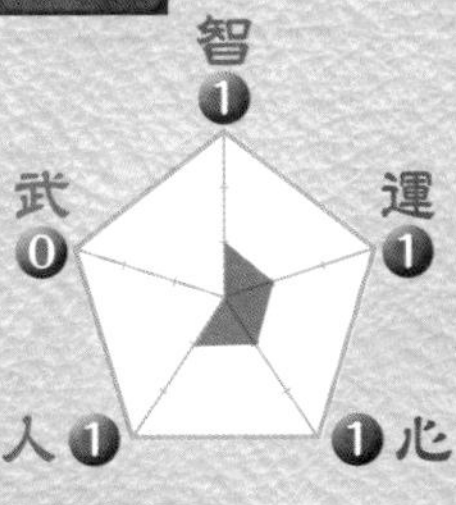
智 1
運 1
心 1
人 1
武 0

身分

蜀國第二代皇帝

蜀
諸葛瞻
諸葛亮之子，為蜀國戰至最後一刻

忠勇絕不向魏國投誠 與兒子竭力奮戰而亡

諸葛瞻為諸葛亮之子，據聞年幼時就很聰明。在諸葛亮死後，諸葛瞻於十七歲時迎娶劉禪之女，被授予蜀國官職，之後不斷升遷。據說諸葛瞻的記憶力很好，擅於書法及繪畫。由於蜀國老百姓始終不忘諸葛亮舊德，因此對諸葛瞻報以相當大的期待，凡有功勞都歸功於他。

諸葛瞻在三十五歲時升任將軍，同時也負責朝中政務。但是劉禪當時聽信宦官黃皓，而黃皓的擅權專政也使諸葛瞻無法在政治上有所作為。

三十七歲那年，魏國攻蜀，諸葛瞻於成都周邊的綿竹防守敵軍，並且拒絕鄧艾（⬇316頁）的勸降，遭魏軍猛烈強攻後戰死。諸葛瞻與其子諸葛尚一同奮力抵抗時，曾感嘆道：「殺不成黃皓才會導致今日的失敗，我們還活著幹什麼。」於是發動突擊，最後戰死沙場。

發現!

諸葛尚（？～263）

諸葛瞻長子，與父親退守綿竹，戰死沙場。

原來如此小物語

從小就聰穎出眾 反而令父親擔憂不已!?

諸葛瞻從小就非常聰明，諸葛亮曾寫信向兄長諸葛謹感嘆：「瞻今已八歲，聰慧可愛，但似乎太過早成，可能無法栽培為大人物。」然而，無論諸葛瞻做任何事都會被拿來與諸葛亮比較，據說這也讓他非常辛苦。

諸葛瞻

肖像

字

思遠

籍貫

冀州
并州
青州
兗州
琅邪郡
豫州
徐州

生日

227年（日期不詳）

歿日

263年（日期不詳）

享年

37歲（戰死）

能力

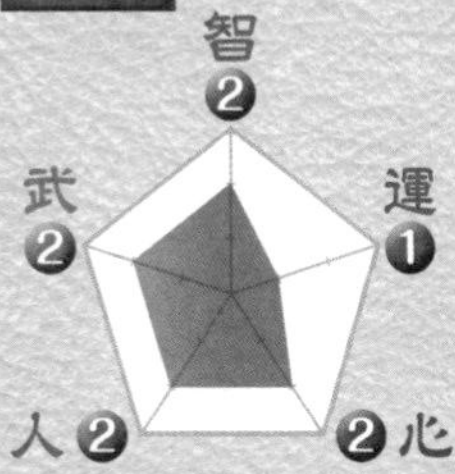
智 2
運 1
心 2
人 2
武 2

身分

蜀國武將

魏

鄧艾

建立蜀國奇功，卻在混亂中反遭殺害

鄧艾

肖像

字

士載

籍貫

司隸
兗州
義陽郡
豫州
荊州

生日

197年？

歿日

264年（日期不詳）

享年

68歲？（處死）

能力

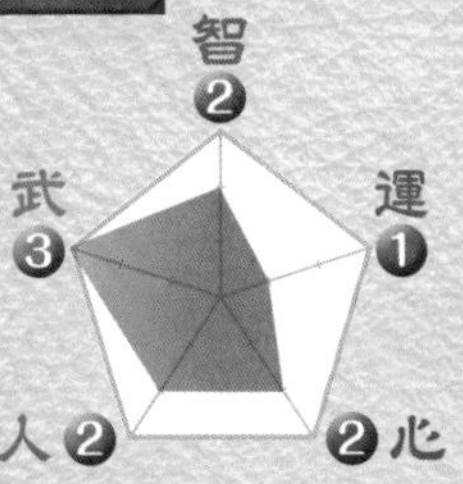
智 2
運 1
心 2
人 2
武 3

身分

魏國武將

伐蜀取得勝果 卻因謀反罪名遭捕

鄧艾是魏國的將軍，才能備受司馬懿肯定，因此被提拔為朝中官員。他曾經提出開發運河的構想，藉興修水利加強魏國的國力。

鄧艾六十七歲時，魏國開始進攻蜀國，他也跟著鍾會（➡319頁）等人率領魏軍。期間鄧艾鑿山造路，攀木登崖，行軍於險峻的山路，終於抵達成都附近。鄧艾軍隊在綿竹擊潰諸葛瞻後，劉禪投降。鄧艾承諾保住劉禪一命，更要求魏國士兵不可掠奪，讓蜀國老百姓鬆了口氣。

鄧艾獨自處置投降的蜀國君臣，但是與其不睦的鍾會見狀後，便向當時主掌魏國的司馬昭回報「鄧艾意圖謀反」，使鄧艾遭部下衛瓘逮捕，並送至洛陽。之後，鍾會策畫謀反，鄧艾被派出平反，卻遭害怕被報復的衛瓘殺害。

鄧艾行軍山路

鄧艾行走蜀軍未駐守的險峻山路，迅速攻入成都。

原來如此小物語

夢境暗示無法返回家國!?

據說鄧艾即將出兵伐蜀時，做了一個夢，夢見自己坐在山上，眺望著流水。於是鄧艾請會占卜的人解夢，對方卻回答：「蹇利西南（蜀），不利東北（魏）。雖然能勝利，但也許回不來。」而結果也真如預言所說。

蜀

出逃魏國歸降蜀國的武將

夏侯霸

多次參與姜維北伐戰事

夏侯霸是夏侯淵的次子，早期為了替父親報仇，屢次在與蜀國的戰役中表現優異。可是當曹爽被司馬懿殺害後，夏侯霸認定自身會有危險而逃至蜀國。而後他在蜀國備受禮遇，甚至被任命為將軍，與姜維等人一同對抗魏軍。雖然其死因不詳，但《三國演義》描寫夏侯霸死於北伐戰役中。

籍貫	豫州沛國
生日	不詳
歿日	不詳
享年	不詳（病逝？）
身分	蜀國武將

蜀

蔣琬的後繼者，扶持蜀國

費禕

才幹深得諸葛亮信賴 蜀漢朝中實質領導者

費禕是蜀國的政治家。劉備入主益州後，費禕便加入劉備陣營，受到諸葛亮信任。諸葛亮死後，費禕輔佐繼任主掌朝政的蔣琬。蔣琬病逝時，費禕被委以處理國中所有政治軍事事務。費禕的辦事能力相當傑出，然而他卻在一次宴席上喝醉，遭原本已經降伏的魏國將領殺害。

籍貫	荊州江夏郡
生日	不詳
歿日	253年（日期不詳）
享年	不詳（遭殺害）
身分	蜀國政治家

鍾會

魏

因姜維慫恿而策謀逆反

籍貫	豫州潁川郡
生日	225年（日期不詳）
歿日	264年3月3日
享年	40歲（戰死）
身分	魏國武將

鍾會之亂的首謀 意圖起事終以失敗收場

鍾會是魏國重臣鍾繇之子，從小聰慧，司馬昭（➡322頁）非常賞識他的才能，大力提拔鍾會，但他卻也經常用計陷害別人。

鍾會在三十九歲時，與鄧艾一同率領魏軍攻打蜀國。鍾會攻擊死守劍閣的姜維，雙方經歷一番苦戰，最終由鄧艾率兵抄捷徑，降伏蜀國。鍾會對於投降的蜀國官員相當友善，也與降將姜維關係良好。後來鍾會誣陷鄧艾有所圖謀，冠以謀反之名強行將鄧艾遣送回魏國，獨自握擁蜀地權力。隨後在姜維的慫恿下，鍾會策畫謀反曹魏，但最終卻與姜維一同遭部下殺害（鍾會之亂）。

原來如此小物語

受姜維誘惑 一同策畫謀反魏國!?

鍾會驅逐鄧艾之後，得以獨攬蜀地大軍。這時姜維為削弱魏軍，趁機慫恿鍾會一起謀反魏國，鍾會也決意叛變，甚至深信「打倒司馬昭就能取得天下。就算失敗，至少也能像劉備一樣占據蜀地」。但是鍾會卻遭部下背叛，與姜維一同被殺。

鍾繇（151～230）

鍾會之父。跟隨曹操時表現優異，為魏國重臣。

戰役檔案 29

263年

魏滅蜀之戰

劉禪投降曹魏 四十二年國祚就此消亡！

成都城
鄧艾

勝 戰力 約18萬人

鄧艾

魏軍

VS

蜀軍

劉禪

敗 戰力 約7萬人

蜀國國力衰退 司馬昭趁勢進擊

蜀國在諸葛亮死後，由蔣琬主掌朝中事務；蔣琬死後，由費禕繼任。費禕被殺後，姜維掌握軍權，接續展開北伐，但卻始終未能收獲戰果。而劉禪信任宦官黃皓，放任其在朝廷擅權專政，致使蜀國國力衰退。

公元二六三年，魏國最高權力者司馬昭（➡322頁）決心消滅蜀國，命鄧艾與鍾會為司令，朝蜀國進擊。姜維死守劍閣，堅持至諸葛瞻戰死，但是當鄧艾逼近成都時，劉禪卻不戰而降。蜀國歷經短短兩代就這麼滅亡了。

成都陷落

蜀國皇帝劉禪得知諸葛瞻戰敗後，便向曹魏將軍鄧艾表達投降意願。鄧艾軍隊未出動一兵一卒就順利進入成都。

劉禪投降

鄧艾進入成都城後，劉禪以繩子自綑，背著棺材出城。鄧艾隨即鬆綁劉禪的繩子，燒毀棺材。

魏滅蜀之戰的事件地圖

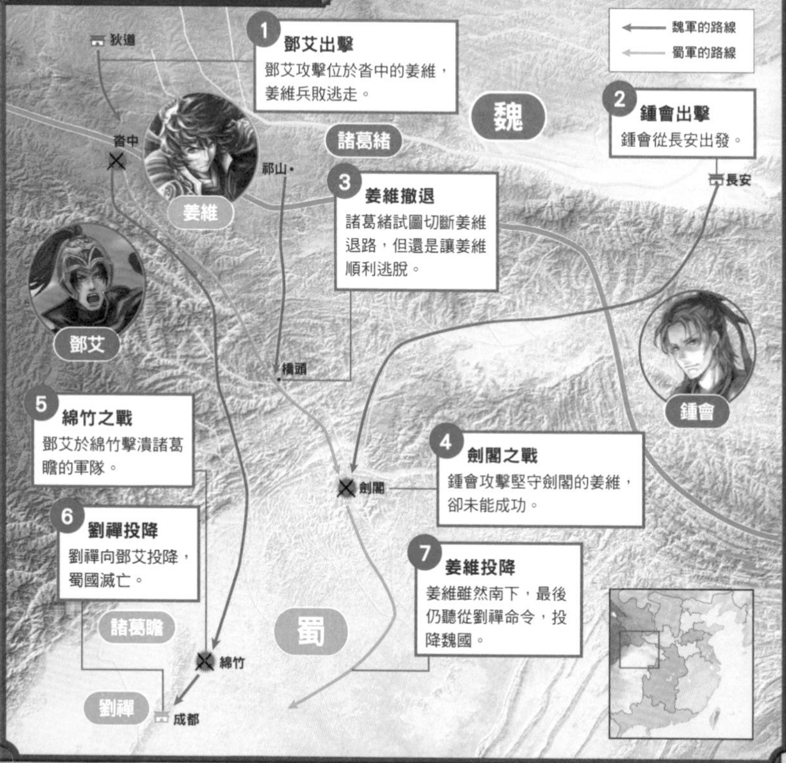

魏軍的路線
蜀軍的路線
狄道
沓中
祁山
橋頭
劍閣
綿竹
成都
長安
魏
蜀
姜維
鄧艾
鍾會
諸葛緒
諸葛瞻
劉禪
1 鄧艾出擊
鄧艾攻擊位於沓中的姜維，姜維兵敗逃走。
2 鍾會出擊
鍾會從長安出發。
3 姜維撤退
諸葛緒試圖切斷姜維退路，但還是讓姜維順利逃脫。
4 劍閣之戰
鍾會攻擊堅守劍閣的姜維，卻未能成功。
5 綿竹之戰
鄧艾於綿竹擊潰諸葛瞻的軍隊。
6 劉禪投降
劉禪向鄧艾投降，蜀國滅亡。
7 姜維投降
姜維雖然南下，最後仍聽從劉禪命令，投降魏國。

魏
司馬昭
弒害皇帝曹髦，手握曹魏實權

司馬昭

肖像

字

子上

籍貫

冀州
并州
青州
司隸
河內郡
兗州
豫州
徐州

生日

211年（日期不詳）

歿日

265年9月6日

享年

55歲（病逝）

能力

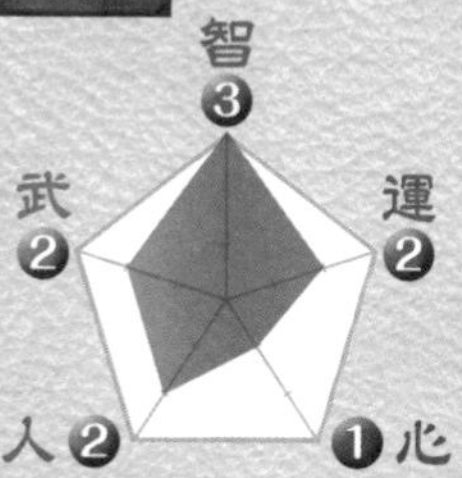
智 3
武 2
運 2
人 2
1 心

身分

魏國政治家

追隨父兄事業 掌握魏國權力

司馬昭為司馬懿的次子，協助父親與兄長司馬師驅逐曹爽勢力。司馬懿死後，司馬師掌握魏國實權，並逼迫第三任皇帝曹芳退位，立曹髦登基為第四任皇帝。

司馬師死後，由司馬昭接掌，持續握有魏國權力。曹髦雖然舉兵想討伐司馬昭，卻被司馬昭的部下賈充所殺害。司馬昭再立曹奐登基為帝，但這第五任皇帝卻有名無實。五十三歲這年，司馬昭任命鄧艾與鍾會為魏軍總司令，出兵攻打蜀國，蜀國國祚自此斷絕。隔年，司馬昭受封為晉王。他原本想讓三子司馬攸繼任，卻遭到諸位臣子反對，只好改指名長子司馬炎（➡324頁）為繼位者。之後，司馬昭就在準備登上皇帝寶座之際，因病而逝世。

影像資料

曹髦被殺

皇帝曹髦舉兵後，司馬昭命部下賈充前往鎮壓。賈充則命令部下成濟殺死曹髦。

賈充
成濟
曹髦

司馬氏系譜

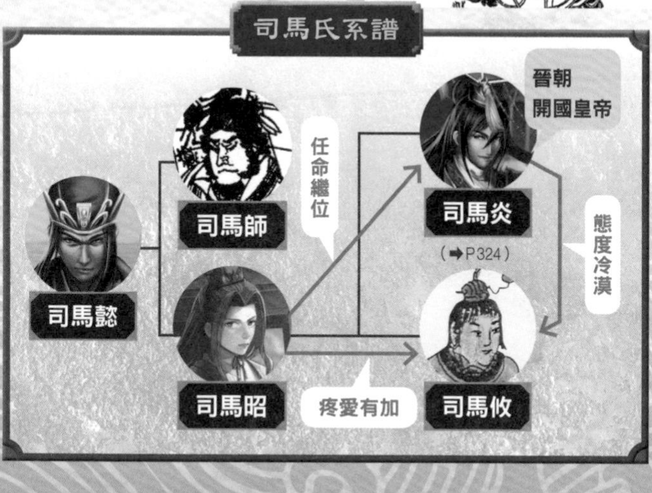
司馬懿
司馬師
任命繼位
司馬昭
司馬炎
（➡P324）
晉朝開國皇帝
態度冷漠
疼愛有加
司馬攸

晉

司馬炎

晉朝開國皇帝，為三國時代畫下句點

統一中國後大封宗室 將晉朝帶上滅亡之路

司馬炎是司馬昭的長子。三十歲時父親司馬昭病逝，繼位晉王。同年更逼魏國第五代皇帝曹奐禪位，改國號為晉。之後司馬炎命羊祜（➡326頁）鎮守荊州，準備進攻孫吳。

四十四歲這一年，司馬炎派出二十萬大軍，兵分六路進攻吳國。吳國皇帝孫皓（➡331頁）投降，孫吳就此滅亡。司馬炎成功統一中國，為三國時代畫下句點。

司馬炎統一中原後，便開始縱情享樂，不過問政事，每天過著與後宮女子玩樂的生活。對於弟弟司馬攸也非常冷漠，最後將他逼上絕路。除此之外，司馬炎更大幅裁減中央軍備，分封宗室成員，由皇親國戚治理中原各地。這也導致司馬炎在五十五歲病逝後，隔年諸侯之間就爆發內鬨，引發「八王之亂」。長達十五年的八王之亂令晉朝陷入亂局，在內戰結束十年後，晉朝也因周邊民族內徙一一建立政權，最終攻陷國都而滅亡。

影像資料

司馬炎統一中國

司馬炎於280年消滅孫吳，統一中國。

真的？假的？!

後宮佳麗竟有萬名之多!?

司馬炎相當沉迷女色，自從登基為帝後，更要求國內的年輕女性暫時不能結婚，讓他能從中挑選五千名喜愛的女子納為後宮。之後，吳國孫皓投降，司馬炎也將孫皓的五千名宮女納為己有。

司馬炎

肖像

字

安世

籍貫

冀州
并州
青州
司隸
河內郡
兗州
豫州
徐州

生日

236年（日期不詳）

歿日

290年5月16日

享年

55歲（病逝）

能力

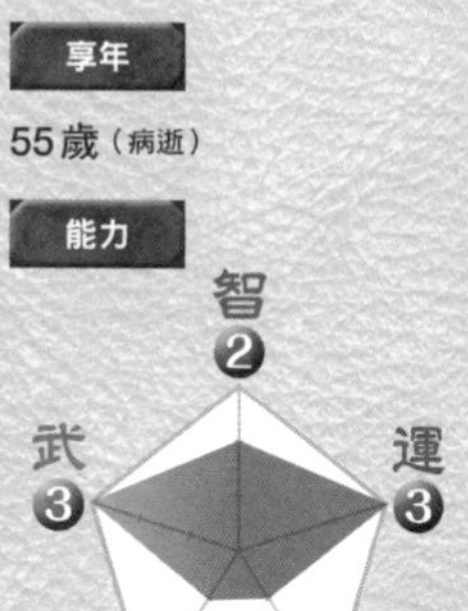
智 2
武 3
運 3
人 1
1 心

身分

晉朝開國皇帝

晉
羊祜
深受晉朝百姓愛戴，吳國武將也相當敬重

羊祜

肖像

字

叔子

籍貫

冀州
并州
青州
兗州
•泰山郡
徐州
豫州

生日

221年（日期不詳）

歿日

278年（日期不詳）

享年

58歲（病逝）

能力

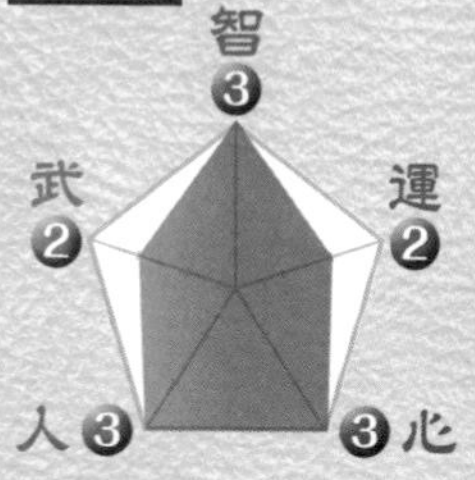
智 3
運 2
心 3
人 3
武 2

身分

晉朝武將

總攬荊州軍政大權 對抗吳國武將陸抗

羊祜的胞姐為司馬師的皇后，因此為司馬一族的姻親成員。羊祜的身量約一七五公分，據說是名美男子。他迎娶夏侯霸之女，年少時便表現極高的才能，備受眾人肯定。曹奐在位期間，羊祜侍奉曹魏，晉朝的開國皇帝司馬炎對羊祜的評價也相當高，他更做足萬全準備，讓司馬炎得以順利接收皇帝寶座。羊祜個性老實沉穩，因此受到許多人信賴。

當司馬炎決定消滅吳國時，便派遣羊祜前往與吳國相接的荊州，並交付他處理政治軍事事務。據說羊祜重視老百姓，深受當地愛戴。他與吳國武將陸抗（↓330頁）之間也建立起相互信任的情誼，使邊境得以維持和平狀態。西陵之戰時，羊祜敗給陸抗優越的作戰計畫。陸抗死後，羊祜主張此時正是消滅吳國的大好機會，但晉朝多數重臣皆表示反對，因此未能出兵。之後，羊祜罹病，推舉杜預接掌荊州，隨後病逝身亡。

發現!

襄陽城

羊祜與吳國對戰時，作為前線據點之城。（湖北省）

原來如此小物語

深受吳國武將及老百姓敬愛!?

羊祜赴任荊州期間，相當重視當地百姓。不僅如此，對於投誠的吳國武將或是從吳國逃出的老百姓也都親切以對，因此羊祜在吳國亦十分受到敬重。據說羊祜死時，鎮守吳國邊境的士兵也不禁流淚哭泣。

晉
杜預
率晉軍以破竹之勢攻入吳國

參與平吳之戰 促使晉一統天下

杜預侍奉魏國，雖然才能出眾，卻因父親與司馬懿不合，久久未能出人頭地。之後，杜預迎娶司馬昭的妹妹，終於開始展露頭角。四十二歲那年，杜預擔任鍾會的副官，並投入平蜀之戰。當鍾會策畫謀反時，杜預並未參與其中，因此未被定罪。

五十七歲時，杜預被派至荊州，接掌病逝的羊祜的職權，他加強訓練軍隊，為出兵吳國做足準備。司馬炎決意出兵滅吳（➡332頁）時，杜預被任命為司令官的一員，成功攻陷荊州南部。而後當晉軍逼近吳國國都建業時，杜預主張「乘勝追擊，一舉消滅吳國」，晉軍果真成功攻陷建業。之後，杜預也在江南（長江以南流域）興建治水工程，最後於返回國都的途中病逝。

杜預博學多聞，不僅深諳軍事，還詳知經濟、政治、法律、土木等各類範疇，更是史書《春秋左氏傳》的著名研究學者。

杜預率兵進軍吳國

杜預帶領軍隊前往荊州，擊破吳軍。

原來如此小物語

以「破竹之勢」消滅吳國!?

當晉軍逼近吳國首都建業時，有人主張「應謹慎進攻」，杜預卻認為：「現在我軍氣勢正旺，有如破開竹子般，數節之後竹子就迎刃而解。」於是持續進攻，擊破吳國。這也是成語「勢如破竹」的由來。

杜預

肖像

字

元凱

籍貫

冀州
并州
司隸
兗州
京兆郡
豫州

生日

222年（日期不詳）

歿日

284年（日期不詳）

享年

63歲（病逝？）

能力

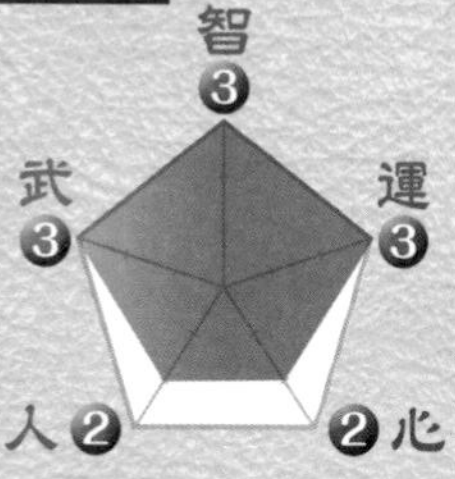
智 3
運 3
心 2
人 2
武 3

身分

晉朝武將

吳

與羊祜建立互信情誼

陸抗

籍貫	揚州吳郡
生日	226年（日期不詳）
歿日	274年（日期不詳）
享年	49歲（病逝）
身分	吳國武將

駐守荊州守衛吳國邊境 與魏國名將羊祜對峙

陸抗是吳國名將陸遜之子。二十歲那年父親過世，陸抗繼承其位，接掌陸遜旗下的五千名兵力。孫權曾因太子之爭懷疑陸遜違背自己，於是召見陸抗，與他一一核實陸遜的罪狀。當孫權終於釐清心中的懷疑後，便流著淚向陸抗道歉：「我誤信讒言，很對不起你父親。」

陸抗三十二歲時於壽春之戰擊潰魏軍，立下戰功，升任為將軍。

當孫晧登基成為吳國的第四任皇帝後，派遣陸抗駐守荊州，與魏國的羊祜對峙。陸抗卻與羊祜逐漸建立互信情誼，兩人極力避免魏吳邊境發生戰事。四十七歲時，負責鎮守西陵城的吳國武將步闡叛變，陸抗立刻包圍西陵城，並擊潰羊祜率領的援軍，迫其撤退。陸抗也因為這項功績升任為荊州州牧，但隔年即因病逝世，享年四十九歲。

原來如此小物語

與羊祜各事其主 仍能彼此誠信以待!?

陸抗與羊祜雖然互為敵對關係，但彼此卻都深深敬重對方的為人。陸抗生病時，羊祜曾經送藥給他。吳國武將都認為這是魏國的詭計，力諫陸抗別吃羊祜送的藥，但陸抗卻毫不猶豫地把藥吃了。當陸抗回贈美酒時，據說羊祜也是想都沒想就喝光了酒。

吳

致使家國覆滅的吳末帝

孫皓

辜負人民期待為所欲為的暴君

孫皓是孫權之孫。老百姓長久生活在不安定的局勢下，期盼能夠有一位優秀的君王領導國家前程，而孫皓正是在人民如此期待下，於二十三歲這年登基，繼任為吳國第四任皇帝。原本孫皓非常關心貧苦百姓，被讚譽為仁慈德君。但是他逐漸蔑視他人，沉溺玩樂，更以殘酷威刑將忤逆自己的人一個接一個處刑。孫皓還建造奢華的宮殿，挑選多達五千名的女性納為後宮。種種作為皆使得吳國臣民開始對孫皓失望。

直到孫皓三十九歲時，晉軍大舉攻來，孫皓投降，吳國就此滅亡。後來孫皓被送至洛陽，並在四年後病逝。

籍貫	揚州吳郡
生日	242年（日期不詳）
歿日	284年（日期不詳）
享年	43歲（病逝）
身分	吳國第四代皇帝

原來如此小物語

將臣子灌酒確認諸人醉後的態度

孫皓經常召集群臣舉辦宴會，宴中不斷向臣子灌酒，直到所有人都喝醉為止。接著孫皓就會找來負責監視的官員，只要發現有人態度不恭，或是發言內容不妥，便會檢舉此人過失並施加酷刑懲處。

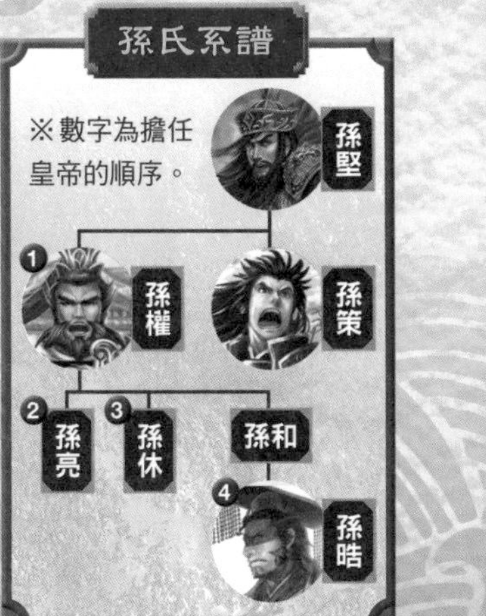
孫氏系譜
※數字為擔任皇帝的順序。
孫堅
1 孫權
孫策
2 孫亮
3 孫休
孫和
4 孫皓

戰役檔案
30
280年

晉滅吳之戰

長江
吳軍

晉軍抵達建業

279年，晉國皇帝司馬炎兵分六路攻吳。同一時間，王濬領軍，從成都出發沿長江而下，逐一攻陷吳國都城，並於280年3月抵達吳國國都建業。皇帝孫皓投降，吳國滅亡。

司馬炎消滅吳國 一統中國全境

公元二六五年，司馬炎逼迫曹奐讓出魏國皇帝寶座，並改國號為晉，建立晉朝。另一方面，吳國第四任皇帝孫皓施政暴虐，導致國力衰退。

公元二七九年，司馬炎為了滅吳，召集二十萬大軍，命賈充與杜預等人統帥部隊，兵分六路進攻吳國。隔年，王濬率領水軍從成都出擊，攻陷夏口及武昌，直逼建業。最後孫皓投降，吳國滅亡。這一戰也為持續近百年的三國時代畫下句點。

勝 戰力 約20萬人以上

司馬炎

晉軍

VS

吳軍

孫皓

敗 戰力 約5萬人

晉滅吳 三國時代落幕！

晉軍

孫晧投誠司馬炎

孫晧向王濬投降後，被送至晉國國都洛陽。司馬炎詔封孫晧為歸命侯，孫晧於4年後病逝洛陽。

晉滅吳之戰的事件地圖

晉軍的路線
1 兵分六路
司馬炎派出20萬以上的軍力，兵分六路攻打吳國。
晉
司馬炎
洛陽
長安
2 王濬進攻
王濬率水軍攻陷夏口、武昌，接著進逼建業。
下邳
項城
豫州
司馬伷
王戎
壽春
襄陽
賈充
建業
胡奮
王渾
王濬
江陵
夏口
武昌
長
江
成都
杜預
孫晧
揚州
益州
荊州
吳
晉吳邊界
1
2
3
4
5
6
3 孫晧投降
王濬抵達建業，孫晧投降，吳國滅亡。

魏國曾與邪馬台國結盟!?

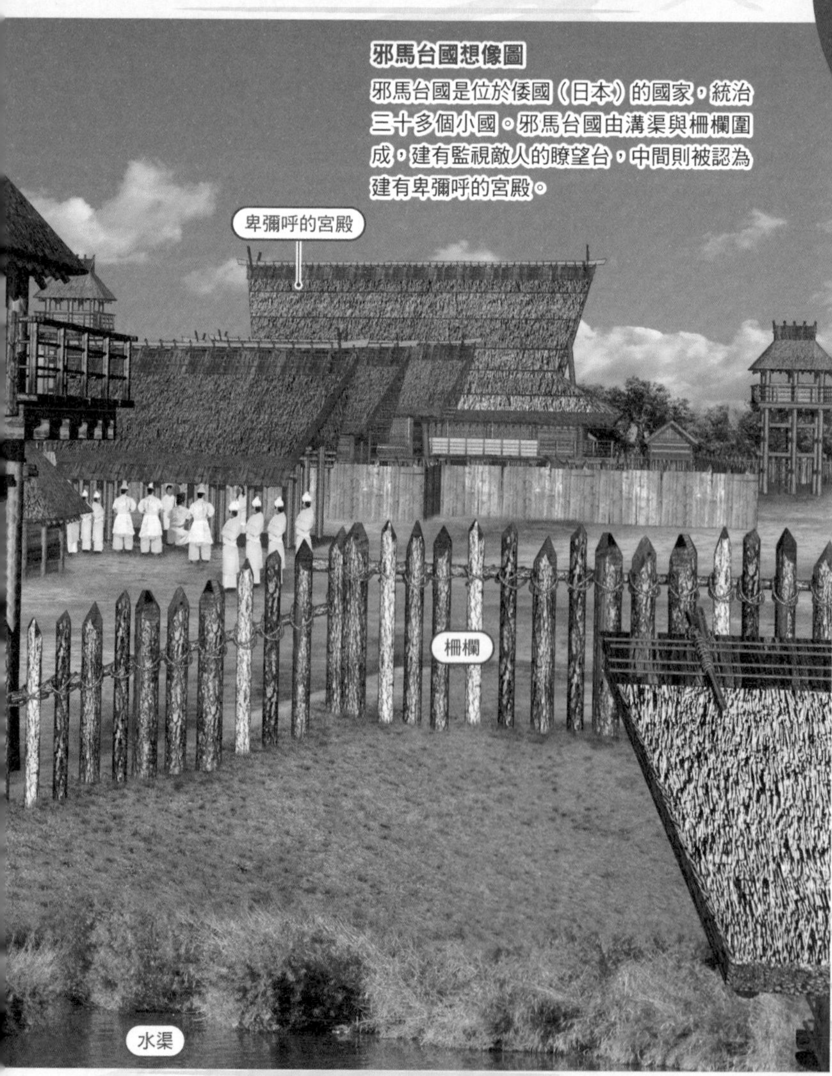
卑彌呼的宮殿
柵欄
水渠

邪馬台國想像圖

邪馬台國是位於倭國（日本）的國家，統治三十多個小國。邪馬台國由溝渠與柵欄圍成，建有監視敵人的瞭望台，中間則被認為建有卑彌呼的宮殿。

意欲與卑彌呼結盟 將倭國納入勢力範圍

《魏志・倭人傳》提到，當時在東南大海中，有一個由女王卑彌呼統治的國家，名叫邪馬台國。正史中之所以會留下有關邪馬台國的紀錄，正是因為三國之間不斷征伐的緣故。

公元二三七年，統治遼東（中國東北部）到朝鮮半島北部的公孫淵打算獨立，但卻被魏國得司馬懿給消滅。魏國更在之後將朝鮮半島與倭國（日本）納入統治版圖。

公元二三九年，邪馬台國派遣使者前來，魏國也封卑彌呼為「親魏倭王」。當邪馬台國與南方的狗奴國對戰時，魏國

卑彌呼受贈金印

卑彌呼派遣使者前往魏國，受封親魏倭王，並受贈金印與百枚銅鏡，等同魏國認可卑彌呼對倭國的統治。

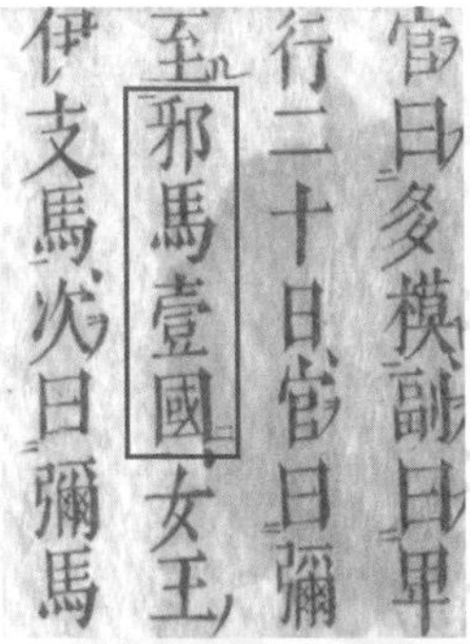

官曰多模副曰卑
行二十日官曰彌
至邪馬壹國女王
伊支馬次曰彌馬

魏志・倭人傳

《三國志》的〈魏志・倭人傳〉提到「邪馬壹國」，但《後漢書》卻是寫成「邪馬台國」，究竟何者正確，目前仍眾說紛紜。

瞭望台

三角緣神獸鏡

島根縣發現的銅鏡，鏡面上刻有「景初三年」（239年），也是卑彌呼派使者前往魏國的年分，因此被認為是卑彌呼受贈的百枚銅鏡的其中一枚。

文化廳所藏，島根縣立古代出雲歷史博物館提供

更授予卑彌呼黃幢（具備軍事指揮權的黃旗），在軍事上支援邪馬台國。由此可以得知對魏國而言，邪馬台國乃是同盟國之一。

三國歷史地圖

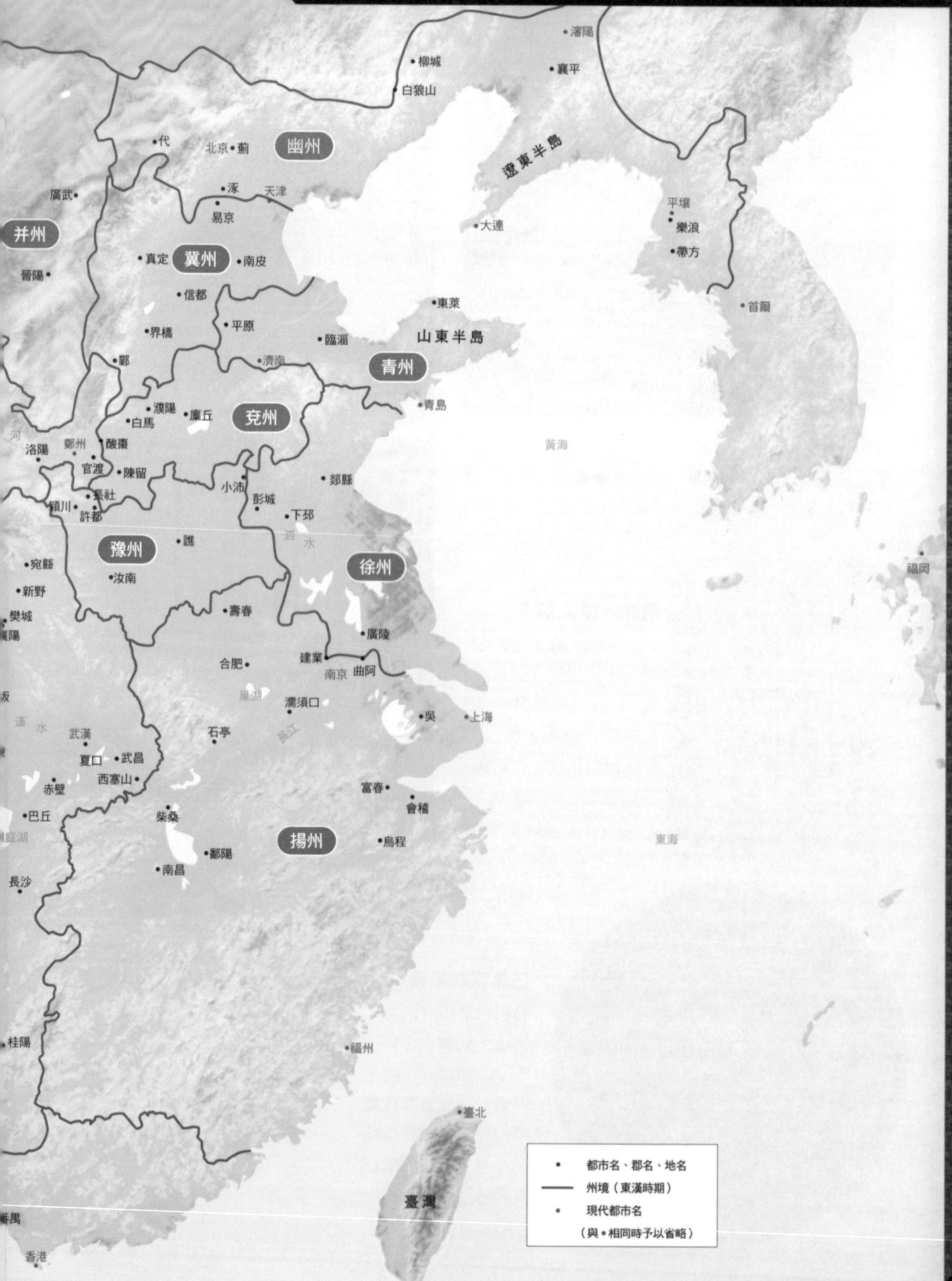

瀋陽
柳城
襄平
白狼山
遼東半島
代
北京
薊
幽州
涿
天津
易京
廣武
并州
真定
冀州
南皮
晉陽
大連
平壤
樂浪
帶方
信都
東萊
首爾
平原
界橋
臨淄
山東半島
鄴
濟南
青州
濮陽
廩丘
兗州
青島
白馬
河
洛陽
鄭州
酸棗
黃海
官渡
陳留
郯縣
小沛
長社
彭城
潁川
許都
下邳
泗水
豫州
譙
宛縣
汝南
徐州
福岡
新野
樊城
壽春
廣陵
建業
合肥
南京
曲阿
巢湖
濡須口
漢水
吳
上海
武漢
石亭
長江
夏口
武昌
西塞山
赤壁
富春
會稽
巴丘
柴桑
揚州
烏程
東海
鄱陽
南昌
長沙
桂陽
福州
臺北
臺灣
香港
都市名、郡名、地名
州境（東漢時期）
現代都市名
（與•相同時予以省略）

※河川、海岸線是根據現在的地圖描繪製作。

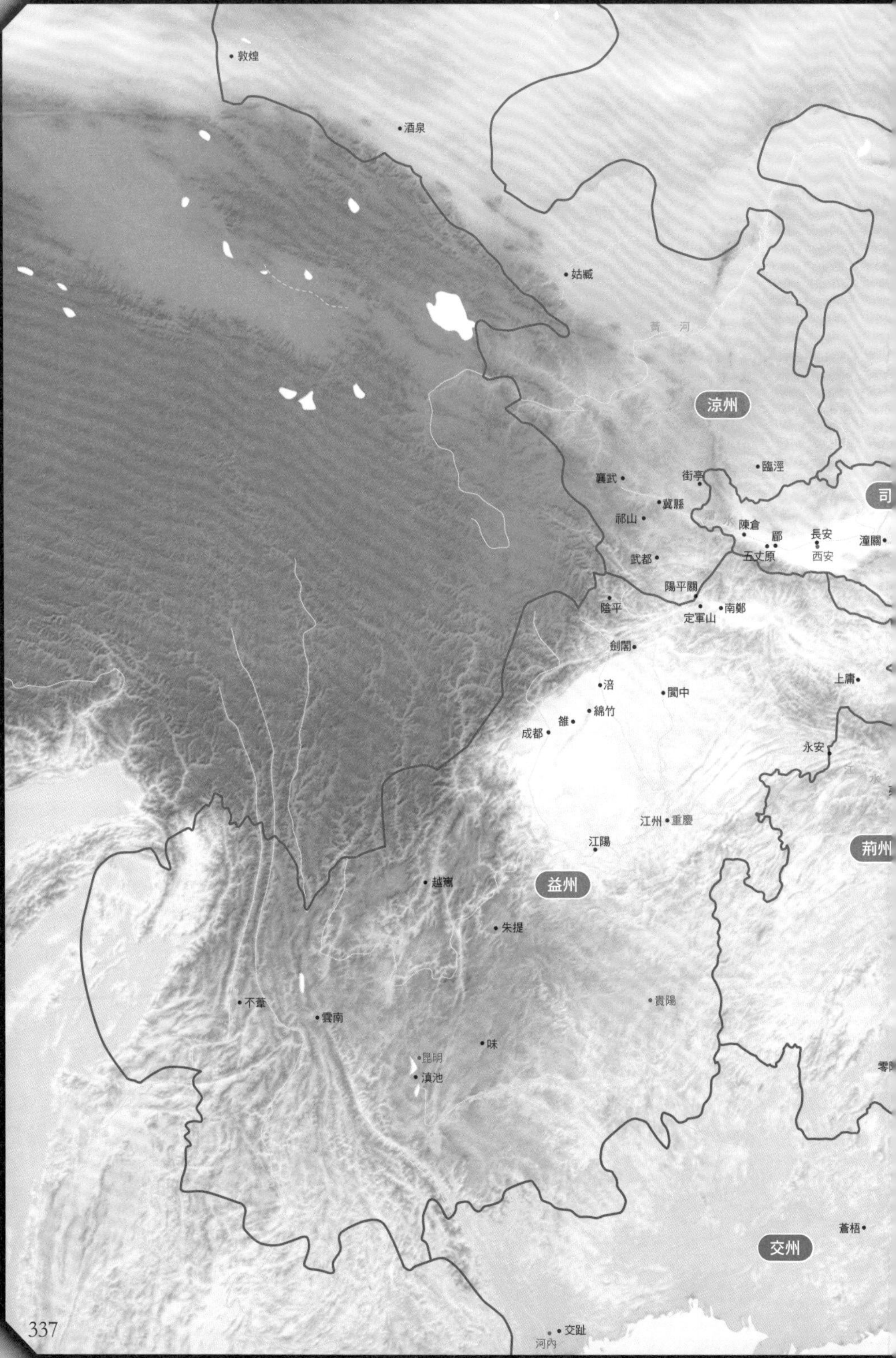
敦煌
酒泉
姑臧
黃河
涼州
臨涇
街亭
襄武
冀縣
祁山
渭水
陳倉
郿
長安
西安
五丈原
潼關
司
武都
陽平關
陰平
定軍山
南鄭
劍閣
涪
閬中
上庸
綿竹
雒
成都
永安
江水
江州
重慶
江陽
荊州
益州
越嶲
朱提
貴陽
不韋
雲南
味
昆明
滇池
零陵
蒼梧
交州
交趾
河內

三國歷史年表

朝代	西曆（年）	大事件
東漢	184	**黃巾之亂**（➡42頁） **劉備**、**關羽**、**張飛**舉兵討伐黃巾賊
	187	**孫堅**平定荊州長沙郡叛亂
	189	靈帝病逝，少帝即位 十常侍暗殺**何進** **袁紹**等人入宮斬宦官 **董卓**入洛陽，擁**獻帝**即位
	190	**董卓討伐戰**（➡58頁） **曹操**在滎陽慘敗給董卓軍 **董卓**火燒洛陽，遷都長安
	191	**孫堅**於陽人之戰擊破董卓軍 **劉備**擔任平原國相
	192	**孫堅**在**襄陽之戰**（➡70頁） 遭黃祖部下射殺 **界橋之戰**（➡72頁）

朝代	西曆（年）	大事件
東漢		**下邳之戰**（➡100頁）
	199	**易京之戰**（➡102頁） **袁術**病逝 **孫策**於沙羨擊破黃祖 **劉備**背叛**曹操**，於小沛獨立
	200	**曹操**攻破**劉備**，擄獲**關羽** **劉備**投靠**袁紹** **孫策**遭暗殺，**孫權**繼位 **白馬之戰**（➡120頁） **關羽**回歸**劉備** **官渡之戰**（➡122頁）
	201	**曹操**於倉亭擊潰**袁紹** **劉備**進攻汝南郡，敗給**曹操** **劉備**投靠荊州**劉表**
	202	**袁紹**病逝
	203	**袁紹**之子袁譚與袁尚相爭
	204	**曹操**攻陷鄴
	205	**曹操**擊潰袁譚，取得冀州

※年表部分事件亦有其他時間一說。

東漢

- **王允**與**呂布**合謀殺害**董卓**
- **曹操**成為兗州州牧，組成青州兵
- 李傕、郭汜殺害**王允**，入主長安

193
- **匡亭之戰**（➡76頁）
- **曹操**屠戮徐州
- **公孫瓚**處刑幽州州牧

194
- **曹操**再次屠戮徐州
- **呂布**從**曹操**手中奪下兗州
- **濮陽之戰**（➡84頁）
- **陶謙**病逝，**劉備**繼承徐州

195
- **曹操**擊破**呂布**，奪回兗州
- **呂布**投靠**劉備**

196
- **呂布**從**劉備**手中奪下徐州
- **曹操**迎**獻帝**入許都

197
- **宛城之戰**（➡94頁）
- **袁術**稱帝

198
- **呂布**攻打位於小沛的**劉備**
- **劉備**投靠**曹操**

東漢

206
- **曹操**將并州納入版圖

207
- **曹操**遠征北方，袁尚兵敗被殺
- **劉備**三顧茅廬，迎來**諸葛亮**

208
- **孫權**殲滅黃祖
- **曹操**成為東漢丞相
- **劉表**病逝，其子劉琮投誠**曹操**
- **長坂坡之戰**（➡154頁）
- **諸葛亮**會**孫權**，說服與**曹操**決戰
- **赤壁之戰**（➡170頁）

209
- **周瑜**擊破荊州南郡的**曹仁**
- **曹操**命**張遼**等人鎮守合肥
- **龐統**出任**劉備**軍師
- **劉備**迎娶**孫權**之妹

210
- **曹操**於鄴打造銅雀台
- **劉備**向**孫權**暫借荊州
- **周瑜**病逝

211
- **潼關之戰**（➡198頁）
- **劉璋**迎**劉備**入益州

東漢

- **212** **孫權**於建業打造石頭城
- 濡須口之戰（第一次）
- **劉備**進攻益州的**劉璋**
- **213** **馬超**占領冀城
- **214** **諸葛亮**、**張飛**、**趙雲**等人向益州行軍
- **龐統**戰死
- **進圍成都**（⬇204頁）
- **劉備**與**孫權**因荊州對立
- **215** **陽平關之戰**（⬇208頁）
- **劉備**與**孫權**達成協議，分治荊州
- **合肥之戰**（⬇218頁）
- **216** **曹操**受封魏王
- **217** **濡須口之戰（第二次）**（⬇220頁）
- **孫權**投降**曹操**，成為部下
- **劉備**進攻漢中（益州北部）
- **219** **定軍山之戰**（⬇226頁）
- **劉備**成為漢中王
- **樊城之戰**（⬇240頁）

三國

- **街亭之戰（第一次北伐）**（⬇276頁）
- **石亭之戰**（⬇280頁）
- **陳倉之戰（第二次北伐）**（⬇282頁）
- **229** **諸葛亮**攻陷陰平郡、武都郡（第三次北伐）
- **孫權**登基為帝，建立吳國
- **孫權**遷都建業
- **230** 魏國**曹真**攻蜀，卻因久雨撤退
- **231** **祁山攻略戰（第四次北伐）**（⬇290頁）
- **233** **孫權**進攻合肥新城，兵敗撤退
- **234** **合肥新城之戰**（⬇292頁）
- **五丈原之戰（第五次北伐）**（⬇298頁）
- **235** **蔣琬**接替**諸葛亮**主掌蜀國朝政
- **238** **司馬懿**擊潰公孫淵
- **239** 邪馬台國卑彌呼派使者赴魏
- **曹叡**病逝，曹芳即位
- **246** **蔣琬**病逝，**費禕**接任
- **249** **司馬懿**驅逐曹爽，掌握魏國實權
- **姜維**攻魏，兵敗撤退

東漢 三國

220	**呂蒙**擒獲並處刑**關羽**
	曹操病逝洛陽
	曹丕登基為帝，建立魏國
	制定九品官人法
	曹丕定都洛陽
221	**劉備**登基為帝，建立蜀國
	曹丕封**孫權**為吳王
	張飛遭部下殺害
222	**夷陵之戰**（⬇250頁）
	曹丕兵分三路進攻吳國
223	**濡須口之戰（第三次）**（⬇254頁）
	劉備病逝，**劉禪**即位
	蜀吳結盟
224	**曹丕**攻吳，兵敗撤退
225	**諸葛亮**平定南中（益州南部）
226	**曹丕**病逝，**曹叡**繼位
227	**諸葛亮**上呈《出師表》，進軍漢中
228	**司馬懿**殺死欲背叛魏國的孟達

三國

251	**司馬懿**病逝，司馬師繼任
252	**孫權**病逝，孫亮即位
253	**費禕**被殺
254	司馬師廢除曹芳，立曹髦為帝
256	司馬師病逝，**司馬昭**繼承其位
258	孫亮退位，孫休登基為帝
260	曹髦遭**司馬昭**部下殺害
	司馬昭擁曹奐為帝
263	**魏滅蜀之戰**（⬇320頁）
	劉禪投降魏國，蜀國滅亡
264	**鍾會**與**姜維**策畫謀反，失敗
	孫休病逝，**孫皓**即位
265	**司馬昭**病逝，**司馬炎**繼承其位
	司馬炎登基為帝，建立晉國
272	**羊祜**攻吳，敗給**陸抗**
279	**司馬炎**兵分六路攻吳
280	**晉滅吳之戰**（⬇323頁）
	孫皓投降晉國，吳國滅亡

索引

※紅字為人名

二畫

丁夫人 95
丁原 53
七步之才 176
七步詩 245
七擒七縱 267
九品官人法 245
八王之亂 325
十面埋伏之計 69

三畫

三分天下之計 147
三顧茅廬 148
下邳之戰 100
于禁 235、240

四畫

五丈原之戰 298
五斗米道 207
井闌 228
公孫淵 169
公孫續 102
公孫瓚 64、72、102
太史慈 114
太平道 41
太守 45
孔融 30
少帝 47、49
屯田 127
文帝 243
文醜 117、121
木牛 300
王允 61、62
王平 269、276
王濬 332

五畫

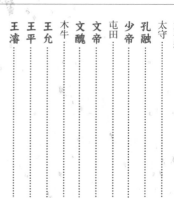

出師表 277
司馬攸 323
司馬炎 324、332
司馬昭 322
司馬懿 244、286、290
四世三公 67
外戚 45
甘寧 216
田豐 68
白門樓 100
白帝城 251
白眉 249

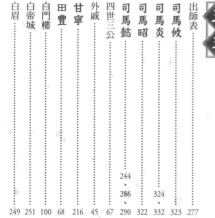

六畫

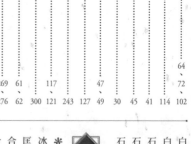

白馬之戰 120
白馬義從 65、72
石兵八陣 247
石亭之戰 280
石頭城 285
光武帝 44
冰井台 129
匡亭之戰 76
合肥之戰 218
合肥新城之戰 292
夷陵之戰 250
安眾之戰 95
州牧 45
成濟 323
朱桓 254
朱然 253
汜水關之戰 59
汝南之戰 124
江陵之戰 255
羊祜 326
西塞山之戰 113

七畫

何進 46

兵貴神速……104
呂布……52、84、100
呂布點將台……53
呂蒙……220、238、240
投石車……122
李白……304
李典……212
李傕……53、63
杜甫……304
杜預……328
角樓……131
谷利……218
赤兔馬……116
赤壁之戰……27、170
走舸……174
邪馬台國……334

八畫

典韋……92
刺史……45
卑彌呼……334
周倉……236
周瑜……162、170
周魴……279、280
困……131
孟獲……266
官渡之戰……122

定軍山之戰……226
宛城之戰……94
延津之戰……121
易京之戰……102
沮授……116
法正……202
版築……131
祁山攻略戰……290
臥龍……145
虎牢關之戰……59
金虎台……128
長坂坡之戰……154
長杜之戰……42
門樓……130
青州兵……77

九畫

南華老仙……41
姜敘……194、223
姜維……274、320
宦官……45
建業……284
恨石……159
洛陽……50
洞口之戰……255
流馬……300
界橋之戰……72

皇甫嵩……42
苦肉計……168
軍船……174
韋康……194

十畫

凌統……214
夏侯惇……98
夏侯淵……222、226
夏侯霸……318
孫堅……56、58、70
孫晧……331、332
孫策……112
孫權……158、170、218、254、292
徐晃……234、240
徐庶……144
徐盛……220、252
桃園三結義……34
破竹之勢……329
荀攸……86
荀彧……80
袁紹……58、66、72、102、122
袁術……58、74、76
郝昭……282
馬良……248
馬岱……296

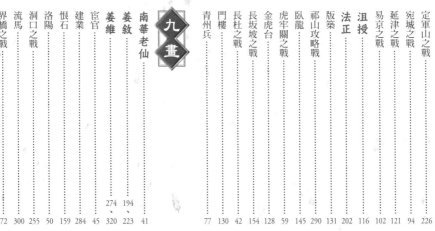

馬超……192、198
馬謖……268、276
門檻……175
晉滅吳之戰……332

十一畫

張角……40、42
張松……206
張昭……169
張郃……270、276
張飛……36、154
張梁……43
張魯……207、208
張燕……102
張遼……210、218
張濟……89
張繡……88、94
張寶……43
曹仁……232、240
曹丕……242、244、254
曹休……279、280
曹昂……94
曹洪……25
曹真……272
曹爽……288
曹植……245
曹叡……278
曹操……24、58、76、84、94、100、120、122、126、154、170、198、208、220、304
第一次北伐……276
第二次北伐……282
第三次北伐……290
第五次北伐……298
第四次北伐……290
許攸……87
許褚……196、198
郭汜……53、63
郭嘉……96
陳倉之戰……282
陳宮……97
陳登……78
陶謙……78
陸抗……330
陸遜……246、250、280
魚水之交……104
望梅止渴……104

十二畫

揮淚斬馬謖……176
棧道……300
畫餅充飢……176
程昱……82
華陀……256
華容古道……173
華雄……34
街亭之戰……276
貂蟬……60
費褘……318
進圍成都……204
陽人之戰……58
陽平關之戰……208
雲梯……229、282
黃巾之亂……42
黃忠……224、226
黃祖……70
黃皓……313
黃蓋……168
黃鶴樓……161

十三畫

傷寒論……256
楊阜……194
楊儀……297
落鳳坡……201
董卓……48、58
董卓討伐戰……58
董襲……220
賈充……323
賈逵……281
賈詡……90

十四畫

幔……228
滿寵……292
漢魏故城……243
蒙衝……175
趙雲……150、155、271
銅雀台……128
鳳雛……201

十五畫

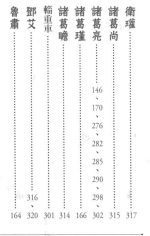

劉表……70、76、118
劉備……28、100、124、156、170、204、226、250
劉虞……102
劉詳……76
劉璋……204、206
劉勳……113
劉禪……312、320
劉繇……113
撞車……229
樂進……213
樊城之戰……240
樓船……174
潼關之戰……198
蔣琬……297
衛瓘……317
諸葛尚……315
諸葛亮……146、170、276、282、285、290、298、302
諸葛瑾……166
諸葛瞻……314
輜重車……301
鄧艾……316、320
魯肅……164

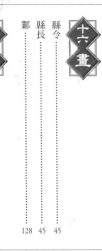

十六畫

縣令……45
縣長……45
鄴……128

十八畫

濡須口之戰（第二次）……220
濡須口之戰（第三次）……254
濡須塢……221
濮陽之戰……84
禪讓……244
襄陽之戰……70
襄陽城……119、327
鍾會……319、320
韓遂……193、198
麋夫人……79
麋竺……79
雞肋……176
離間計……198
顏良……116、120
髀肉復生……104
魏延……294
魏滅蜀之戰……320

十九畫

關羽……32、120、240
關林廟……35
關陵……239
龐統……200
龐德……230

二十畫

獻帝……47
蘇東坡……304

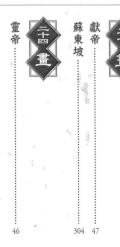

二十四畫

靈帝……46

主要参考文獻

『三國志人物事典（上）（中）（下）』渡辺精一著（講談社）／『一冊でわかるイラストでわかる 図解 三国志』渡辺精一監修（成美堂出版）／『正史三国志英傑伝 Ⅰ～Ⅳ』「中国の思想」刊行委員会編訳（徳間書店）／『三国志全人名事典』「中国の思想」刊行委員会編訳（徳間書店）／『三国志 Ⅰ～Ⅴ』松枝茂夫·立間祥介監修（徳間書店）／『三国志 人物事典』小出文彦監修（新紀元社）／『別冊歴史読本 三国志合戦データファイル』（新人物往来社）／『三国志戦略クロニクル』立間祥介著（世界文化社）／『正史三國志群雄銘銘傳』坂口和澄著（光人社）／『歴史群像シリーズ 真·三国志 1～3巻』（学研）／『歴史群像シリーズ 群雄三国志』（学研）／『歴史群像シリーズ 三国志上·下巻』（学研）／『ビジュアル三国志3000人』渡邉義浩監修（世界文化社）／『歴史人別冊 三国志の真実』（KKベストセラーズ）／『歴史人 三国志の謎』（KKベストセラーズ）／『歴史人別冊 三国志虚と実を徹底検証』（KKベストセラーズ）／『武器と防具〈中国編〉』篠田耕一著（新紀元社）／『大判ビジュアル図解 大迫力！写真と絵でわかる三国志』入澤宣幸著（西東社）

業紹高光

武侯祠的劉備像。（四川省）

271 張郃肖像（國立國會圖書館所藏）／通俗三国志英雄之壱人（東京都立中央圖書館特別文庫室所藏）

273 曹真肖像（國立國會圖書館所藏）

275 姜維肖像（ピクタス提供）／姜維墓（beibaoke©stock.foto）

277 出師表（Adobe Stock 提供）

278 曹叡肖像（國立國會圖書館所藏）

279 曹休肖像（國立國會圖書館所藏）

283 諸葛亮北伐像（canghai76/Shutterstock.com）

285 石頭城城跡（フォトライブラリー提供）／孫權登基為帝（國立國會圖書館所藏）

287 司馬懿肖像（ユニフォトプレス提供）／司馬懿對決諸葛亮（beibaoke/Shutterstock.com）

288 司馬懿像（ユニフォトプレス提供）／司馬懿拜將台（ピクタス提供）

293 合肥新城遺址的魏國武將像（ピクタス提供）

295 魏延肖像（國立國會圖書館所藏）／魏延像（beibaoke©stock.foto）

296 馬岱肖像（beibaoke/Shutterstock.com）／馬岱像（フォトライブラリー提供）

297 蔣琬像（フォトライブラリー提供）／楊儀像（ピクタス提供）

301 蜀國棧道（フォトライブラリー提供）

302 諸葛亮像、古隆中（フォトライブラリー提供）

303 諸葛亮衣冠塚（beibaoke©stock.foto）

304 赤壁賦、蘇東坡肖像、杜甫肖像、李白肖像（國立國會圖書館所藏）

313 劉禪肖像（國立國會圖書館所藏）／劉禪像（beibaoke/Shutterstock.com）

315 諸葛瞻肖像（Adobe Stock 提供）／諸葛尚像（beibaoke©stock.foto）

317 鄧艾肖像（國立國會圖書館所藏）

318 費禕肖像（ユニフォトプレス提供）

319 鍾繇肖像（國立國會圖書館所藏）

323 司馬昭肖像、司馬攸肖像（ユニフォトプレス提供）／曹髦被殺、司馬師肖像（國立國會圖書館所藏）

325 司馬炎肖像、司馬炎統一中國（國立國會圖書館所藏）

327 羊祜肖像（國立國會圖書館所藏）／襄陽城（フォトライブラリー提供）

329 杜預肖像（國立國會圖書館所藏）

335 魏志・倭人傳（國立國會圖書館所藏）／三角緣神獸鏡（文化廳所藏，島根縣立古代出雲歷史博物館提供）

346 武侯祠的劉備像（Getty images 提供）

347 諸葛亮廟（フォトライブラリー提供）

349 長坂橋上的張飛（山口縣立萩美術館・浦上記念館所藏）

五丈原的諸葛亮廟。（陝西省）

165 魯肅肖像（國立國會圖書館所藏）／魯肅墓（フォトライブラリー提供）

167 諸葛瑾肖像（國立國會圖書館所藏）

168 黃蓋肖像（國立國會圖書館所藏）

169 張昭肖像（國立國會圖書館所藏）

171 赤壁古戰場的周瑜像（ピクタス提供）

173 華容古道（ピクタス提供）

174 樓船、走舸（國立國會圖書館所藏）

175 鬥艦、蒙衝（國立國會圖書館所藏）

193 馬超肖像（beibaoke/Shutterstock.com）

194 馬超殺姜敘之母（國立國會圖書館所藏）／馬超像（beibaoke©stock.foto）

195 馬超墓（beibaoke©stock.foto）

197 許褚肖像（國立國會圖書館所藏）

201 龐統像（beibaoke/Shutterstock.com）／龐統墓（ピクタス提供）

203 法正肖像（國立國會圖書館所藏）

206 劉璋肖像、張松肖像（國立國會圖書館所藏）

207 張魯肖像（國立國會圖書館所藏）／張魯之女墓（フォトライブラリー提供）

209 古陽平關（beibaoke/Shutterstock.com）

211 張遼肖像（國立國會圖書館所藏）／張遼墓（ピクタス提供）

212 逍遙津公園（フォトライブラリー提供）

215 凌統肖像（國立國會圖書館所藏）

217 甘寧肖像（國立國會圖書館所藏）

219 張遼像（ピクタス提供）

223 夏侯淵肖像、黃忠斬殺夏侯淵（國立國會圖書館所藏）

225 黃忠像（beibaoke/Shutterstock.com）／黃忠故里（ピクタス提供）

227 定軍山（フォトライブラリー提供）

228 中國古代的攻城兵器（ユニフォトプレス提供）

229 撞車、雲梯（國立國會圖書館所藏）

231 龐德肖像（國立國會圖書館所藏）

233 曹仁肖像（國立國會圖書館所藏）

234 徐晃肖像（國立國會圖書館所藏）／徐晃墓（ピクタス提供）

237 通俗三国志英雄之壱人（東京都立中央圖書館特別文庫室所藏）／關羽像與周倉像、周倉墓（フォトライブラリー提供）

239 呂蒙肖像（國立國會圖書館所藏）／關陵（ピクタス提供）

241 荊州古城（ピクタス提供）

243 曹丕肖像（ユニフォトプレス提供）／漢魏古城（フォトライブラリー提供）

245 魏武祠（ピクタス提供）

247 陸遜肖像（國立國會圖書館所藏）／夷陵古戰場（フォトライブラリー提供）

249 馬良肖像（國立國會圖書館所藏）

251 白帝城遺跡（jejim©stock.foto）

252 徐盛肖像（國立國會圖書館所藏）

255 曹丕肖像（ユニフォトプレス提供）

256 華陀像（beibaoke/Shutterstock.com）／《傷寒論》（國立國會圖書館所藏）／華佗為關羽刮骨療傷（千葉大學附屬圖書館所藏）

267 孟獲肖像（國立國會圖書館所藏）／七擒七縱（beibaoke/Shutterstock.com）

269 馬謖肖像（ピクタス提供）／馬謖無視王平諫言（國立國會圖書館所藏）

89 張繡肖像、曹操與張濟遺孀（國立國會圖書館所藏）

91 賈詡肖像（國立國會圖書館所藏）

93 典韋肖像（國立國會圖書館所藏）

96 郭嘉肖像（國立國會圖書館所藏）

97 陳宮肖像（國立國會圖書館所藏）

99 夏侯惇肖像（國立國會圖書館所藏）

101 呂布妻子泣淚央求（國立國會圖書館所藏）

103 公孫瓚肖像（ユニフォトプレス提供）

113 孫策肖像（國立國會圖書館所藏）

115 太史慈肖像（國立國會圖書館所藏）

116 顏良像、關羽斬顏良（國立國會圖書館所藏）

117 關羽殺文醜（beibaoke/Shutterstock.com）

長坂橋上的張飛。

119 劉表肖像（國立國會圖書館所藏）／襄陽城（ピクタス提供）

121 關羽斬顏良（beibaoke/Shutterstock.com）

126 曹丞相府（beibaoke©stock.foto）

127 曹操眺望赤壁戰場（國立國會圖書館所藏）

129 龍石像（ユニフォトプレス提供）

131 平遙古城（フォトライブラリー提供）

145 徐庶肖像（國立國會圖書館所藏）

147 諸葛亮肖像（國立國會圖書館所藏）／諸葛亮像（フォトライブラリー提供）

148 三顧茅廬（國立國會圖書館所藏）

149 諸葛亮墓（フォトライブラリー提供）／諸葛亮像（Adobe Stock 提供）

151 趙雲肖像（フォトライブラリー提供）／趙雲像（フォトライブラリー提供）

152 通俗三国志英雄之壱人（東京都立中央圖書館特別文庫室所藏）

153 趙雲廟（ピクタス提供）／趙雲像（beibaoke/Shutterstock.com）

155 一魁隨筆 燕人張飛（山口縣立萩美術館・浦上記念館所藏）

156 劉備像（beibaoke©stock.foto）／恭奉於劉備籍貫的三人像（ピクタス提供）

157 諸葛亮像（ピクタス提供）

159 孫權肖像（ユニフォトプレス提供）／恨石（ピクタス提供）

160 孫權肖像（ユニフォトプレス提供）

161 孫權墓前的孫權像（aphotostory/Shutterstock.com）／黃鶴樓（フォトライブラリー提供）

163 周瑜肖像（國立國會圖書館所藏）／周瑜像（ピクタス提供）

照片資料所藏、提供一覽

8 桃園三結義碑（フォトライブラリー提供）

25 曹操肖像（ユニフォトプレス提供）／曹洪救曹操（國立國會圖書館所藏）

26 曹操迎獻帝（ユニフォトプレス提供）／春秋樓（ピクタス提供）

27 曹操像（beibaoke/Shutterstock.com）

29 劉備肖像（フォトライブラリー提供）／劉備像（beibaoke/Shutterstock.com）

30 通俗三國志之內 劉玄德北海解圍（山口縣立萩美術館・浦上記念館所藏）／的盧跳躍河川（Library of Congress 所藏）／三顧茅廬（フォトライブラリー提供）

31 惠陵（ピクタス提供）

33 關羽肖像（Adobe Stock 提供）／關羽像（Getty images 提供）／和漢準源氏 關屋唐土關羽五關破（山口縣立萩美術館・浦上記念館所藏）

34 三國志之內 桃園結義圖（山口縣立萩美術館・浦上記念館所藏）

35 關林廟（フォトライブラリー提供）

37 張飛肖像（Adobe Stock 提供）／張飛像（フォトライブラリー提供）

38 通俗三国志英雄之壱人（東京都立中央圖書館特別文庫室所藏）

39 張飛廟（beibaoke©stock.foto）／燕人張飛字ハ翼徳長板橋二曹操ケ数万ノ兵ラ退（山口縣立萩美術館・浦上記念館所藏）

41 張角肖像、張角得祕笈（國立國會圖書館所藏）

45 函谷關（ピクタス提供）

46 何進肖像、宦官殺何進（國立國會圖書館所藏）

47 獻帝肖像（國立國會圖書館所藏）

49 董卓肖像（ユニフォトプレス提供）

51 董卓像（ユニフォトプレス提供）／長安未央宮遺址（ピクタス提供）

53 呂布肖像（ユニフォトプレス提供）／呂布點將台（ピクタス提供）

54 呂布像（ユニフォトプレス提供）

55 呂布負女戰鬥（國立國會圖書館所藏）

57 孫堅肖像、孫堅與孫策（國立國會圖書館所藏）

59 虎牢關石碑（フォトライブラリー提供）

61 董卓得貂蟬（國立國會圖書館所藏）

63 王允肖像（國立國會圖書館所藏）／王允墓（beibaoke©stock.foto）

65 公孫瓚肖像（ユニフォトプレス提供）／公孫瓚自刎（國立國會圖書館所藏）

67 袁紹肖像（ユニフォトプレス提供）／袁紹與何進密謀（國立國會圖書館所藏）

68 袁紹像（ユニフォトプレス提供）

71 孫堅戰死（國立國會圖書館所藏）

75 唐土廿四孝 陸績（山口縣立萩美術館、浦上記念館所藏）／反董卓陣營的袁術（國立國會圖書館所藏）

78 陶謙肖像、陳登像（國立國會圖書館所藏）

79 糜竺肖像、糜夫人像（國立國會圖書館所藏）

81 荀彧肖像（國立國會圖書館所藏）／漢魏許都故城遺址（ピクタス提供）

83 程昱肖像（國立國會圖書館所藏）

85 典韋救曹操（國立國會圖書館所藏）

87 荀攸肖像（國立國會圖書館所藏）

插畫家簡介

あおひと

劉備、公孫瓚、袁術、程昱、賈詡、陳宮、劉表、孫權、諸葛瑾、呂蒙、于禁、龐德、司馬懿、馬良、諸葛瞻、司馬炎

桔川伸

韓遂、皇甫嵩、郝昭

添田一平

卑彌呼

田島幸枝

袁紹、徐庶

つよ丸

王允、陶謙、凌統、周倉、樂進、徐盛、鄧艾

ナカウトモヒロ

董卓、許褚、曹丕

成瀬京司

火燒洛陽、戰役檔案CG

なんばきび

張昭、曹休、蔣琬、陸抗

福田彰宏

孫堅、太史慈、魯肅、徐晃、李典

ぽしー

曹操、諸葛亮

ホマ蔵

黃忠、夏侯霸

松浦はこ

第1～2章解說、三國新聞插畫

宮野アキヒロ

張角、張繡、法正、張郃、司馬昭

むなぁげ

獻帝、荀攸、顏良、甘寧、曹真、馬岱、劉禪

山口直樹

何進、郭嘉、糜竺、文醜、黃蓋、劉璋、孟獲、朱然、曹叡、羊祜、光武帝、司馬懿

Natto-7

關羽、張飛、呂布、貂蟬、荀彧、典韋、夏侯惇、孫策、趙雲、周瑜、曹仁、馬超、張遼、龐統、夏侯淵、陸遜、馬謖、姜維、魏延、杜預

pigumo

戰役檔案、三國那些事兒插畫、曹操護獻帝、三顧茅廬

TAKA

第3～5章解說、三國新聞插畫

tsumo

張魯、鍾會、孫晧

漫畫家介紹

小坂伊吹

第1～5章漫畫

桐丸ゆい

第1章～4章四格漫畫

監修者 **渡辺精一**

中國文學者。1953年出生，1981年取得國學院大學博士後期課程學分。目前擔任朝日文化中心講師、早稻田大學推廣中心講師。主要著作有《心に響く三国志ー英雄の名言》（二玄社）、《三國志人物事典（上、中、下巻）》（講談社文庫）、《1分間でわかる菜根譚》（三笠書房）、《朗読してみたい中国古典の名文》（祥伝社）、《オールカラーでわかりやすい!三国志》（西東社）等。

CG製作	成瀬京司
漫畫	小坂伊吹、桐丸ゆい
插畫	あおひと、桔川 伸、添田一平、田島幸枝、つよ丸、ナカウトモヒロ、なんばきび、福田彰宏、ぽしー、ホマ蔵、松浦はこ、宮野アキヒロ、むなぁげ、山口直樹、Natto-7、pigumo、TAKA、tsumo
設計	五十嵐直樹　西口慎太郎（ダイアートプランニング）
地圖製作	ジェオ
校正	エディット、群企画
編集協力	浩然社

出　　版／楓樹林出版事業有限公司
地　　址／新北市板橋區信義路163巷3號10樓
郵 政 劃 撥／19907596 楓書坊文化出版社
網　　址／www.maplebook.com.tw
電　　話／02-2957-6096
傳　　真／02-2957-6435
監　　修／渡辺精一
翻　　譯／蔡婷朱
責 任 編 輯／江婉瑄
內 文 排 版／楊亞容
港 澳 經 銷／泛華發行代理有限公司
定　　價／420元
初 版 日 期／2019年6月

國家圖書館出版品預行編目資料

三國志人物大事典 / 渡辺精一監修 ; 蔡婷朱翻譯. -- 初版. -- 新北市 : 楓樹林, 2019.06　面； 公分

ISBN 978-957-9501-18-7 (平裝)

1. 傳記 2. 三國 3. 中國

782.123　108004642